国家"十四五"重点出版物出版专项规划

重大出版工程项目

国家出版基金项目
NATIONAL PUBLICATION FOUNDATION

中华元典学术史丛书

总主编
李振宏

孟子

学术史

张小稳 著

山东城市出版传媒集团·济南出版社

图书在版编目（CIP）数据

《孟子》学术史／张小稳著. —济南：济南出版社，
2023.7

（中华元典学术史／李振宏主编）

ISBN 978-7-5488-5758-7

Ⅰ.①孟… Ⅱ.①张… Ⅲ.①儒家②《孟
子》—研究 Ⅳ.①B222.55

中国国家版本馆 CIP 数据核字（2023）第 112357 号

《孟子》学术史
MENGZI XUESHUSHI

出 版 人　田俊林
图书策划　朱孔宝　张雪丽
责任编辑　李　敏　张冰心　高邦哲
装帧设计　牛　钧

出版发行　济南出版社
地　　址　山东省济南市二环南路 1 号（250002）
发行热线　0531-86922073　67817923
　　　　　　86131701　86131704
印　　刷　山东临沂新华印刷物流集团有限责任公司
版　　次　2023 年 7 月第 1 版
印　　次　2023 年 7 月第 1 次印刷
成品尺寸　148mm×210mm　32 开
印　　张　13
字　　数　279 千
定　　价　88.00 元

（济南版图书，如有印装错误，请与出版社联系调换。
联系电话：0531-86131736）

总　序

从春秋战国到秦汉之际，中国历史经历了一个长达六百年的大动荡、大变革时代。在这场深刻的历史变迁中，此前思想文化领域中各种处于萌芽状态的意识形态、哲学观念、历史意识、宗教神学、文化科学等，都以成熟的形态凝聚、荟萃，而涌现出一批文化元典，为后世中华文化的发展，奠定了一个义域广阔的开放性基础。这些文化元典，包括传统所谓"六经"和先秦诸子之书，历史地奠定了中国文化的发展道路，塑造了中国文化的精神面貌，中国传统文化的文化基因，就深埋在这批文化典籍之中。

这批文化典籍以及后世原创性的具有开创意义的文化典籍，传统称之为"中华经典"，从20世纪90年代开始，人们改用"元典"的称谓。这一改变确有深意，但却为人留下疑惑。以笔者之见，这一称谓的改变，反映着文化观念的一大进步。"经典"表征着典籍的神圣性和权威性，经典思想意味着它的只能遵循而不能分析和质疑的属性，经典思维束缚了思想的发展。我们知道，马克思主义哲学的本质属性是其革命性和批判性，它要求我们以科学理性的态度对待传统文化，要求我们从对

"经典"膜拜和盲从的传统积习中解放出来，以更科学的态度对待传统，以更理性的态度研究传统。从"经典"到"元典"，这一典籍称谓的改变，意味着我们对传统文化的研究，正在走上更为科学而理性的道路。那么，何谓"元典"？

元者，始也，首也，意谓"第一"和"初始"。这是中国最早的一批文化典籍，对于后世思想文化的发展，具有初始意义。

元者，大也，意谓宏大而辽阔。这批文化典籍提供的思想场域，涵盖了后世中国思想发展的诸多问题意识，具有全覆盖的特点。

元者，善也，吉也，有美好、宝贵和嘉言之意。这批文化典籍提供了后世中国最宝贵、善良和美好的思想修养资源。

元者，基也，根也，具有基础、根本、本源之意。这批文化典籍是后世中国文化的基础和出发点，一切思想元素都来源于此，一切思想的发展都以此为根基。

元者，要也，有主要、重要之意。这批文化典籍不是中国文化典籍的全部，但却是中国文化中最重要、最核心的部分。

总之，"元典"包含有始典、首典、基本之典及大典、善典、宝典等意蕴。"元典"称谓，既在某种程度上包含了传统的圣典、经典之义，又避开了对传统典籍非理性尊崇的嫌疑。

这是笔者以前曾经做过的表述，转述于斯。这批文化元典，包含了中国文化的基本要义，奠定了后世中华文化的发展方向，但并不意味着由文化元典所奠定的文化精神是一成不变的。从先秦元典到现代的中华文化，是一个生成、发展、传承、演变而不断提升的历史过程，是一个思想发展的生生不息的过程。

思想发展的动力何在？马克思、恩格斯说过："思想的历史除了证明精神生产随着物质生产的改造而改造，还证明了什么呢？"（《马克思恩格斯选集》第 1 卷，人民出版社 1995 年版，第 292 页）的确如此，中国元典精神的发展，就是和中国社会经济的发展、中国历史进程的演变，平行而进的。中国历史的每一次变革，以至每一个新的历史时代，都催促当时代哲人从元典著作中寻找答案，并从新的历史条件出发，对元典著作做出符合新时代需要的创造性阐释，为时代的发展提供精神动力。这种不断地返本开新的思想创造活动，就形成了生生不息的元典文化的学术史、思想史。

历代学人对元典精神的时代性阐释，都是元典文化精髓在更高层次上的发扬和转换，是将原有文化元典本已蕴含的文化意蕴在新形势下重新发现、重新唤起，并赋之以新的生命活力。这样，历代学人对文化元典的重新阐释，就构成了中华文化精神的发展史。我们今人所继承的中华文化传统，就是这样伴随着时代的发展在不断的阐释中形成的。中国文化精神，不仅深埋在固有的文化元典中，也活跃在历代学人对元典不断阐释的学术史之中。而要认识今天中国文化的基本精神，理解这种文化的思维特性，洞彻我们的民族心理，就需要下功夫去做元典学术史的研究工作，并把研究的成果向社会推广。济南出版社策划出版的这套《中华元典学术史》丛书，立意就正在这里。本丛书的组织者，希望我们的社会大众，能够在这套书中，看到我们民族文化的精髓和内核，了解中国思想文化发展的历史轨迹，明白民族文化的发展趋势和历史走向，从而更加科学而理性地看待我们所传承并将继续发扬光大的民族文化传统。

从这样的著述宗旨出发，我们要求著述者坚持学术史研究最重要的方法论思想，深刻揭示元典著作被不断阐述、返本开新的时代内涵，从中国历史的发展过程中阐释元典精神的生命力；

从学术史著述的基本特性出发，我们要求著述者严格遵循传统的"辨章学术、考镜源流"的学术史逻辑，清晰地描述元典精神发展演变的历史线索，以揭示中国文化精神的思想轨迹；

从本丛书的社会使命出发，我们要求著述者偏重从思想史的角度，梳理元典思想发展的线索，而不囿于传统元典研究的文献考订方面，将读者定位于社会大众，希望社会读者能够真正得到思想的启发；

从本丛书的预期效果出发，我们要求著述者恪守"学术著作、大众阅读"的著述风格，要求在坚持学术性的同时强调可读性，把适合大众阅读作为在写作方面的基本原则。

经过几年的努力，本丛书终于要和读者见面了。自我检视，这些著述已经实现了丛书设计者的初衷，达成了预期目标，可以放心地交给社会大众去接受检验了。当然，文化著述的最终评判者是读者，是真正喜欢它们的社会大众。我们真诚地希望丛书可以唤起人们对元典文化的热爱，唤起人们对自我文化传统学术史和思想史的关注，从民族文化的历史脉络中汲取营养，从而更自觉地承担起传承中华民族优秀文化传统的历史使命。

李振宏

2022 年 7 月 20 日

目　录

第一章
孟子其人其书

孟子是地位仅次于孔子的儒家代表人物，被称为"亚圣"。关于其生平事迹，《史记》记载得极为简单，可能是由于他的学说"迂远而阔于事情"，在当世不被采用，影响力有限吧。所幸的是，从汉代开始，孟子的学术地位不断提高。为了对心中仰慕的学者有更加清晰的认识，历代学者前赴后继，不断对孟子的家世、年龄、师承、游历过程、《孟子》一书的编纂等问题进行考证，积累了丰富的研究成果。这些研究，虽然没有能够解决所有的问题，但却使孟子生平事迹的基本脉络愈来愈清晰。

孟子身世三题

关于孟子的身世，《史记·孟子荀卿列传》仅有"孟轲，驺人也。受业子思之门人"12字。至于其出身于哪个家族、父母的姓名和身份、哪年出生、哪年去世、年龄多大、到底师承于谁，并不清晰。西汉时期，随着刘向《列女传》的问世，孟母三迁、断机教子的故事广为流传。也许是因为这一点，加上孟子个人在儒家内部地位的提升，从汉代开始，就不断有人探寻孟子的家世、年龄、师承等问题，直至近代，对这些问题形成了一些共识性的看法，梳理如下。

一、孟子的家世

最早论及孟子家世的是东汉的赵岐。他在《孟子题辞》中说，"或曰孟子鲁公族孟孙之后"。一个"或"字表明只是有人这么说，但不能确定。不过，这种说法却被后世所沿用。唐代的《元和姓纂》说："鲁桓公子庆父之后，号曰孟孙，因以为氏。"宋代之后，随着孟子地位的日益提升，孟子家世成为一个热点问题。元代学者金履祥的《孟子集注考证》对"鲁公族"给出如此解释：春秋时期鲁国国君桓公有四个儿子，即庄公、庆父、叔牙、季友。庄公做了国君，庆父相对于庄公而言是老二，称"仲"，所以字"仲父"；但是相对于叔牙和季友来说，则是老大，称"孟"，所以又称"孟孙氏"。孟子就是孟孙氏的后人。明清时期编撰而成的《三迁志》对于孟孙氏与孟氏之间的缺环又给予了补充，即孟孙氏的嫡系子孙仍称"孟孙氏"，支系子孙则只能称"孟氏"，孟子乃孟氏后人；并将孟子的身世追溯至黄帝，谓"孟子之先出自黄帝，黄帝四传至后稷"，然后由后稷而文王而周公而桓公。①

关于孟子的父母，《史记》也未提及。汉代谶纬类著作《春秋演孔图》说，孟子的父亲名激，字公宜，母亲娘家姓仉。这自然是汉代人的杜撰，明代陈镐编撰的《阙里志》却采用了这种说法。金履祥在解释完孟孙氏的由来后，又说："孟氏子孙其后多贤，如僖子、懿子、献子、庄子、敬子皆贤大夫，而孟子乃孟氏后人。"② 现代人编的《名人伟人传记全集·孟子》据此将孟子先祖的谱系排定为庆父—孟穆伯—文伯—孟献子—孟庄子—孺子秩—孟僖子—孟懿子—孟武伯—孟敬子—孟激。

关于孟子的出生地，《史记》说："孟轲，驺人也。"古驺、邹同，东汉许慎在《说文解字》中称："邹，鲁县，古邾娄国，帝颛顼之后所封。"③ 赵岐亦说："邹本春秋邾子之国，至孟子时改曰邹矣。国近鲁，后为鲁所并。又言邾为楚所并，非鲁也，

---

① ［明］吕兆祥等：《祖德》，《重修三迁志》（卷一中），清刊本，哈佛大学燕京图书馆藏本。
② ［元］金履祥：《孟子集注考证·序说》，丛书集成初编，北京：中华书局，1991年，第1页。
③ ［汉］许慎撰，［清］段玉裁注：《说文解字注》，上海：上海古籍出版社，1988年，第296页。

今邹县是也。"① 即孟子的出生地在邹，古邾国所在地，在今天的邹城市、费县和滕州市一带。南北朝、隋唐之后又出现了另外一种说法，即孟子的出生地与孔子同，都是鲁国的陬邑。这种说法首先源自北魏郦道元在《水经注》中将孔子的出生地"陬"误为"邹"，北周宣帝曾以此封孔子为"邹国公"；其次，唐人陆德明又将"邹"误为"陬"，而径云"孟子陬邑人"，导致邹、陬不分。明代谭贞默仍认为邹是鲁国的邑，即孔子的故乡——孔子的父亲叔梁纥为官的地方。对此，清人周广业作《孟子出处时地考》，辨明邹、陬混用乃是"混国为邑，谬假说文"②。此后，学者公认邹为孟子出生地。20 世纪 80 年代以后，邹城市成为"孟子学术思想研讨会"的固定召开地。

孟子，名轲，但字是什么，《史记》中没有任何记载。东汉赵岐亦说"字则未闻也"③。三国之后，却先后出现了子车、子居、子舆等字，子车见于《孔丛子·杂训》（旧题孔鲋撰），子居见于三国魏人王肃的《圣证论》，子舆见于南朝梁人刘峻的《辨命论》。"轲"字本意为接轴车，子车、子居、子舆显然是根据古人命字的习惯附会而成，但也被后世人所采用，如唐人张守节为《史记》正义云："轲字子舆，为齐卿。"④ 朱熹《孟子集注》也引《汉书》注云"字子车"，一说"字子舆"。⑤ 南

---

① ［汉］赵岐：《景宋蜀刻本孟子赵注》，桂林：广西师范大学出版社，2018 年，第 1 页。

② ［清］周广业：《孟子四考》，《续修四库全书》（经部第 158 册），上海：上海古籍出版社，2002 年，第 121 页。

③ ［汉］赵岐：《景宋蜀刻本孟子赵注》，桂林：广西师范大学出版社，2018 年，第 1 页。

④ ［汉］司马迁：《史记》，北京：中华书局，2014 年，第 2848 页。

⑤ ［宋］朱熹：《四书章句集注》，北京：中华书局，1983 年，第 197 页。

宋王应麟疑其附会①，清人焦循复加申述："按王肃、傅玄生赵氏后，赵氏所不知，肃何由知之？《孔丛》伪书，不足证也。王氏疑其附会是矣。"②

二、孟子的生卒年

我国民间有 73、84 是老人寿命中两个坎儿的说法，据说 73、84 源自孔子和孟子这两位圣人。孔子活了 73 岁，《史记》中有明确的记载；但是关于孟子的年龄，《史记》中没有留下任何线索。孟子寿命为 84 岁，最早出自《孟氏谱》这本书。该书作者不详，也已经失传。南宋时朱熹没有引用，元代有人作《孟母墓碑记》时才加以引用，说明这本书可能是宋元之际的作品。《孟氏谱》将孟子的生卒年定为周定王三十七年己酉四月二日至周赧王二十六年壬申正月十五日，终年 84 岁。但这样的说法显然存在错误。春秋战国时期有两位周定王，一位是周定王瑜，在位时间 21 年（前 606—前 586）；一位是周贞定王，在位时间 28 年（前 468—前 441）。周赧王二十六年是公元前 289 年。如果按照第一位定王算，孟子年岁高达 300 岁，显然不可能；如果按照第二位定王算，周贞定王在位仅 28 年，没有三十七年的纪年，姑且认为三十七为二十七之误，孟子年岁也要高达 150 多岁，显然也是不可能的。

但是，这个说法成为后来的学者们推定孟子生卒年的起始点，出现了孟子年 74、75、81、84、94、97 等诸多观点。其中

---

① ［宋］王应麟著，［清］翁元圻等注，栾保群、田松青、吕宗力校点：《困学纪闻》（卷八），上海：上海古籍出版社，2008 年，第 1002 页。
② ［清］焦循撰，沈文倬点校：《孟子正义》，北京：中华书局，1987 年版，第 4 页。

两种观点对后世影响较大。一种观点认为，孟子生于周安王十
七年（前385），卒于周赧王十二年（前303）或十三年（前
302）。此种观点首先在《孟氏谱》中的孟子生年上做文章，认
为《孟氏谱》中的"定王"为"安王"之误，安王在位只有26
年，故"三"字为衍字，孟子生年应为周安王十七年，即公元
前385年；其次，按照孟子终年84岁往下推，孟子卒年应该在
公元前303年或公元前302年，即周赧王十二年或十三年。明人
陈镐就持此说，他在《阙里志》中说，"孟子生在安王十七年"。
清人周广业经过精密、细致的考证，得出结论："当改定字，去
三字，为安王十七年，则上距孔子卒九十五年；其卒当在赧王
十三年或十二年，而《谱》倒为二十，又衍六字也。"①

　　另一种观点认为，孟子生于周烈王四年（前372），卒于周
赧王二十六年（前289）。此种观点以《孟氏谱》中孟子卒年为
起点，再根据孟子终年84岁往上推定孟子生年为公元前372年，
即周烈王四年。元人程复心，明人谭贞默、吕兆祥，清人吕逢
时、蒋陈锡、任兆麟、陈宝泉等人均持此说。如程复心《孟子年
谱》言："孟子生于周烈王四年鲁共公五年己酉四月二十，卒于
周赧王二十六年鲁文公六年壬申正月十五日。周正建子，改朔不
改月也。寿八十四岁。"陈宝泉《孟子时事考徵》说得更清楚：
"盖自赧王二十六年，遥溯烈王四年，孟子年适八十有四。况此年
距孔子生一百八十年（孔子生于灵王庚戌），距孔子卒一百八年
（孔子卒于敬王壬戌），与孟子自云由孔子而来百有余岁亦合。"②

① ［清］周广业：《孟子四考》，《续修四库全书》（经部第158册），上海：上海古
　籍出版社，2002年，第119页。
② ［清］陈宝泉：《孟子时事考徵》，积学斋徐乃昌藏书，第9—10页。

认同这两种观点的学者都很多，后一种观点因为得到孟氏宗亲的认可而更具普遍性。[①] 清代的《孟子世家谱》说："孟子讳轲……周威烈王四年、鲁共公五年四月二日己酉，孟子生。"《三迁志·年表》中说："周烈王四年、鲁共公五年四月二日己酉，孟子生。……家世相传，谓其卒于赧王二十六年，年八十四。"当然也有学者持存疑的态度，如钱穆先生曾说："此不过孟子一人享寿之高下，与并世大局无关也。苟既详考孟子游仕所至，并世情势，及列国君卿大夫往来交接诸学士，则孟子一人在当时之关系已毕显，可无论其年寿之或为七十或八十矣。无征不信，必欲穿凿，则徒自陷于劳而且拙之讥，又何为者？"[②]《中国大百科全书·中国历史卷》"孟子"条亦说"生卒年不详"。

三、孟子的师承关系

关于孟子的师承，从汉代起便有两种说法。一种是司马迁说的"受业子思之门人"。一种是刘向、班固等人说的亲自受业于子思，如：刘向《列女传》云，孟子"旦夕勤学不息，师事子思，遂成天下之名儒"；班固《汉书·艺文志》云，"孟子十一篇。名轲，邹人，子思弟子"；赵岐《孟子题辞》云，"长师孔子之孙子思，治儒术之道，通五经，尤长于《诗》《书》"；《孔丛子》中甚至还有孟子和子思的对话：

> 孟轲问牧民何先，子思曰："先利之。"曰："君子之所

---

① 张培瑜：《孟子的生辰卒日及其公历日期》，《孔子研究》2011 年第 1 期。
② 钱穆：《孟子生年考》，《先秦诸子系年考辨》，上海：上海书店，1992 年，第173 页。

以教民，亦仁义，固所以利之乎？"子思曰："上不仁则下不得其所，上不义则下乐为乱也。此为不利大矣。"

至于这两种说法哪种正确，我们首先从时间上做一推算。子思的父亲伯鱼先于孔子而去世，其时孔子 70 岁，根据孔子去世于公元前 479 年推算，伯鱼当去世于公元前 482 年。子思终年62 岁，且不说伯鱼去世时子思年龄多大，即使从伯鱼去世那年算起，子思去世也是在公元前 420 年之前。而孟子的出生年是公元前 372 年，与子思去世的时间至少相差 40 多年，孟子根本不可能亲自受业于子思。孟子本人也曾说："予未得为孔子徒也，予私淑诸人也。"（8.22）① 如果亲自受业于子思，孟子恐怕不会这么说。

那么为什么还会有孟子亲自受业于子思的说法，甚至有子思和孟子的对话呢？原因在于后世的学者把思想上的承袭关系等同于学业上的师承关系。《孟子》一书对子思推崇有加，将子思的行为作为范例讲给学生听。《荀子·非十二子》亦将子思、孟子作为一个学派来批评，子思的著作《中庸》和孟子的思想的确一脉相承，子思、孟子的名字常被放在一起，导致学者们的误解也就不足为奇了。

---

① 《孟子》共有十四篇，分别是：1.《梁惠王上》，2.《梁惠王下》，3.《公孙丑上》，4.《公孙丑下》，5.《滕文公上》，6.《滕文公下》，7.《离娄上》，8.《离娄下》，9.《万章上》，10.《万章下》，11.《告子上》，12.《告子下》，13.《尽心上》，14.《尽心下》。每篇皆有若干章。本书引用《孟子》原文，一般情况下用文中注的形式，用数字标出篇名和章数，如《公孙丑上》第 2 章，用 3.2 来表示，具体页码不再标出；所用版本为杨伯峻：《孟子译注》，北京：中华书局，2005 年。

　　既然孟子不是亲自受业于子思，那么子思和孟子之间的传承者是谁呢？学者们历尽艰辛，希望能够弥补这样的缺环。明代出现的伪书《孟子外书》① 认为孟子的授业之师是子思之子子上，且借孟子之口说：

> 孟子曰："鲁有圣人曰孔子。曾子学于孔子，子思学于曾子。子思，孔子之孙，伯鱼之子也。子思之子曰子上，轲尝学焉。是以得圣人之传也。"

　　这种说法自然也经不住推敲，根据《史记·孔子世家》的记载，子上终年47岁，而上文考证子思去世之年距孟子生年至少有40多年，因此从时间上来讲这是不可能的事情。而且儒家主张易子而教，孟子也曾说："古者易子而教之，父子之间，不责善，责善则离，离则不祥莫大焉。"（7.18）如果子上真的受业于子思，孟子也不会这么说。

　　关于孔子和子思之间的传承关系，有两种观点，一种认为是曾子，一种认为是子游。曾子说出现较早，唐代的韩愈、宋代的程颐都持这种观点。韩愈说："孟轲师子思，而子思之学盖出曾子。"程颐说："颜子没后，终得圣人之道者，曾子也。观其启手足时之言，可以见矣。所传者子思、孟子，皆其学也。"② 子游说出现于近现代，康有为、梁启超、郭沫若等持这种观点。康有为说："子游受孔子大同之道，传之子思，而孟子受业于子

---

① 关于《孟子外书》（后文亦称"《外书》"）出现时间的考证见本章《〈孟子〉作者与〈孟子外书〉之谜案》。
② ［宋］朱熹：《四书章句集注》，北京：中华书局，1983年，第198页。

思之门。"① 梁启超说："《春秋》太平世之义，传诸子游，而孟子大昌明之。"② 郭沫若说："'子思之儒'和'孟氏之儒'、'乐正氏之儒'，应该只是一系……但这一系，事实上也就是子游氏之儒。"③

子游说的依据是《荀子·非十二子》中的一句话："以为仲尼子游为兹厚于后世。是则子思、孟轲之罪也。"有学者考证此处"子游"应为"子弓"之误④，此说便被釜底抽薪。曾子说的依据是曾子、子思之间思想的一致性，孟子也曾说："曾子、子思同道。"(8.31) 孟子对子游和曾子二人的态度，亦可证曾子说较子游说更为合理。《公孙丑上》第2章载，公孙丑问孟子曰："昔者窃闻之：子夏、子游、子张皆有圣人之一体，冉牛、闵子、颜渊则具体而微，敢问所安？"孟子回答说："姑舍是。"他明确表明自己不愿意做子游这样的人，但对曾子却大加赞赏。《孟子》书中有9处提及曾子，如："孟施舍之守气，又不如曾子之守约也"(3.2)；"事亲若曾子者，可也"(7.19)；"曾子，师也，父兄也；子思，臣也，微也。曾子、子思易地则皆然"(8.31)；等等。

由此，我们只能勾勒出"孔子—曾子—子思—子思之门人—孟子"的传承关系。曾子这个中间环节只是推测，而没有切实可靠的史料来证明。

---

① 康有为著，楼宇烈整理：《孟子微（礼运注中庸注）·序》，北京：中华书局，1987年，第1页。

② 梁启超：《论中国学术思想变迁之大势》，上海：上海古籍出版社，2001年，第28页。

③ 郭沫若：《儒家八派的批判》，《十批判书》，北京：群益出版社，1937年，第113页。

④ [清] 王先谦撰，沈啸寰、王星贤点校：《荀子集解》，北京：中华书局，1988年，第95页引郭嵩焘语。

孟子周游列国之经历

关于孟子一生的活动，史籍记载极少。唯有《孟子》一书较多地记载了孟子周游列国时与诸侯国君主、大臣及学生之间的对话，从中我们可以窥知孟子周游列国的大致顺序和情形。至于孟子周游列国之前和周游列国之后的行踪，我们很难得知，所以只能叙及孟子周游列国的经过。

最早记述孟子周游列国的仍是司马迁。《史记·孟子荀卿列传》载："道既通，游事齐宣王，宣王不能用。适梁，梁惠王不果所言，则见以为迂远而阔于事情。"后世学者根据这两句话，判定司马迁认为孟子先游齐后游梁，从而进行证明或反驳。结合上下文，仔细品味司马氏之言，其意只是表明战国之世，法家、兵家大行其道，而孟子秉持儒家仁政学说，不合世事，"迂远而阔于事情"，故而不为大国所用，并无意强调孟子游齐、梁之先后，无论证明者抑或反驳者都误读了司马氏之意。到了明清及近代，为了进一步认识和研究孟子，学者们对其游历列国的经过展开了细致、深入的研究，推出了一系列高质量的成果，基本厘清了孟子周游列国的经过。我们以此为基础，概述孟子周游列国之情形。

一、居邹

孟子周游列国的过程，是孟子追求仁政理想、希求诸侯能实施自己仁政主张的过程，也是这一理想追求逐步破灭的过程。孟子受业于子思之门人，很早便学业有成，在家收徒讲学，并在长期的治学、教学过程中，在孔子学说的基础上发展出了一套独特的仁政学说，成为邹鲁一带著名的学者。孟子40岁左右时，邹穆公举其为士，希望他能够对自己的统治有所帮助，孟子也希望自己的学说主张能够首先在自己的家乡得到采纳。不久，邹国和鲁国之间发生了冲突，邹国的政府人员33人殉职，而百姓却见死不救。邹穆公非常恼火，但又不知道该如何处理，于是问孟子："公职人员殉职，而老百姓却见死不救。如果处死他们，则人数太多，诛不胜诛；如果不杀他们，他们却眼睁睁地看着长官死亡而无动于衷，该怎么办才好呢？"孟子回答说："灾荒之年，您的百姓，年老体弱的弃尸于山沟荒野之中，年轻力壮的四处逃亡，将近千人，可是您的仓库中却堆满了粮食，府库装满了财宝。百姓的状况，哪个官员也不来报告，居于上位却不关心百姓甚至残害百姓。曾子曾经说过，警惕啊，警惕啊！你怎样对待别人，别人就怎样对待你。老百姓这是拿官员对待他们的方式来对待官员，请您不要责怪他们。您只要施行仁政，老百姓自然就会爱护长官，愿意为长官牺牲了。"

邹穆公是否采纳了孟子的话，不得而知。也许是穆公没有采纳孟子的建议；也许是虽然穆公采纳了，但是孟子觉得邹国的做法离仁政的目标太远；也许是邹国在战国时期处于弱小地位，施行仁政过于艰难，孟子觉得很难在自己的家乡实现仁政理想，于是决定离开邹国，前往当时的"七雄"之一——齐国。

二、第一次之齐

当时的齐国，南有泰山，东有琅琊，西有清河，北有勃海（古郡名，在今河北沧州一带），沃野千里，经济发达，交通便利，都城临淄是天底下最繁华的都市。田氏代齐之后，试图称霸诸侯，统一天下。为实现这一战略目标，广揽天下人才，第二代君主齐桓公田午在都城稷门附近设立学宫——这就是历史上著名的"稷下学宫"。对于来到稷下学宫的学者，齐国一律给予"列大夫"的称号，"开第康庄之衢，高门大屋尊崇之"，修宽阔的道路，建高大的房屋，为他们提供优厚的物质待遇。稷下学宫采取"不治而议论""不任职而论国事"的方针，学者们积极向齐国政府献言献策，齐王也经常向他们咨询国事、天下事，无论政见是否相同，都可以畅所欲言。

孟子曾两次来齐，第一次来齐是在齐威王时期，大概是公元前329年，孟子44岁。齐威王是一个较有作为的君主，他任命邹忌为相，进行政治改革，使齐国成为东方最强大的诸侯国。孟子来齐，大力宣传自己的仁政主张，希望能够被齐威王采纳。最初，齐威王也能够听取孟子的建议。齐国发生饥荒，孟子成功劝说齐威王打开棠地的粮仓赈济百姓。也许是这样的成功，激励孟子在齐国继续停留下去。其间，孟子的母亲去世，孟子归鲁葬母，很快又返回齐国。

但是随着时间的推移，孟子的王道、仁政主张和齐威王的霸政主张之间分歧越来越大，终成不可调和之势，齐威王对孟子的建议也不再采纳。《尽心下》第23章云：

齐饥。陈臻曰:"国人皆以夫子将复为发棠,殆不可复。"

孟子曰:"是为冯妇也。晋人有冯妇者,善搏虎,卒为善士。则之野,有众逐虎。虎负嵎,莫之敢撄。望见冯妇,趋而迎之。冯妇攘臂下车。众皆悦之,其为士者笑之。"

齐国再次发生饥荒,孟子的学生陈臻说:"国人都认为老师会再一次劝说齐王打开棠地的仓廪来赈济百姓,您大概不会再这样做了吧?"孟子回答说,如果再这样做,就像冯妇搏虎一样,会被人笑话了。这番对话表明,孟子及孟子的学生已经明确地意识到齐王不会再采纳孟子的建议了,因此也就不再自讨没趣。

还有一件事也同样表明了孟子在齐国的处境。《公孙丑下》第5章云:

孟子谓蚔蛙曰:"子之辞灵丘而请士师,似也,为其可以言也。今既数月矣,未可以言与?"

蚔蛙谏于王而不用,致为臣而去。

齐人曰:"所以为蚔蛙则善矣;所以自为,则吾不知也。"

公都子以告。

曰:"吾闻之也:有官守者,不得其职则去;有言责者,不得其言则去。我无官守,我无言责也,则吾进退,岂不绰绰然有余裕哉?"

蚔蛙是齐国的大夫，他辞去灵丘这个地方的长官一职，请求做士师，可是做了几个月，也没有向齐王提出任何建议。孟子批评他说，"你辞去灵丘的职务，请求做士师，为的是可以向齐王进谏，可是几个月过去了，你为什么还没有向齐王进言呢？"蚔蛙于是向齐王进谏，但齐王没有采纳，蚔蛙辞职而去。齐国人纷纷评论说，孟子替蚔蛙考虑得倒是挺好，可是他自己呢？向齐王建议，齐王没有采纳，也没见他辞去官职啊！学生公都子把大家的评论说给孟子听，孟子说："我听说，有职务的，如果无法尽职，就可以离去；有进言责任的，如果进言不被听取，就可以离去。可是我一无职务，二无进言的责任，我的话齐王没有采纳，我的进退不是绰绰有余吗？"这话听起来挺有道理，孟子可以不必因为自己的建议不被采纳而辞职离去。但从中我们也可以看出，孟子的话不被齐王采纳是齐国尽人皆知的事情。

尽管孟子可以不必因为自己的建议不被采纳而辞职离去，但他不是为食俸禄而甘居平庸、碌碌无为的人，而是矢志不渝追求仁政理想的人。他听说宋国刚即位不久的国君想要实行仁政，于是决定离开齐国前往宋国。临行前，齐威王送给他上等的金子一百镒，他没有接受，并对弟子说："齐王没有任何理由，却送我金子，是要收买我。一个君子怎么能够被人收买呢？"

三、居宋

宋国是殷人的后裔，宋王偃是宋国的第 34 位君主，也是宋国的最后一位君主。孟子来到宋国，他的学生万章不无担心地说："宋国是个小国，现在要实行仁政，北边的齐国和南边的楚国如果因不满它实行仁政而攻打它，该怎么办呢？"孟子信心满满地说:"商汤统一天下,出征十一次而无敌于天下。出征东方,西方的人不高兴。出征南方,北方的人不高兴。老百姓盼他,就像久旱盼甘霖一样。周人东征,老百姓用竹筐盛饭,用壶盛酒迎接士兵,希望周人的军队把他们从水火中解救出来。君主如果不实行仁政便罢了,如果实行仁政,天下的人都翘首期盼,想让他做自己的君主,齐国和楚国纵然强大,又有什么可怕的呢?"

宋王偃当时年纪尚轻,想实行仁政,但支持的人不多,只有戴不胜、薛居州、戴盈之等为数不多的人支持他。戴不胜将薛居州安排在宋王左右,孟子意识到这个问题后,向戴不胜建议说:"你想让你的君王成为一个善人吗?我来明白地告诉你。你说薛居州是一个善人,让他住在王宫之中。如果王宫中无论大小、尊卑都是善人,那么宋王怎能不成为一个善人呢?可是现在的情况是,住在王宫中的人,无论大小、尊卑都不是善人,一个薛居州怎么可能影响宋王成为善人呢?"也许是在宋国实行仁政的阻力太大,孟子主张的仁政措施无法实施下去,戴盈之和他商量说:"十分之一的税率、免除关卡和商品的赋税,现在还不能够办到,请先打些折扣,等到明年,再完全实施,您看怎么样?"孟子给他打个比方说:"现在有个人,每天偷邻居一只鸡,有人告诉他说,这不是正当的行为。他说,那我减少次数,每个月偷一只,等到明年再停止偷盗。如果知道这种行为不对,为什么不马上停止,而要等到来年呢?"孟子在宋国一年左右,看到宋国实施仁政压力之大,国力弱小,贤人又少,宋王沉迷酒色,感到实行仁政无望,有些心灰意冷,于是决定返回家乡暂作休息。

四、返邹

孟子经薛回到家乡。这一年，恰好鲁平公即位，鲁平公启用孟子的学生乐正子为政，孟子高兴得睡不着觉，他认为乐正子与人为善，肯定能够帮助鲁平公治理好国政。乐正子向平公推荐孟子，平公准备亲自去拜见孟子，却被身边的亲近小臣臧仓给阻止了，原因是"孟子之后丧愈前丧"，违背了礼制的规定，算不上贤人，所以国君没有必要去见。

"孟子之后丧愈前丧"是怎么回事呢？后丧指的是孟子母亲的丧礼，前丧指的是孟子父亲的丧礼。这里需要澄清一个史实，即孟子是否三岁丧父。赵岐在《孟子题辞》中说，"孟子生有淑质，凤丧其父"，意思是孟子父亲去世得早，但什么时候去世的，并不清楚。西汉时期的《韩诗外传》《列女传》都没有记载孟子父亲去世的事情。到了明清时期，此事被演绎成孟子三岁丧父，薛应旂的《四书人物考》以及《阙里志》《三迁志》等书都如是说，此说也被现代人广泛采用。这也许是为了突出孟子的母教与他自己的奋发，但是却违背了基本的事实。清人周广业已经对此提出质疑和辩驳，说如果孟子真的是三岁丧父，那么三岁的孩子肯定不会主持办丧事，臧仓的攻击也就成了无的放矢；再者，如果孟子三岁丧父，父丧、母丧之间相隔五六十年，鲁国人怎么能知道前后丧之差别呢？元仁宗延祐年间追封孟子父母，也只说"其父凤丧"，所以孟子三岁丧父之说实属虚妄，孟子丧父应该是在孟子居邹为士期间。[①]

---

① ［清］周广业：《孟子四考》，《续修四库全书》（经部第158册），上海：上海古籍出版社，2002年，第123页。

在时人看来，孟子"后丧愈前丧"表现在两个方面。其一是"前以三鼎，后以五鼎"，对此乐正子已经对鲁平公做了解释："前以三鼎"是因为孟子的身份为士；"后以五鼎"是因为孟子居齐期间享有列大夫的称号，是以大夫的身份为母亲办丧礼。根据礼制的规定，天子九鼎，诸侯七鼎，大夫五鼎，士三鼎。孟子的做法是符合礼制规定的。其二是"棺椁衣衾之美"，这也是臧仓攻击的要点。孟子的学生充虞也问过孟子同样的问题。《公孙丑下》第7章云：

> 孟子自齐葬于鲁，反于齐，止于嬴。
>
> 充虞请曰："前日不知虞之不肖，使虞敦匠事。严，虞不敢请，今愿窃有请也：木若以美然。"
>
> 曰："古者棺椁无度，中古棺七寸，椁称之。自天子达于庶人，非直为观美也，然后尽于人心。不得，不可以为悦；无财，不可以为悦。得之为有财，古之人皆用之，吾何为独不然？且比化者无使土亲肤，于人心独无恔乎？吾闻之也：君子不以天下俭其亲。"

孟子归鲁葬母后返齐的路上，在嬴县休息，充虞问："前日承蒙您的不弃，让我监理棺椁的制造工作，当时大家都很忙，我虽有疑问，但不敢问。现在才敢来请教，棺木是不是太好了？"孟子回答说："上古对于棺椁的尺寸，没有一定规矩；到了中古，才规定棺厚七寸，椁的厚度与之相称。从天子到老百姓，讲究棺椁，不只是为了美观，更重要的是尽孝子之心。如果因为礼制的限制，不能用上等的木料，不称心；如果根据礼制能用上等的木料，可是财力承担不起，也不称心。可以用上等的木料，财力又能够负担得起，古人都是如此做的，我为什么不能这样呢？我听说，在任何情况下，都不应该在父母身上省钱。"

孟子葬母"棺椁衣衾之美"，是因为孟子有大夫的身份，又有足够的财力承担，以此来表示自己的孝心，有何不可呢？但是，鲁平公却因此而停止了去拜见孟子的脚步。乐正子将此事告诉孟子，责怪臧仓和平公，孟子说："我和鲁侯无缘相见，是天意，臧家那个小子怎么能够阻止我和鲁侯见面呢？"

五、之滕

滕定公去世，滕文公接替父亲做了国君。滕文公是孟子忠实的崇拜者和追随者。早在孟子居宋期间，滕文公以世子的身份出使楚国，途经宋国，特意拜见孟子，孟子对其"道性善，言必称尧舜"（5.1）。滕文公在返回的路上，又一次拜见孟子，孟子鼓励他说："现在的滕国，假若把土地截长补短，也有将近方圆五十里的土地，可以治理成一个很好的国家。"滕文公对孟子的话念念不忘，父亲滕定公去世的时候，他不知该如何守丧，于是让自己的师父然友去邹国咨询孟子。孟子建议文公为父亲守三年丧，但遭到百官反对，滕文公压力很大，派然友再次请教孟子。孟子说，此事不能够让别人来做决定，"上有好者，下必有甚焉者矣。君子之德，风也；小人之德，草也。草尚之风，必偃。是在世子"（5.2）。滕文公于是决定为父亲守丧三年，举行葬礼的时候，前来吊丧的人看到文公哀戚悲恸的神色，都非常满意。

滕定公丧毕，文公邀请孟子来到滕国，住在上宫，让他辅佐自己在滕国推行仁政。文公多次与孟子促膝长谈，或派大臣向孟子请教治国措施。孟子比较系统地阐述了自己的仁政主张，包括"民事不可缓也"的民本主张、"什一之税"的税收主张、"制民之产"的井田主张、"设为庠序学校以教之"的道德教化主张等。大概是滕文公一一实施了孟子的主张，使得滕国在当时亦颇有声势，吸引了一些人前来。如农家的许行带领弟子从楚国赶来，对文公说，"远方之人闻君行仁政，愿受一廛而为氓"，"陈良之徒陈相与其弟辛负耒耜而自宋之滕"，从而引发了孟子和许行之间关于社会分工问题的辩论。(5.4)

尽管滕国的仁政施行得颇有成效和影响，但是滕国毕竟是方圆不足五十里的附庸之国，处于大国之间，常常战战兢兢、朝不保夕。文公不止一次地问孟子：

> "滕，小国也；竭力以事大国，则不得免焉，如之何则可?"(2.15)
>
> "齐人将筑薛，吾甚恐，如之何则可?"(2.14)
>
> "滕，小国也，间于齐楚。事齐乎? 事楚乎?"(2.13)

起初，孟子以西周太王居邠的历史来激励他："从前太王居于邠地，狄人来侵犯，他便搬到岐山之下定居下来。这不是太王主动选择而采取的办法，是不得已而为之。要是一个君主能实行仁政，即使他本人没有成功，他的后代子孙也一定会成为帝王。有德君子创立功业，传之子孙，正是为了一代一代地承继下去。能否成功全在天意，强敌能拿我们怎么样呢? 我们只要全力施行仁政就可以了。"后来，他也确实感觉到在弱小的滕国实现仁政天下的梦想如同痴人说梦，便改了口气，说，"处在齐、楚两个强国之间，该服事哪个国家不是我所能解决的问题；如果一定要让我谈谈看法，那就只有一个主意：把护城河挖深，把城墙垒坚固，同百姓一道来保卫它，百姓肯誓死捍卫，那就有办法了。"以这样的办法来称王于天下，恐怕孟子自己也不相信，他再一次感到在弱小诸侯国实现仁政的艰难，于是入滕两年后又回到了家乡邹国。

六、之梁

战国前期，魏文侯率先启用李悝、吴起进行变法，使魏国一跃成为国力最为强盛的诸侯国，历魏文侯、魏武侯、梁惠王（即魏惠王，因迁都至大梁，魏亦称梁）三代，独霸中原百余年。到了梁惠王晚期，随着齐、秦两国变法的深入，它们的国力逐渐赶超魏国，而魏国却犹如明日黄花，日渐衰落。于是，梁惠王感慨地说："及寡人之身，东败于齐，长子死焉；西丧地于秦七百里；南辱于楚。寡人耻之。"（1.5）"东败于齐"，是指公元前 341 年的齐魏马陵之战，魏国大将庞涓自杀，太子申被俘；"西丧地于秦七百里"，是指魏在与秦的几次战役中失败，被迫割让河西郡和上郡十五县的土地；"南辱于楚"，是指公元前 323 年的楚魏襄陵之战，魏国被迫献出大片土地。梁惠王不甘心自己的失败，决心重整旗鼓，收复失地，为死去的将士们报仇，于是"卑词厚币以招贤者"，为魏国再次振兴聚集人才。孟子看到在大国施行仁政的机会，于是带领弟子们，"后车数十乘，从者数百人"（6.4），浩浩荡荡来到魏国。

　　《孟子》开篇第 1 章就记载了孟子到魏国后与梁惠王的第一次对话：

　　　　孟子见梁惠王。王曰："叟！不远千里而来，亦将有以利吾国乎？"

　　　　孟子对曰："王！何必曰利？亦有仁义而已矣。王曰，'何以利吾国？'大夫曰，'何以利吾家？'士庶人曰，'何以利吾身？'上下交征利而国危矣。……未有仁而遗其亲者也，未有义而后其君者也。王亦曰仁义而已矣，何必曰利？"

　　梁惠王满怀期望地对孟子说："先生不远千里而来，将给我们国家带来什么样的利益呢？"孟子说："大王何必一开口就说利呢？大王说如何才能有利于我的国，大夫说如何才能有利于我的家，士说如何才能有利于我自己，全国上下互相逐利，国家便危险了……天底下没有讲仁的人会遗弃他的父母，没有讲义的人会怠慢他的君主。大王只要讲仁义就行了，为什么一定要讲利益呢？"

　　这次对话显示了孟子与梁惠王之间的根本分歧，梁惠王想让孟子帮助自己富国强兵，收复失地，重新恢复霸主的地位，追求的是利；而孟子却想借助梁惠王的国力推行自己的仁政主张，希望通过征服人心来使天下人归附，亦是国家之大利。但梁惠王认为孟子的理念和措施远水不解近渴，"迂远而阔于事情"；孟子认为梁惠王急功近利，屠害生灵。尽管之后梁惠王抱着求贤之心多次向孟子虚心请教，但都遭到孟子的猛烈批评，说他"以政杀人""五十步笑百步"，最后孟子径直对学生说：

"梁惠王真是不仁呀！仁人把给予喜爱的人的恩德推广到他所不爱的人，不仁的人却把对不喜欢的人造成的伤害波及自己所喜爱的人。"公孙丑问："老师这话是什么意思呢？"孟子解释说："梁惠王为了争城夺地，驱使他所不喜爱的百姓去作战，结果战争失败；准备再战，害怕不能取胜，于是便让他喜爱的弟子也上战场去打仗。这就是把对不喜欢的人造成的伤害波及自己所喜爱的人。"

公元前319年，梁惠王去世，儿子梁襄王即位。孟子去拜见梁襄王，发现梁襄王没有国君的样子，也不觉得他有国君的威严。孟子很失望，于是萌生去意。

七、第二次之齐

此时的齐国，威王去世，宣王即位。经过威王时期的改革，齐国国力达到鼎盛，是中原地区疆域最广、经济和军事实力最强的国家。宣王年轻气盛，雄心勃勃，想征服秦楚，统一天下。为此，他扩建稷下学宫，广招"文学游说之士"，从各国纷纷赶来的学者有千人以上，使齐国成为战国中期思想最为活跃、政治空气最为自由的国家。孟子看到在齐国实现自己仁政理想的希望，非常高兴，于是离开魏国来到齐国。

他对在齐国实现仁政理想充满了信心。在历史上，商汤以五十里、文王以百里土地都能够实现仁政而王天下，即使殷商、西周在最为鼎盛的时期，土地也没有超过方圆千里。而现在的齐国，地广千里，鸡鸣狗吠，彼此相闻，从首都到四方的边境之间，都居住着齐国的百姓。国土不必再开拓，百姓不必再增加，只要施行仁政就能统一天下，没有人能够阻止得了。况且天下没有出现圣王的时间从来没有像现在这么长，百姓因暴政而受的折磨从来没有像现在这么厉害过，饥饿的人不选择食物，口渴的人不选择汤饮，现在，只要拥有万辆兵车的国家施行仁政，就犹如救民于水火，在这样好的条件下，推行仁政，一定会事半功倍，指日可待。

公孙丑问他："假如老师到了齐国，能够辅佐齐王，可以取得像管仲、晏子那样的功绩吗？"孟子不屑一顾地说："你真是个齐国人，只知道管仲和晏子。曾经有人问曾西：'你和管仲相比，谁强？'曾西不高兴地说：'管仲得到齐桓公的信赖那样地专一，行使国家权力那样地长久，而功绩却是那样地卑小。你怎么能够拿我和管仲比呢？'曾西都不愿意跟管仲相比，你觉得我愿意和管仲相比吗？"齐宣王第一次见到孟子，问他："齐桓公、晋文公在春秋时代称霸的故事，您可以讲给我听听吗？"孟子说："孔子的学生们从来没有谈到过齐桓公和晋文公，所以我也没有听到过。如果您一定要让我说的话，我就来给您讲讲用道德来统一天下的王道吧？"在孟子看来，在齐国实行霸政是根本不值一提的事情，仁政王道才是他所关注的。

即便如此，孟子也没有像之前在其他诸侯国那样急于向国君推介王道理想和仁政措施，而是在等待时机。《荀子·大略》载：

> 孟子三见宣王不言事。门人曰："曷为三遇齐王而不言事？"孟子曰："我先攻其邪心。"[①]

---

① ［清］王先谦撰，沈啸寰、王星贤点校：《荀子集解》，北京：中华书局，1988年，第501页。

孟子三次见到宣王都不谈仁政的事，门人感到非常奇怪，就问他为什么。他说，我要先让他转变思想。在孟子看来，齐国虽然具备了实行仁政王道的条件，但是一直以来都实行霸政，如何让宣王的思想从霸政转向王道，是首先要解决的问题，也就是要"先攻其邪心"。

终于，机会来了。一天，宣王坐在大殿上，有人牵着牛从殿下走过，宣王看到了，问："牵着牛去干什么？"那个人答道："准备杀了祭钟。"宣王说："放了它吧！看它哆嗦可怜的样子，毫无罪过却要被杀，我实在于心不忍。"那人说："要废除祭钟的仪式吗？"宣王说："祭钟的仪式怎么可以废除呢？用羊来代替它。"

孟子抓住这件事情，和齐宣王进行了第一次正式而深入的谈话。他对宣王说，从这件事上可以看出您是一个有仁心的人，您的仁心可以施及动物，就可以施及百姓；施及天下百姓，就可以称王于天下。宣王将信将疑地问："我可以吗？"孟子说："当然可以，以您的仁心和现在齐国的实力，实现王道易如反掌。"他还为宣王勾勒了实行仁政后的理想画面：

> 今王发政施仁，使天下仕者皆欲立于王之朝，耕者皆欲耕于王之野，商贾皆欲藏于王之市，行旅皆欲出于王之途，天下之欲疾其君者皆欲赴愬于王。其若是，孰能御之？
> (1.7)

如果大王能够改革政治，实行仁政，天下的士大夫都想到齐国来做官，百姓都想到齐国来种地，商贾都想到齐国来做生意，旅客都想到齐国来游玩，各国痛恨本国君主的人们都想来向您控诉他们的君主——如果出现这样的盛况，谁能挡得住您称王呢？一番话说得宣王怦然心动，他对孟子说："我的头脑昏乱，对您的仁政理想不能有进一步的理解。希望您辅佐我实现统一天下的梦想，明明白白地教我，我虽然不够聪敏，但也想尝试一下。"

孟子见时机成熟，便对宣王说："您想开疆拓土，秦楚来朝，统一中国，四夷归服，可是却兴兵打仗，结怨于诸侯，无异于缘木求鱼。"宣王问："我该怎么办呢？"孟子见"攻其邪心"成功，便说："如果想实现仁政王道，就要从根本上着手。"接着，他开始陈述自己的仁政主张和措施。

起初，宣王对孟子的理想和主张很感兴趣，也很受鼓舞，任命孟子为卿，参与国政，大事小事都虚心向孟子求教：

> 齐宣王问曰："交邻国有道乎？"（2.3）
>
> 王曰："礼，为旧君有服，何如斯可为服矣？"（8.3）
>
> 齐宣王问卿。（10.9）
>
> 齐宣王问曰："人皆谓我毁明堂，毁诸？已乎？"（2.5）
>
> 王曰："王政可得闻与？"（2.5）
>
> 齐宣王问曰："汤放桀，武王伐纣，有诸？"（2.8）

他还向孟子坦白自己有"好勇""好货""好色""好乐"等缺点，孟子每次都以儒家理念、王道仁政来应对。齐宣王是和孟子对话最多的一个国君，《孟子》一书中记载孟子与他的对话达16次，这段时间也是孟子陈述仁政主张最为充分、最为成熟的一个时期。

但是，随着时间的推移，宣王发现孟子的仁政王道虽然理想高远，听起来很美好，但很难做到，也不适合以武力取胜的战国时代，于是重新回到霸政上来，并希望孟子也改弦更张，听从他的指挥。孟子当面回绝了，说："人从小学习一门专业，长大就想运用实行。可是王却说，把你所学的暂时放下，听从我的话吧。这怎么能行呢？假如大王有一块璞玉，无论价值多高，都一定要请玉匠来雕琢它。可是对于治理国家，您却说，把你所学的暂时放下，听从我的话吧。这与您让玉匠按照您的方法雕琢美玉，有什么两样呢？"

孟子与宣王之间的嫌隙由此产生，孟子有时甚至当着宣王的面批评他的政治。《梁惠王下》第6章云：

> 孟子谓齐宣王曰："王之臣有托其妻子于其友而之楚游者，比其反也，则冻馁其妻子，则如之何？"
>
> 王曰："弃之。"
>
> 曰："士师不能治士，则如之何？"
>
> 王曰："已之。"
>
> 曰："四境之内不治，则如之何？"
>
> 王顾左右而言他。

孟子对宣王说："假如您有一个臣子把妻子、儿女托付给朋友照顾，自己去楚国游玩了。等他回来的时候，发现他的妻子、儿女却在挨饿受冻。对待这样的朋友，应该怎么办呢？"宣王说："和他绝交。"孟子接着问："假如管理刑罚的长官不能管理他的下级，应该怎么办呢？"宣王说："撤掉他。"孟子进一步追问说："假如一个国家治理得很不好，那又该怎么办呢？"言外之意是，宣王没有治理好国家，该如何承担责任呢？宣王十分尴尬，只好左顾右盼，将话题转移到其他事情上去了。

二人的分歧和矛盾在齐取燕之事上集中暴露了出来。公元前316年，燕王哙打破当时的世袭制度，将国君的位置禅让给了国相子之。子之做了国君之后，实行改革，打击贵族的利益，这遭到了以原太子平为首的贵族的反对。公元前314年，太子平率领军队攻打子之，燕国发生内乱。齐国为了维护诸侯国内的秩序，更是为了趁机扩张自己的势力，出兵攻打燕国。由于力量悬殊，齐国只用了50天的时间，就攻下了燕国。下一步该怎么办？维护秩序后撤兵，还是进一步吞并燕国？国内出现两种不同的意见，宣王就此征求孟子的意见，孟子说："如果燕国百姓感到高兴，就吞并它；如果燕国百姓不高兴，那就不要吞并它。"

宣王吞并了燕国，其他的诸侯国以秦国为首组成联军，共同援助燕国。宣王感到事情不妙，问孟子说："其他的诸侯国共同商议来攻打我，该如何应对呢？"孟子回答说："燕国的君主虐待百姓，您去征伐他，那里的百姓以为您会救他们于水火之中，于是箪食壶浆来迎接您的军队。可是您的军队，却杀死他们的父兄，掳掠他们的子弟，毁坏他们的宗庙，搬走国家的宝器，这样怎么能行呢？各诸侯国本来就害怕齐国强大，现在齐国土地又增加了一倍，而且暴虐无道，所以招致各国兴兵动武。您赶快发布命令，遣回燕国老老小小的俘虏，停止搬运燕国的宝器，和燕国人协商，选择一位合适的燕王立为君主，然后从燕国撤兵。只有这样才可以让各国停止兴兵。"在孟子看来，救燕民于水火，为之置贤君而去，才是仁义之师、仁战之举，能赢得天下人心。可是宣王出兵的目的是想吞并燕国，扩大自己的疆域，使自己在争霸战争中处于优势地位，所以没有听取孟子的建议，结果导致燕国人的反抗，齐国被迫撤兵。

虽然事后宣王非常后悔，表示愧对孟子，但这件事彻底粉碎了孟子在齐国实现仁政王道的理想，于是他向宣王提出辞职归乡的请求。宣王亲自到孟子家中挽留，说："过去希望见到您，却不能够；后来能够在一起同朝共事，我感到非常高兴。现在您要抛弃我回到家乡，不知道以后还有没有机会见面？"后来，宣王又让大臣时子出面挽留，表示愿意在临淄城中给孟子建一幢房屋，每年给万钟粟，让他收徒讲学，让齐国的官吏和百姓都有学习的榜样。但这些都被孟子拒绝了。

孟子离开齐国的时候，在昼这个地方停留了三个晚上。当地有个叫尹士的人说："千里迢迢来见齐王，不能实现理想而离去。在昼停留了三个晚上才离开，为什么这么慢慢腾腾呢？"有人把尹士的话告诉了孟子，孟子说："尹士怎么能知道我的心呢？不远千里来见齐王，是我愿意的；不能实现理想而离去，难道是我想要的吗？我不得已呀！我在昼停留三个晚上才离开，在我看来还是太快了。齐王也许会改变想法，齐王一旦改变想法，一定会请我回去。可是我在昼停留了三天，齐王还没有来追我，我才决意回乡。我难道愿意抛弃齐王吗？齐王虽然不能像汤武那样成就圣王之业，但足以做一个好君主。齐王如果用我，何止齐国百姓得到太平，天下的百姓都会得到太平。齐王也许会改变主意的，我每天都在盼望着呀！"

这番话暴露了孟子真实的想法。齐国具备实现仁政理想的最好条件，宣王也算得上是一个贤明的君主，他想留在齐国帮助齐王，但齐王不愿意施行仁政，所以他日夜盼望着宣王改变主意，请他回去。但遗憾的是，宣王最终没有这样做。孟子闷闷不乐，弟子充虞看出来了，问老师说："您看起来有些不高兴。您以前教导我说，君子不抱怨天，也不责怪人。您今天是怎么了？"孟子叹了口气说："彼一时，此一时，情况不同了。从历史上看，五百年里一定会有圣王出现，而且有命世之才辅佐他。自周武王以来，已经有七百多年了，该有圣君和贤臣出现了。如果想平治天下，当今之世，除了我，还有谁呢？这就是我不快乐的原因。"

周游列国近 20 年，一腔热情落了空，孟子怀着怅然的心情回到家乡。此时的他，已年过花甲，经历了与齐宣王的亲密合作与分歧矛盾，他深深地感到不能寄希望于君主，再也不愿意参与政治了。于是他重操旧业，在家乡收徒讲学，利用闲暇时间和弟子万章、公孙丑等人整理《诗》《书》等儒家经典，并总结自己一生的思想、活动，编撰《孟子》成七篇，留予后世。

《孟子》作者与《孟子外书》之谜案

如果被问到孟子的作品是什么，大家的第一反应无疑是《孟子》。可是《孟子》的作者到底是不是孟子本人？如果是，是他独立完成的，还是和别人一起完成的？是和谁一起完成的？如果不是，那么是谁完成的呢？除了《孟子》之外，从汉代开始还出现了《孟子外书》，《孟子外书》的作者是谁？它和《孟子》之间的关系如何？这些历来是不解之谜，至今没有定谳。下面将对这两个问题进行辨析。

一、《孟子》作者辨

关于《孟子》的作者，自西汉以来有三种不同的观点。

第一种观点认为是孟子和弟子共同完成的。最早提出这种观点的是西汉的司马迁，《史记·孟子荀卿列传》中说，孟子"退而与万章之徒序《诗》《书》，述仲尼之意，作《孟子》七篇"。

第二种观点认为是孟子本人所作。最早提出这种观点的是东汉的赵岐，他在《孟子题辞》中说，"此书，孟子之所作也，故总谓之《孟子》"；并分析其原因说，孟子因为生不逢时，进不能辅佐君主成唐尧虞舜之业，退不能伸三代之余风，"耻没世而无闻焉,是故垂宪言以诒后人……于是退而论集所与高第弟子公孙丑万章之徒难疑答问,又自撰其法度之言,著书七篇……此大贤拟圣而作者也"。元人何异孙附和道:"《论语》是诸弟子记诸善言而成编集,故曰《论语》而不号《孔子》。《孟子》是孟轲所自作之书,如《荀子》,故谓之《孟子》。"① 南宋时朱熹从文章风格的角度进一步论证:"《孟子》,疑自著之书,故首尾文字一体,无些子瑕疵。不是自下手,安得如此好?""熟读七篇,观其笔势如镕铸而成,非缀辑所就也。"② 清人阎若璩又从《孟子》没有记载孟子容貌的角度论证,说:"《论语》成于门人之手,故记圣人容貌甚悉;七篇成于己手,故但记言语或出处耳。"③ 魏源亦赞同此说:"七篇中无述孟子容貌言动,与《论语》为弟子记其师者不类,当为手著无疑。"④

第三种观点认为是孟子的弟子所作。最早提出这种观点的是唐代的韩愈,他说:"孟轲之书,非轲自著,轲既没,其徒万章公孙丑相与记轲所言焉耳。"⑤ 与之同时的张籍也说,孟子死后,其弟子"纪其师之说以为书,若《孟子》者是已"⑥。晚唐的林慎思认为《孟子》是孟子弟子所记孟子言行,所以作《续

---

① [清]焦循撰,沈文倬点校:《孟子正义》,北京:中华书局,1987年,第3页。
② [宋]黎靖德编,王星贤点校:《朱子语类》,北京:中华书局,1986年,第433页;[宋]朱熹撰,郭齐、尹波点校:《朱熹集》,成都:四川教育出版社,1996年,第2584页。
③ [清]阎若璩:《孟子生卒年月考》,出自[清]阮元、王先谦编《清经解》,上海:上海书店,1988年,第122页。
④ [清]魏源:《魏源集》,北京:中华书局,1976年,第313页。
⑤ [唐]韩愈撰,马其昶校注,马茂元整理:《韩昌黎文集校注》,上海:上海古籍出版社,1986年,第132页。
⑥ [唐]张籍:《上韩昌黎第二书》,《全唐文新编》,长春:吉林文史出版社,2000年,第7739页。

孟子》以续演孟子的学说。

宋人晁公武追踪其后，并从死后称谥的角度进行论证。他说，《孟子》书中记载孟子所见诸侯都称谥号，比如齐宣王、梁惠王、滕定公、滕文公、鲁平公等。诸侯死了之后才称谥号，如果是孟子自著，那么孟子写书的时候，这些诸侯并没有全都去世，称谥该如何解释呢？况且，从梁惠王到鲁平公去世，共有77年的时间，孟子见梁惠王的时候梁惠王就已经称他为老先生了，孟子一定不会见到鲁平公去世。所以韩愈认为《孟子》一书是孟子弟子所作，是有道理的。

清人崔述作《孟子事实录》，进一步明确"《孟子》一书为公孙丑万章所纂述……谓孟子与之同撰，或孟子所自撰，则非也"。理由除了晁公武所说，又补充了两条。一条是《孟子》一书中常有知识性错误，如"禹决汝汉，排淮泗，而注之江""伊尹五就汤，五就桀"等都与事理不合；如果是孟子亲自所作，肯定不会出现这样的低级错误。另一条是《孟子》一书中对于孟子的门人大多称"子"，如乐正子、公都子、屋庐子、徐子、陈子等，如果是孟子自撰，不可能称其门人为"子"；而且，例外的是万章、公孙丑在书中并不称"子"，书中所记二人和孟子的问话、对答也最多，所以《孟子》一书很可能是万章、公孙丑等所追述。

后两种观点看起来言之凿凿，实际上都是以己意揣测之，虽不能说没有理由，但也不能据此就将《孟子》的作者坐实为孟子或孟子的弟子。唯有司马迁的《史记·孟子荀卿列传》虽没有解释理由，但可能是最接近事实的记录。即使是持孟子自撰说的朱熹也承认《孟子》书中有其弟子的笔墨，他晚年时比较司马迁和韩愈之说，指出："二说不同，《史记》近是。"① 清人魏源对孟子门人称"子"进行解释："公都子、屋庐子、乐正子、徐子不书名，而万章、公孙丑独名，《史记》谓'退而与万章之徒作七篇者'，其为二人亲承口授而笔之书甚明。"②

现代学者多认同此论。钱穆先生说："殆孟子自有所撰，而终成于万章、公孙丑之徒之所撰集，最为近是。"③ 杨伯峻先生说："我们认为，太史公的话是可信的。他的时代较早，当日所见到的史料，所听到的传闻，比后人多而且确实；尤其是验以《孟子》本书，考之孟子生卒，其余两种说法所持的理由都是不充分的。"④ 他对崔述所提出的知识性错误理由进行了反驳，说："孟子即便是所谓'亚圣'，也不能肯定他所说所写的每字每句都非常正确。何况'决汝汉排淮泗而注之江'这种话，孟子不过借以说明禹治水的功绩；正确的地理知识的具备与否，上古的所谓圣贤，似乎不曾给以重视。伊尹'五就汤五就桀'，孟子也不过借以说明伊尹全心为百姓服务的忠诚；而且孟子援引史事，常常主观地加以改造，以期论证自己的观点。"⑤

作《中国孟学史》的王其俊先生多方比较了《论语》和《孟子》两部书，并对书中诸侯称谥现象进行了解释："由上述比较不难看出，《孟子》是由孟子本人和万章、公孙丑等共同记述而成，其中主要作者是孟子本人。至于诸侯皆称谥一事，梁

① ［宋］朱熹：《四书章句集注》，北京：中华书局，1983 年，第 197 页。
② ［清］魏源：《魏源集》，北京：中华书局，1976 年，第 313—314 页。
③ 钱穆：《四书释义》，《钱宾四先生全集》（第 2 册），台北：联经出版事业公司，1998 年，第 180 页。
④ 杨伯峻：《孟子译注·导言》，北京：中华书局，2005 年，第 6 页。
⑤ 杨伯峻：《孟子译注·导言》，北京：中华书局，2005 年，第 6—7 页。

惠王、鲁平公、滕文公等皆先孟子而卒，称谥系理所当然。梁襄王死于孟子之后，《孟子》一书称谥，原因在于孟子'卒后书为门人所叙定，故诸侯王皆加谥焉。'"①

综上可知，《孟子》一书系孟子与其弟子共同完成，孟子死后，其弟子又进行了修订。

二、《孟子外书》之谜案

在孟学史上，《孟子外书》扑朔迷离，贯穿始终，至今仍是未解之谜。我们只能叙其始末，而无法破解这个千古之谜。从东汉至明清，曾经出现过三种《孟子外书》。第一种出现在东汉时期，司马迁《史记·孟子荀卿列传》中明确记载孟子与弟子"作《孟子》七篇"。可是到了东汉，《孟子》却成了十一篇，班固《汉书·艺文志》中著录《孟子》有十一篇；应劭将之区分出中外，说孟子"退与万章之徒，序《诗》《书》仲尼之意，作书中、外十一篇"②；赵岐进一步明确《孟子外书》四篇的名字，说"又有《外书》四篇，《性善辩》《文说》《孝经》《为正》"③。为什么东汉时期多出了《孟子外书》四篇？这四篇从哪儿来？为什么称之为《外书》呢？

原来，班固的《汉书·艺文志》源自刘歆的《七略》，《七略》乃是刘歆与父亲刘向在汉成帝时期整理皇家藏书的基础上著录而成的。清人周广业据此推断《孟子》分为内、外篇的原

---

① 王其俊主编：《中国孟学史》，济南：山东教育出版社，2012 年，第 86 页。

② ［汉］应劭撰，王利器校注：《风俗通义校注》，北京：中华书局，1981 年，第319 页。

③ ［汉］赵岐：《景宋蜀刻本孟子赵注》，桂林：广西师范大学出版社，2018 年，第 6 页。

因："《孟子》在汉武帝时，七篇早入大内，故曰中，亦言内，犹今称中秘书为内府书也。其上太史及学官所肄，子长所见，本皆止七篇。至成帝时，陈农所求，刘向父子所校，续得民间本，增多四篇，以中秘所未有，故谓之外。"① 意即司马迁时太史及学官所藏只有七篇，成帝时刘向、刘歆父子整理民间献书，才得《孟子外书》。至于《外书》是什么人所作、谁献的，则不得而知。今人董洪利先生推测说，孟子及其弟子公孙丑、万章之徒著书时，择取平时言论资料仅止于七篇，并以七篇为定本以传后世。七篇之余的资料，孟子的后学或其他后世之人取以内容分类，编为四篇，流传于民间。② 这也仅仅是推测而已，没有任何资料可以证实这一结论。

对于《孟子外书》四篇的价值，赵岐如是说："其文不能引深，不与内篇相似，似非孟子本真，后世依放而托之者也。"③ 正是出于这样的价值判断，赵岐只为七篇作注，这也导致《孟子外书》在东汉之后逐渐亡佚。《孟子外书》亡佚的过程，可以从两个系统来探查，一是引用系统，二是目录系统。从引用系统来看，从汉至唐，甚或至宋，间或有引用者，顾炎武说："《史记》伍被对淮南王安，引《孟子》曰：'纣贵为天子，死曾不若匹夫。'扬子《法言·修身》篇引《孟子》曰'夫有意而不至者有矣，未有无意而至者也。'桓宽《盐铁论》引《孟子》曰：'吾于河广，知德之至也。'……今《孟子》书皆无其

---

① ［清］周广业：《孟子四考》，《续修四库全书》（经部第 158 册），上海：上海古籍出版社，2002 年，第 76 页。

② 董洪利：《孟子研究》，南京：江苏古籍出版社，1997 年，第 155—156 页。

③ ［汉］赵岐：《景宋蜀刻本孟子赵注》，桂林：广西师范大学出版社，2018 年，第 6 页。

文，岂俱所谓'外篇'者邪?"[①] 今人王其俊先生亦说："秦汉之后，《孔丛子》、《后汉书·仲长统传》注、《史记·六国年表》皇甫谧注、《梁书·处士传》叙论、《颜氏家训》、《北堂书钞》、《文选》李善注、《太平御览》等书所引孟子语，或为今《孟子》七篇所无，或与今文小异……抑或出于《孟子外书》，已不可详考。"[②] 从二人的话语中，我们可以得知，从西汉的《史记》到北宋的《太平御览》对《孟子》都有引用，但所引与《孟子》七篇之文不同或小异，则很可能是出自《孟子外书》，但也不能确定，因为这些引用或许只是意引，不是直接引用，或者有把赵岐的注文当作《孟子》原文引用的，在文字上自然会与《孟子》原文有出入。因而，从引用系统无法判定《孟子外书》亡佚的过程。

从目录系统看，《隋书·经籍志》中著录郑玄《孟子注》七卷、刘熙《孟子注》七卷，而晋綦毋邃《孟子注》九卷，比郑、刘二人和赵岐的多两卷；唐人李善注《文选》曾引用过綦毋邃《孟子注》中的话；之后的《旧唐书·经籍志》《新唐书·艺文志》《宋史·艺文志》诸正史志及北宋类书《崇文总目》《玉海》《文献通考》等均未著录《孟子外书》。据此我们可以判断《孟子外书》最迟在北宋时期已经亡佚。南宋人王应麟曾说："汉《七略》所录，若《齐论》之《问王》《知道》，《孟子》之《外书》四篇，今皆无传。"[③]

---

① ［清］顾炎武著，［清］黄汝成集释，秦克诚点校：《日知录集释》，长沙：岳麓书社，1994年，第262页。
② 王其俊主编：《中国孟学史》，济南：山东教育出版社，2012年，第88页。
③ ［宋］王应麟著，［清］翁元圻等注，栾保群、田松青、吕宗力校点：《困学纪闻》，上海：上海古籍出版社，2008年，第1257页。

令人奇怪的是，南宋时期又出现了一种《孟子外书》，这种《外书》仅存在于两人之口，一是孙奕，一是刘昌诗。孙奕在《履斋示儿编》中说："昔尝闻前辈有云，亲见馆阁中有《孟子外书》四篇，曰《性善辩》、曰《文说》、曰《孝经》、曰《为政》。则时人以性善辩文为一句，说孝经为正为一句，甚乖旨趣，古文辨辩、正政通用。"① 他的话告诉我们，当时人错读了《孟子外书》四篇的篇名，而他的家中前辈有人见过藏在皇家馆阁中的《孟子外书》四篇，他希望以此来纠正时人的错误，但是他本人没有见过《孟子外书》。与之同时的刘昌诗说自己亲眼见过《性善辩》一篇，"予乡新喻谢氏，多藏古书，有《性善辩》一帙，则知与《文说》《孝经》《为正》是谓四篇。"② 刘昌诗在同乡新喻谢氏的家中见过《性善辩》，认为它正是《孟子外书》四篇之第一篇。二人口中的《孟子外书》横空出世，给北宋时本已亡佚、画上句号的《孟子外书》增添了传奇色彩。

清人翟灏对二人的话表示怀疑说，南宋距离赵岐时代有一千多年，历经王朝更迭、战乱频仍，不可能在皇家馆阁中如此完好地保存着《孟子外书》四篇。当时在馆阁中任职的官员学者，也无人提及，孙奕所说当属道听途说，没有可靠的根据。《孟子外书》在北宋时已经亡佚，刘昌诗即使看到了《性善辩》一篇，也很可能是"后人依放而作，非《外书》本真也"③。今

---

① ［清］翟灏：《四书考异》，《续修四库全书》（经部第167册），上海：上海古籍出版社，2002年，第81页。
② ［宋］刘昌诗撰，张荣铮、秦呈瑞点校：《芦浦笔记》，北京：中华书局，1986年，第15页。
③ ［清］翟灏：《四书考异》，《续修四库全书》（经部第167册），上海：上海古籍出版社，2002年，第82页。

人董洪利认为，孙奕所说的《外书》四篇和谢氏所藏的《性善辩》目录相合，很可能是同出一源的伪作。[①] 至于二人口中的《孟子外书》其他更多的情况，具体面目如何？没有任何资料供我们考察。

既然两种《孟子外书》都已亡佚，可是我们仍然可以在《续修四库全书》中看到完整的《孟子外书》，这又是怎么回事呢？《续修四库全书》中的《孟子外书》，题名宋熙时子注，除了《外书》四篇的内容外，前面有马端临父亲马廷鸾的"序"，后面有朱熹弟子的"题记"，好似宋人著作。但是这本书却是在明代被发现的，明代文学家胡震亨说："吾友叔祥，客济南，得《孟子外书》四篇见寄，惜第四篇《为正》残阙不全。按刘昌诗《笔记》云，新喻谢氏藏有《性善辩》一帙，盖即是书。自宋以来，流传绝少，虽断珪残壁，尤当宝贵之。"[②] 叔祥就是胡氏的好友姚士粦（字叔祥）。根据胡氏所说，该书是姚氏在济南客居时所得，并认为此书就是南宋人刘昌诗所说的《孟子外书》，自宋以来，很少面世，姚氏访得，当属珍贵。

对此，清人翟灏提出"八验三证"共 11 条证据来证明该书根本就是姚士粦自己杜撰的，是伪作。在此，我们没有必要一一列举这 11 条证据，只举其二三，以窥姚氏之伪。其一，《孟子》七篇，每篇都有 5000 多字，而且很多章篇幅都很长，思想深邃；而《外书》四篇，每篇不到 1000 字，且每章篇幅都很短，思想浅近，毫无生气，和七篇在内容、风格上迥然不同。

---

① 董洪利：《孟子研究》，南京：江苏古籍出版社，1997 年，第 157 页。

② ［清］翟灏：《四书考异》，《续修四库全书》（经部第 167 册），上海：上海古籍出版社，2002 年，第 83 页。

其二，西汉刘向《列女传》中载有孟母三迁、孟子出妻等故事，都是别人所作的关于孟子的故事，不是孟子本人所自述。可是《外书》把这两则故事也编入其中，并认为是孟子所作；更令人啼笑皆非的是，故事虽然改成了孟子自述，但仍以"孟母""其母"来称孟子之母，错得有点离谱。其三，荀子比孟子晚五六十年的时间，于齐襄王的时候从赵国到齐国，后又从齐国到楚国做官，与孟子生活的年代不相当，可是《外书》却说荀子从楚国到齐国见到了孟子。《外书》还记载孟子论孟尝君，可是孟尝君所立是在孟子死后，孟子不可能在死后谈论一个人，或者在生前谈论一个还没有出生的人。这样类似关公战秦琼的错误在姚氏《外书》中还有很多。① 周广业、丁杰、梁启超等人也都认为它"显属伪托""伪造无疑""伪中之伪"等。

2019 年，中国孔子研究院的曹景年先生提出了不同意见。他认为，翟氏的 11 条理由只能证明姚氏《外书》不是东汉时赵岐所见《外书》，但有可能是南宋孙、刘二人提到和见到的《外书》，作于北宋中后期或南宋初年。理由有三：一是姚氏《外书》中避南宋钦宗赵桓的讳，二是姚氏《外书》有两位宋人的"序"和"题记"，三是南宋时孙、刘二人都提到了《外书》。② 这三条理由虽有一定道理，但也不能证实姚氏《外书》就是南宋时期的《外书》。至于真相到底如何，只能期待更多材料的出现。

---

① ［清］翟灏：《四书考异》，《续修四库全书》（经部第 167 册），上海：上海古籍出版社，2002 年，第 83—85 页。

② 曹景年：《〈孟子外书〉作伪年代新考》，《儒藏论坛》，成都：四川大学出版社，2019 年第 1 期。

第二章
《孟子》的思想体系与历史价值

　　孟子是孔子学说的忠实追随者。他认为，孔子是自从有人类以来最伟大的学者和思想家，"出于其类，拔乎其萃"。能够成为孔子那样有创造性和影响力的思想者是孟子终生的愿望，他曾经对弟子说："乃所愿，则学孔子也。"在这一远大理想的指引下，孟子从年轻时候就奋发努力，学习并发展儒家学说，在长期的学习和教学过程中，逐步形成了以"仁政"为核心的思想体系，并在其后近20年的游历中不断丰富、发展这一思想体系，晚年和弟子一起整理、记录，将其思想体系以著作的形式流传后世。我们可以借之穿越时空，和先哲对话，梳理其思想体系，分析其历史价值和当代意义，从中汲取精神营养和行动力量。我们的介绍围绕其思想体系的核心——"仁政"展开，分别从政治、人性、教育三个方面来进行。

仁政与民本：孟子的政治思想

仁政乃"以仁行政"，即统治者将对父母子女的仁爱之心推广至天下百姓，受到照顾的百姓爱戴统治者，视之如父母，拥之如流水，统治者因而称王于天下，所以仁政亦称"王政"。从思想渊源来讲，孟子的仁政思想直接秉承孔子"仁者爱人"的思想。"仁"字在《论语》中共出现了109次，含义非常广泛，孔子每次对它的解释都不一样，但最核心的含义是爱人，最基本的含义是孝悌，实践方法是忠恕之道；孟子将之缩小为父母子女之间的感情，并将之运用于政治，形成了独特的仁政思想。

从历史渊源来讲，仁政来自儒家对历史的解释，特别是对尧、舜、禹、汤、文、武得天下的解释。在孟子看来，汤以七十里，文王以百里，皆以仁政王天下；当今之诸侯国，大者千里，小者如滕国，取长补短，也接近五十里，都具备施行仁政的基本条件。如果诸侯能够施行仁政，"四海之内皆举首而望之，欲以为君"（6.5），"大国五年，小国七年，必为政于天下矣"（7.7）。正是抱着这样必胜的信心，孟子提出了一系列的原则、主张和措施，周游于诸侯之间，希望能够救民于水火之中。

一、义利之辨：仁政的价值准则

春秋战国乃大争之世，特别是进入战国时期，各国纷纷变法，富国强兵，开疆拓土，利字当先。这是当时的政治家，甚至有的思想家秉承的普遍价值观念。但是孟子认为，争利是天下祸乱的根源，以利来引导社会的价值观是短视的，甚至是非常可怕的，统治者唯有施行仁政、以仁义为基本的价值观引导社会，才能将祸乱消弭于未发之际，征服人心，统一天下。

孟子到魏国，梁惠王问他的第一个问题是："先生不远千里而来，将给我国带来什么样的利益呢？"孟子回答说："大王何必说利益呢，只讲仁义就够了。大王说怎样才能对我的国家有利，大夫说怎么才能对我的家有利，士人百姓说怎么才能对我本人有利，全国上下都互相追逐私利，那么国家就危险了。拥有万辆兵车的国家，杀掉国君的一定是拥有千辆兵车的大夫；拥有千辆兵车的大夫之家，杀掉大夫的一定是拥有百辆兵车的大夫。万中占千，千中占百，不能说不多；假如把义甩在脑后，利字当先，获取再多的利都不会满足，所以才会出现弑君的现象。不讲仁的人会遗弃他的父母，不讲义的人会怠慢他的君主。大王只要讲仁义就可以了，何必说利呢？"

秦楚之间将要发生战争，当时一位知名的学者宋牼到楚国去，在石丘这个地方和孟子相遇了，孟子问他："先生要到哪里去？"

宋牼说："我听说秦国和楚国要打仗，我赶着去见楚王，劝他罢兵。如果楚王不听，我就到秦国去，劝秦王罢兵。楚王和秦王，我一定能够劝说成功一个。"

孟子说:"我不想问得太详细,我只想知道先生的主旨思想。"

宋牼说:"我要给他们讲战争会带来的不利。"

孟子说:"先生的志向很好,但是主旨思想却不可以。先生想用利来游说秦王和楚王。若秦楚之王因为有利而罢兵,三军将士就会喜欢追逐私利。做人臣的怀着追逐私利的目的侍奉君主,做人子的怀着追逐私利的目的侍奉父亲,做弟弟的怀着追逐私利的目的侍奉兄长,君臣、父子、兄弟之间抛弃仁义,追逐私利,这样做不导致祸乱亡国的,是从来没有的事情。如果先生用仁义来引导秦楚之王罢兵,那么三军将士就会喜欢仁义。做人臣的怀着仁义侍奉君主,做人子的怀着仁义侍奉父亲,做弟弟的怀着仁义侍奉兄长,君臣、父子、兄弟之间抛弃私利,以仁义相待,这样做而不称王于天下的,也是从来没有的事情。先生何必以利相说呢?"

孟子认为仁是得天下的关键,不仁是失天下的根源,禹、汤、文、武三代皆是这样,诸侯国的兴亡存废甚至个人的命运也是如此。"天子不仁,不保四海;诸侯不仁,不保社稷;卿大夫不仁,不保宗庙;士庶人不仁,不保四体。"(7.3)可是当时的诸侯国君并不明白这个道理,依然汲汲于追逐利益,在孟子看来这就是将罪恶传播给大众,国家也将岌岌可危。城墙不坚固,军备不充足,不是国家的灾难;田野未开辟,经济不富裕,不是国家的祸害;在上位的人没有礼义,在下位的人没有教养,才是国家最大的祸害。大国要统一天下,必须施行仁政;小国想摆脱大国的侵扰之苦,莫若以文王为师。

二、"民事不可缓"：仁政的民众基础

孟子认为仁政的关键在于得民心。"天时不如地利，地利不如人和""得道者多助，失道者寡助"就是强调得民心的重要性。如何得民心？就是把百姓的事放在第一位。滕文公请教孟子如何治国，孟子回答的第一句话是"民事不可缓也"（5.3）。齐宣王问孟子"德何如则可以王矣？"孟子说："保民而王，莫之能御也。"（1.7）为了百姓的生活安定而统一天下，无人能够阻挡。具体而言，就是富之、教之。

孟子将百姓是否能够"养生送死无憾"提到关系国家兴亡的高度，他每到一个国家，都会不厌其烦地对为政者反复陈说，对梁惠王、齐宣王、滕文公，对自己的学生，皆然。要做到这一点，首先是制民之产，让老百姓拥有足以养活自己的田地和宅地。《孟子》一书多次提到制民之产的具体措施，核心内容如下：

> 五亩之宅，树之以桑，五十者可以衣帛矣。鸡豚狗彘之畜，无失其时，七十者可以食肉矣。百亩之田，勿夺其时，数口之家可以无饥矣。谨庠序之教，申之以孝悌之义，颁白者不负戴于道路矣。七十者衣帛食肉，黎民不饥不寒，而不王者，未之有也。（1.3）

五亩的宅院，里面种上桑树，妇女养蚕织布，老人就可以穿得暖暖的；养上鸡、猪、狗等家畜，老人就可以吃上肉了。百亩的田地，按照时节进行耕种，八口之家一年到头不会遭受

饥饿之苦。百姓生活过得开心，就会拥戴统治者。孟子还特别强调养老以及对鳏寡孤独等弱势群体的照顾，《梁惠王下》第5章曰："老而无妻曰鳏，老而无夫曰寡，老而无子曰独，幼而无父曰孤。此四者，天下之穷民而无告者。文王发政施仁，必先斯四者。"只有这些弱势群体都得到照顾，整个社会才会显得温暖、和谐；百姓才会觉得自己生活在一个充满仁爱的社会中，才会爱国家，愿意追随统治者。

其次，要薄其赋敛。在孟子看来，对百姓征收赋税，最佳的税率是十分之一。这也是历史上圣王的统治经验，"夏后氏五十而贡，殷人七十而助，周人百亩而彻，其实皆什一也"（5.3）。高于十分之一，会增加百姓的负担，是不义的举措；低于十分之一，国家的礼仪不足以维持，是不仁的举措。

周人白圭曾经在魏国做官，他问孟子："我打算实施二十分之一的税率，您看如何？"

孟子说："你的为政之道是貉国的为政之道。一个有一万户的国家，如果只有一个人制作陶器，可以吗？"

白圭说："当然不行，陶器远远不够用。"

孟子说："貉国是北方的一个少数民族国家，地处严寒，各种谷物都不能生长，只能种黍；没有城墙、房屋、祖庙和祭祀的礼节，没有各国间的往来，不需要互赠礼物和宴享，也没有各级衙署和官吏，所以二十抽一的税就足够了。可是中原地区的文明礼仪之邦，不用礼仪来表达伦常关系，不养活各级官吏，社会怎么运行，国家怎么运行呢？陶器太少，尚且不能满足国家的需要，何况没有各级官吏来管理社会呢？十分之一的税率是尧舜治国之道；比十分之一轻的税率，是大貉小貉的蛮夷之道；比十分之一重的税率，是大桀小桀的亡国之道。"

再次，要使民以时。中国是一个农耕社会，百姓的收入来自和土地、天时的合作，所以儒家自孔子以来就非常强调要使民以时。孟子也十分强调这一点，认为这是仁政的重要方面。他说，在农民耕种、收获的季节，不去征兵征工妨碍其生产，就有吃不完的粮食；不用细密的渔网到池沼里去捕鱼，就有吃不完的鱼鳖；按一定时节砍伐树木，就有用不完的木材。有吃不完的粮食和鱼鳖，有用不完的木材，老百姓就可以称心如意地养活生者、送葬死者，这就是王道的开始。如果有诸侯国不顾农耕时节征兵征工，侵占百姓的生产时间，使他们不能耕种来养活父母妻儿，致使父母挨饿受冻，兄弟妻儿东逃西散。他们的百姓生活在水深火热之中，若大王的军队前去讨伐，有谁能够抵抗您呢？所以说"仁者无敌"。

最后，要重视和保护工商业。虽然孟子主张法先王，盛赞尧、舜、禹、汤、文、武之政，但是他的思想并不保守，而是对社会的发展有着深刻的认识。他认为社会分工和商业发展是随着社会的发展必然出现的现象，在加快社会流动、提高社会效率方面有着重要的作用，应该加以尊重和保护。孟子在滕国时，曾经和农家弟子陈相有过一次辩论。农家主张自给自足和等量交换。孟子主张商品交换，认为商品交换可以让人专心去做自己擅长的工作，为社会创造最大的效益；并且承认不同商品的品质不同，价格不同，包含的劳动也不相同。这完全符合战国时期社会发展的现状和趋势。为了促进经济发展、商品流通，孟子主张少设关卡，少征商业税，"市，廛而不征，法而不廛，则天下之商皆悦，而愿藏于其市矣；关，讥而不征，则天下之旅皆悦，而愿出于其路矣"（3.5）。

人民生活富裕是仁政的第一步，对百姓进行教化是第二步，从而形成良好的社会秩序。统治者爱护百姓，百姓拥戴统治者，全国上下同心，形成强大的软实力。孟子不止一次地强调教化的作用：

> 孟子曰："仁言不如仁声之入人深也，善政不如善教之得民也。善政，民畏之；善教，民爱之。善政得民财，善教得民心。"（13.14）
>
> 人伦明于上，小民亲于下。有王者起，必来取法，是为王者师也。（5.3）
>
> 壮者以暇日修其孝悌忠信，入以事其父兄，出以事其长上，可使制梃以挞秦楚之坚甲利兵矣。（1.5）

具体做法就是国家设立学校，用以孝悌为核心的儒家伦理道德体系教化民众：

> 设为庠序学校以教之。庠者，养也；校者，教也；序者，射也。夏曰校，殷曰序，周曰庠；学则三代共之，皆所以明人伦也。（5.3）
>
> 谨庠序之教，申之以孝悌之义，颁白者不负戴于道路矣。（1.3）
>
> 教以人伦——父子有亲，君臣有义，夫妇有别，长幼有序，朋友有信。（5.4）

教化民众，不仅要设专门的学校，而且统治者要以身作则，为民众树立良好的学习榜样，所以孟子十分强调选用官吏要注重德行，强调"贵德而尊士，贤者在位"，统治者自身也要身正、仁义，成为道德表率。他认为，只有仁人适合处于统治地位；不仁的人处于统治地位，就会把他的罪恶传播给民众。他的学生乐正子在鲁国为政，孟子高兴得睡不着觉。公孙丑问他为什么这么高兴，是因为乐正子博文多识、擅长谋略吗？孟子说，都不是，是因为乐正子喜欢听取善言。喜欢听取善言，就可以治理天下，何况鲁国呢？喜欢听取善言，四面八方的人就会从千里之外赶来把善言告诉他，国家自然可以治理好。

三、尊贤使能、明其政刑：仁政的政事纲领

要想治理好国家，仅仅富民、教民是不够的，还要做好官吏的选拔和管理，做好国家的管理；仅有德教也是不够的，还要有政刑。所以孟子说："贵德而尊士，贤者在位，能者在职，国家闲暇，及是时，明其政刑。虽大国，必畏之矣。"（3.4）意思是，以德为贵，尊重士人，使有德行的人居于高位、有才能的人担任具体的职务；国家太平无事的时候，修明政治法典，纵使强大的邻国也一定会畏惧它。这是孟子关于政事的纲领性表述。

"贵德而尊士，贤者在位，能者在职"，这种选贤任能的观点是春秋战国时期的时代潮流，是世袭社会向选举社会转型的表现，孔子、墨子等都有相关的表述。孟子的贡献在于进一步将人才区分为贤和能两种，贤者以德行引领社会，能者帮助国君处理各种行政事务，并且提出了前无古人的选拔人才的方

式——"听政于国人"的主张。《梁惠王下》第7章云：

> 王曰："吾何以识其不才而舍之？"
>
> 曰："国君进贤，如不得已，将使卑逾尊，疏逾戚，可不慎与？左右皆曰贤，未可也；诸大夫皆曰贤，未可也；国人皆曰贤，然后察之；见贤焉，然后用之。左右皆曰不可，勿听；诸大夫皆曰不可，勿听；国人皆曰不可，然后察之；见不可焉，然后去之。左右皆曰可杀，勿听；诸大夫皆曰可杀，勿听；国人皆曰可杀，然后察之；见可杀焉，然后杀之。故曰，国人杀之也。如此，然后可以为民父母。"（2.7）

齐宣王问孟子，我怎样识别哪些人没有才能而不用他呢？孟子回答说："国君选拔贤人，如果迫不得已要用新进，就可能会把卑贱者提拔在尊贵者之上，把疏远的人提拔在亲近者之上，能不慎重吗？因此，左右亲近的人说某人贤能，不可轻易下决断；众位大夫都说某人贤能，也不可轻易下决断；全国的人都说某人贤能，然后去了解、考察，发现他确实是贤能之人，再下决断用他。左右亲近的人都说某人不贤能，不要轻信下决断；众位大夫都说某人不贤能，也不要轻信下决断；全国的人都说某人不贤能，然后去了解、考察，发现他真的不贤能，然后再下决断罢免他。左右亲近的人都说某人可杀，不要听信；众位大夫都说某人可杀，也不要听信；全国之人都说某人可杀，然后去了解、考察，发现他真的该杀，再杀他。所以说，这是全国人杀的。这样，才可以做百姓的父母。"

孟子的这段话，虽然有强烈的贵族制的味道，但能够突破世袭制度，把贤能之人选拔出来。他的"听政于国人"的主张很可能渊源于尧舜时期的原始民主制，虽然也是世袭社会下不切实际的幻想，但其所透露出来的重视民意的思想，无异于一声惊雷，给当时的君主以深深的震撼。

关于"国家闲暇，明其政刑"，一方面，孟子主张为政者要抓大放小，做好宏观的管理，不必事必躬亲。《离娄下》第2章记载，子产主持郑国的政治，用所乘的车辆帮助别人渡过溱水和洧水。孟子评论说："这只是小恩小惠，他并不懂得政治。如果十一月修成走人的桥，十二月修成过车的桥，百姓就不会再为渡河发愁了。君子只要把政治搞好，他一外出，鸣锣开道都可以，哪里需要一个一个地帮助别人渡河呢？如果搞政治的人，一个一个地去讨人欢心，时间远远不够用啊！"

另一方面，孟子主张，如果各级官吏管理不好政事、君主管理不好国家，那么他们都要承担相应的责任。《孟子》记载的两段对话，表达了这样的思想。第一段是孟子与齐国边邑大夫孔距心的对话。孟子到平陆这个地方，对当地的主管官员大夫孔距心说："你持戟的战士，一天三次掉队，你会开除他吗？"孔距心说："不会等到第三次。"孟子说："然而你掉队的次数远远超过三次了啊！收成不好的年月，你的百姓中老弱的抛尸露骨于山沟，年轻力壮的逃亡四方，已经接近千人了。"孔距心说："这是我的罪过。"士兵失职要开除，导致百姓抛尸荒野、流离失所、奔走他乡是主管官员的罪过。

第二段是孟子和齐宣王之间的对话。孟子对齐宣王说："假如大王的臣子把妻子儿女托付给他的朋友而去楚地出游，当他回来的时候，发现妻子儿女受冻挨饿，对于这样的朋友，您觉得该怎么办呢？"宣王说："和他绝交。"孟子说："假如管理刑罚的官员不能管理他的下级，该怎么办呢？"宣王说："撤掉他的职务。"孟子继续说："假如一个国家治理得不好，又该怎么办呢？"宣王无言以对，只能左顾右盼，岔开话题。照顾不好朋友的妻子，朋友会和他绝交；管理刑罚的长官不能管理好下级官吏，会被撤职；那么国家管理不好呢，自然是国君的罪过，宣王无言以对，只能"顾左右而言他"。

四、"不嗜杀人者能一之"：仁政无敌于天下

春秋战国时期，是以西周宗法分封为核心的统一国家走向分裂，进而走向以郡县制、官僚制为核心的高级、统一国家的过渡阶段。这是中国历史上变革最为深刻的阶段，政治、经济、文化、社会各个方面都在发生深刻的变革。将来的社会是什么样的社会？如何实现这样的社会？这一时代的思想家、政治家都在思考，在努力，在实践。当时的主流思想是富国强兵，以武力征服和统一天下。战争是这个时代的主旋律，司马迁写道："当是之时，秦用商君，富国强兵；楚、魏用吴起，战胜弱敌；齐威王、宣王用孙子、田忌之徒，而诸侯东面朝齐。天下方务于合纵连横，以攻伐为贤。"[1] 但是，也有一些思想家不愿意看到人民在战争中惨死，不愿意看到百姓流离失所，因而提出反对战争，主张以征服人心统一天下。儒家、墨家、道家等皆是如此。孟子更是大声疾呼，反对战争。他说，为争夺土地发起

---

① ［汉］司马迁：《史记》，北京：中华书局，2014 年，第 2847 页。

战争，杀死的士兵遍野；为争夺城池发起战争，杀死的士兵满城，这相当于统领着土地来吃人肉，死刑都不足以赎他们的罪过。有人说，"我能为君主开拓土地，充实府库"，"我能够为君主结交同盟国，每战必胜"。这些所谓的好臣子正是古人所说的戕害百姓的民贼。君主不向往道，不追求仁义，却为他自己聚集钱财，等于在为夏桀聚集财富；君主不向往道，不追求仁义，却为了他的强大而发起战争，这是在帮助夏桀而战。沿着这样的道路走下去，不改变这样的风俗、习气，即使把整个天下都给他，他也是一天都坐不稳的。

从这些激烈的言辞中，我们可以感受到孟子的愤怒之情和对善战者的厌恶。他认为，统一天下不必用战争这样的血腥手段，只要征服人心就可以。在魏国期间，梁襄王问孟子："天下怎样才能安定？"

孟子回答说："天下统一就安定了。"

襄王继续问："谁能统一天下呢？"

孟子说："不好杀人的国君，就能统一天下。"

襄王问："谁来跟随他呢？"

孟子说："天下的人没有不跟随他的。大王知道禾苗的情况吗？七八月间，如果长期不下雨，禾苗就会干枯。这时候假如有一场大雨，禾苗就会猛然茂盛地生长起来了。这样的情况，哪个人能够阻挡得住呢？如今各国的君主，没有一个不好杀人；如果有一位不好杀人的君主，那么，天下的百姓都会伸长脖子期待他的解救了。如果真是这样，百姓归附他、跟随他，就好像水向下奔流一样，哪个人能够阻挡得住呢？"

孟子也不止一次地对宋、滕等小国和自己的学生讲起汤武统一天下的情况。汤的统一战争是从葛国开始的，出征十一次，没有能够抵抗他的。向东方出征，西方的百姓便不高兴；向南方出征，北方的百姓便不高兴，说道："为什么不先打我们这里？"老百姓盼望他，就像在大旱之年盼望雨水一样。周武王讨伐殷商，兵车只有三百辆，勇士只有三千人。武王对殷商的百姓说："不要害怕！我是来安定你们的，不是同你们为敌的。"百姓便都额头触地磕起头来，声音好似山陵倒塌。"征"的意思是正，各人都希望端正自己，何必需要战争呢？

正是出于对仁心、仁政、仁战的信心，孟子甚至怀疑《尚书》对战争的记载。《尚书·武城》篇记载的是武王伐纣的经过，其中对牧野之战的描写是这样的："甲子昧爽，受率其旅若林，会于牧野。罔有敌于我师，前途倒戈，攻于后以北，血流漂杵。"意思是，甲子日清晨，商纣率领他如林的军队，来到牧野会战。他的军队对我军没有抵抗，前面的士卒反戈向后面攻击，因而大败，血流之多简直可以漂起木杵。孟子对战争的血腥表示怀疑，说："完全相信《尚书》，不如没有《尚书》。我对《武城》一篇，所相信的不过两三页罢了。仁人天下无敌，至仁的武王讨伐至不仁的纣王，怎么会有那么多的流血牺牲，以至于把捣米的木杵都给漂起来了呢？"

正是在扩张、统一天下的方式和手段上的分歧，才导致孟子和齐宣王分道扬镳。孟子返回故里，心灰意冷，结束周游；齐国被燕国反攻，差点亡国。在齐国伐燕之前，齐国大臣沈同曾私下问孟子："燕国可以讨伐吗？"孟子说："可以。燕王子哙不能任由自己个人的意愿把燕国交给别人；子之也不能从子哙那里私下接受燕国。"最后齐国攻打燕国，并占领燕国，在燕国虐待百姓，遭到其他诸侯国的联合攻打和燕国的反击。这时，有人问孟子："听说您曾经劝说齐国攻打燕国，有这回事吗？"孟子说："没有。沈同曾经私下里问燕国可不可以讨伐。我说可以。他们就去攻打了。如果他再问谁可以去讨伐燕国，我一定会回答说，只有天吏才可以去讨伐。譬如这里有一个杀人犯，有人问这个人该不该杀，我一定回答该杀。如果他再问谁可以杀他，我一定会回答说，只有治狱官才可以杀他。如今让一个同燕国一样暴虐的齐国去讨伐燕国，我怎么可能去劝说呢？"

在孟子看来，燕国倒行逆施，的确该讨伐。如果齐国打败燕国子之的军队，为燕国重置贤君，然后撤军，那么可以说是仁战之举，解救燕国百姓于水火之中，算得上是"天吏"。但是齐国打败燕国后，并没有这样做，而是将之作为自己扩张的一个大好时机，在燕国肆意杀掠抢劫，大失人心，完全与仁战相背离，因此孟子极力反对。孟子有一句话："春秋无义战。彼善于此，则有之矣。征者，上伐下也，敌国不相征也。"（14.2）意思是春秋时代没有正义的战争。那一国的君主比这一国的君主好一点，是有的。但是征讨的意思是上级讨伐下级，同等级的国家是不能互相征讨的。这大概也代表了孟子对自己所处时代的战争的看法。

性善与修身：孟子的人性论思想

春秋战国时期是中国历史上人的第一次觉醒时期。夏商和西周时期，人民生活在天神和祖先神的笼罩之下，认为人间的一切都是天神和祖先神的安排、庇护和惩罚。进入春秋时期，天子权威的丧失、霸政的出现、血缘纽带的断裂、整个社会翻天覆地的变化，让人们对天神和祖先神产生了深深的怀疑，从而开始关注人类自身、关注人、关注人性。春秋后期，出现了朦胧的人性论。孔子说："性相近也，习相远也。"人刚出生的时候，没有太大的区别，为什么成人之后会有那么大的差别呢？原因在于后天环境的影响。墨子也有相似的观点。他说，人如同染丝，接触贤圣之人就成为贤圣之人，接触小人就成为小人，国亦然，士亦然。老子从自然无为的角度出发，倡导自然之性、无为之性、静笃之性、虚寂之性。

进入战国，人性问题成为思想家们关注的焦点问题之一。人们对人性的认识进入更抽象、更根本的哲学层次。人性是善是恶成了思想家们观察人性的基本切入点之一，围绕着人性善恶，出现了不同的观点。周人世硕认为，人性有善有恶，即人性中有善和恶两种因素，如果后天善性得到培养，人就表现为善性；如果后天恶性得到培养，人就表现为恶性。与孟子同时的告子主张，人性无善无不善，人性好比湍急的流水，从东方开了缺口便向东流，从西方开了缺口便向西流；人性最初没有善与不善之分，就像水最初没有向东还是向西的固定方向一样；人性最初是一片空白，善恶都是后天环境影响的结果。这两种观点较之孔、墨有所发展、深化，但实质上相类，都强调后天的影响，而不关注先天的本质。孟子则更多地强调人性的先天本质，提出人性善的主张，将人性论推向更深的层次。

一、"人之有四端也，犹其有四体也"：人性善

孟子认为，人性是人的社会属性，不同于动物的自然本性。告子说"食色，性也"，又说"生之谓性"，即人生来所具有的食色等自然本性是人性。对此，孟子持强烈的批评态度，他问告子："天生的叫作性，就像一切东西的白色都叫白色吗？"

告子说："是的。"

孟子又问："白羽毛的白等于白雪的白，白雪的白等于白玉的白吗？"

告子说："是的。"

孟子最后反问道："那么，狗性等于牛性，牛性等于人性吗？"

告子无言以对。

孟子还说过这样一句话："人之有道也，饱食、暖衣、逸居而无教，则近于禽兽。"（5.4）意思是，人吃饱了，穿暖了，住得安逸了，如果没有得到教化，就和禽兽差不多。人区别于动物的本性才是人性，那么人的本性是什么呢？孟子认为，人的

本性就是人生来所具有的"四心"。

> 今人乍见孺子将入于井，皆有怵惕恻隐之心——非所以内交于孺子之父母也，非所以要誉于乡党朋友也，非恶其声而然也。由是观之，无恻隐之心，非人也；无羞恶之心，非人也；无辞让之心，非人也；无是非之心，非人也。恻隐之心，仁之端也；羞恶之心，义之端也；辞让之心，礼之端也；是非之心，智之端也。人之有四端也，犹其有四体也。(3.6)

意思是，如果有人突然看到一个小孩将要掉到井里去了，不管是谁都会前去营救。他这样做，不是因为和小孩的父母有深厚的交情，也不是想获得邻里乡亲的赞誉，更不是因为不想听孩子恐惧的哭声，而是出于同情之心，不忍心看着孩子掉下去。由此看来，一个人如果没有同情之心，简直不是人；如果没有羞耻之心，不是人；如果没有推让之心，不是人；如果没有是非之心，也不是人。同情之心是仁的萌芽，羞耻之心是义的萌芽，推让之心是礼的萌芽，是非之心是智的萌芽。人有这四种萌芽，就像他生来有手足一样，是与生俱来的。

"恻隐之心""羞恶之心""辞让之心""是非之心"为"四心"；仁义礼智为"四德"，是"四心"在道德上的体现。"四心"和"四德"，一体两面，生而有之，一言以蔽之，即"人性善"。正是从人性本善出发，孟子批评告子的无善无不善论，说："水不分东西，但没有上下之分吗？人性的善良，就像水往低处流一样。人无不生来善良，就像水无不向下流一样。当然，如果拍水使它跳起来，可以高过头顶；如果引水向上，可以上到高山。这是水的本性吗？只是一时的形势罢了。人有时会做坏事，也和水向上流一样，是形势使然。"

人如何保持这与生俱来的"四心"与"四德"，做善事不做恶事呢？孟子认为，要靠不断的滋养。他说："牛山上的树木曾经非常茂盛，因为它长在大都市的郊外，若总是用斧子去砍伐，还能够茂盛吗？它每日每夜都在生长，雨露滋养它，不是没有新的枝条长出来，但是牛羊很快就把它给吃了，变得光秃秃了。大家看到它光秃秃的样子，就以为这个山上不曾有过好的木材。这难道是山的本性吗？在某些人的身上，难道没有仁义之心吗？他之所以丧失他的善良之心，就像斧子之于树木，每天去砍伐它，能够茂盛吗？他在夜里所生长出来的善心，在天刚亮的时候接触到的清明之气，在他心里激发出来的善念，跟一般人没什么两样。可是他白天的行为把它消灭了。善念反复地被消灭，他夜里所生长出来的善性也就消失了。夜里生长出来的善性消失了，人就和禽兽差不多。人们见他如同禽兽，就认为他没有善性，这难道是人的本性吗？所以，假如善性得到滋养，没有东西不生长；失掉滋养，没有东西不消亡。"

善性是否得到后天善言善行的不断滋养，是圣贤与普通人的区别所在。孟子说：

> 舜之居深山之中，与木石居，与鹿豕游，其所以异于深山之野人者几希；及其闻一善言，见一善行，若决江河，沛然莫之能御也。（13.16）
>
> 鸡鸣而起，孳孳为善者，舜之徒也；鸡鸣而起，孳孳

为利者，蹠之徒也。欲知舜与蹠之分，无他，利于善之间
也。（13.25）

意思是，舜住在山中的时候，居住在木石之间，和鹿、豕
一起游玩，和山中的普通人没有多大区别。可是他听到一句好
的言语，看到一个好的行为，就模仿学习，这种向善的力量就
像江河决堤一样，不可阻挡。

鸡叫就起来，努力行善的人，是舜一类的人。鸡叫就起来，
努力追求利的人，是蹠一类的人。舜和蹠之间的区别，没有其
他的，只是行善和逐利之间的区别。

圣人和普通人在本质上没有什么不同，所不同的是圣人能
够一直保持自己的善性，如果普通人也能像圣人那样一直保持
善性，也可以成为圣人，所以孟子说"人皆可以为尧舜"，方法
就是"服尧之服，诵尧之言，行尧之行，是尧而已矣"。（12.2）

二、"仁义礼智，非由外铄我也，我固有之也"

仁义礼智是人生而有之的善性，那么在孟子的思想体系中，
仁义礼智的含义是什么呢？孟子说：

仁之实，事亲是也；义之实，从兄是也；智之实，知
斯二者弗去是也；礼之实，节文斯二者是也；乐之实，乐
斯二者，乐则生矣。（7.27）

仁是侍奉父母；义是顺从兄长；智是明白这两者的道理而
坚持下去；礼是对这两者既能合宜地加以调节，又能适当地加

以修饰；乐是从这两者中得到快乐。

孟子对仁义礼智，特别是仁义的解释，继承并发展了孔子的思想。西周礼乐制度基于宗法分封制度发展而成，是其外在礼仪和内在情感的有机统一；春秋时期，宗法分封制逐步瓦解，以之为基础的礼乐制度也逐渐崩坏，退化为没有内在情感的外在仪式。孔子有感于此，发出感慨说："礼云礼云，玉帛云乎哉？乐云乐云，钟鼓云乎哉？"[①] 为挽救礼乐制度于崩坏之际，孔子提出了"仁"的概念。《论语》中"仁"字共出现了109次。在孔子的思想中，仁是以孝悌为基础的、涵盖礼所包含的所有情感和态度的集合，它的最终目的是归于礼。孔子借仁来重塑礼的精神内核，从而实现其"郁郁乎吾从周"的社会理想。义是一切社会行为的精神准则，包含效忠国家、舍己为人、不谋私利等内涵。

孟子生活的战国时代，礼乐制度被破坏殆尽，要恢复礼制社会几乎不可能，所以孟子不像孔子那样强调礼，而更注重仁和义。相较于孔子的仁义思想，孟子的仁义思想有三点重要的不同。第一，孟子同时在具体和抽象两个方面发展了孔子的仁义思想。孟子一方面把仁义具体为对父母、兄长的亲敬之情；另一方面又把这两种情感作为普适情感推之于天下，强调"仁者以其所爱及其所不爱"（14.1），"老吾老，以及人之老；幼吾幼，以及人之幼"（1.7）。第二，在仁义的来源上，孔子强调仁义根源于血缘关系，即"孝弟也者，其为仁之本与"[②]；孟子则

---

① 杨伯峻：《论语译注》，北京：中华书局，1980年，第185页。
② 杨伯峻：《论语译注》，北京：中华书局，1980年，第2页。

认为仁义是人先天的内在本性，强调"恻隐之心，仁也；羞恶之心，义也；恭敬之心，礼也；是非之心，智也。仁义礼智，非由外铄我也，我固有之也"（11.6）。第三，孔子的仁义依从于礼，是达到礼的内在途径；孟子的仁义则独立于礼，与礼并列。经过孟子的发展，仁义思想具有了先验性、内在性与普适性，在操作和修行上更加简单、易行。

但是孟子的思想创新，却不为同时代人所理解。告子首先发难，说："人性好比柜柳树，义理好比杯盘，把仁义作为人的本性，好比把柜柳树当作杯盘。"孟子反驳说："你是顺着柜柳树的本性来制作杯盘，还是毁伤柜柳树的本性来制作杯盘？如果是毁伤柜柳树的本性来制作杯盘，那你也会毁伤人的本性而使之达于仁义。"言外之意是，仁义礼智根源于"四心"，和"四心"是一致的，所以仁义礼智是人之本性。

如果说仁是人之本性还好理解，但是把义也说成人的本性，人们就不太容易理解了，所以告子进一步质问："仁是内在的，但义是外在的。"

孟子问："你说的'仁内义外'是什么意思呢？"

告子说："因为对方年龄大，我对他恭敬，恭敬之心不是我事先所有的。好比东西是白的，我才认为他是白的，这是由外在事物的性质决定的，所以说义是外在的。"

孟子说："这是两回事。马的白和人的白没有什么不同。但是马的年长和人的年长一样吗？而且你所说的'义'，是在于老者，还是在于恭敬老者的人呢？"

告子说："是我的弟弟我便爱他，是秦人的弟弟我便不爱他，这是因为我的缘故，所以说仁是内在的。恭敬楚国的老者，也恭敬我自己的老者，这是因为外在老者的缘故，所以说义是外在的。"

孟子说："喜欢吃秦国人的烧肉，和喜欢吃自己的烧肉，没有什么不同。对于其他的事物也是这样，难道喜欢吃烧肉的心也是外在的东西吗？"

同样的疑问还困扰着很多人。一个名叫孟季子的人，问孟子的学生公都子："为什么说义是内在的呢？"

公都子回答说："恭敬从我的内心发出，所以说义是内在的。"

孟季子说："本乡人比哥哥大一岁，那你恭敬谁呢？"

公都子说："恭敬哥哥。"

孟季子说："如果在一块儿饮酒，你先给谁斟酒呢？"

公都子说："当然先给本乡长者斟酒。"

孟季子说："你心里恭敬的是哥哥，却向本乡长者敬礼，可见义是外在的东西，不是由内心发出的。"

公都子答不上来，就告诉了孟子。

孟子说："你可以问他，恭敬叔父还是恭敬弟弟。他会说，恭敬叔父。你接着说，弟弟如果做了受祭的代理人，又该恭敬谁呢？他会说，恭敬弟弟。你接着说，那你为什么说恭敬叔父呢？他会说，这是由于弟弟在于当受恭敬的位置。你接着说，那也是由于本乡长者处于首先斟酒的位置。平常的恭敬在哥哥，暂时的恭敬在长者。"

平常的恭敬也好，暂时的恭敬也罢；自己的老者也好，楚国的老者也罢，对他们的恭敬都是出于自己的内心，而不是外在的影响。

三、"惟圣人然后可以践形"：修身的方法

一个内心充满善性的人，必能通过神情、动作等表露于外。孟子这样描述道：

> 君子所性，仁义礼智根于心，其生色也睟然，见于面，盎于背，施于四体，四体不言而喻。（13.21）
>
> 形色，天性也；惟圣人然后可以践形。（13.38）

君子的本性，仁义礼智根植于心中，生发出的神色纯和、温润，表现在脸上、肩背上，以至于手足四肢的动作上，不必说话，别人也能一目了然。

人的身体容貌是天生的，外表的美要靠内在的美来充实它，只有圣人才能做到。

如何滋养自己的善性而成为一个内外兼修的谦谦君子呢？孟子提出了修身的诸多方法：

其一，注意环境的选择。孟子曾经举过一个例子，鲁国的国君到了宋国，在宋国的东南城门下呼喊，守门的士兵说，这不是我的君主，为什么他的声音同我的君主如此相似呢？这是因为他们的居住环境相似的缘故。如果一个人要想成为仁义礼智兼备的君子，一定要选择和仁义之人相处。他说：

> 矢人岂不仁于函人哉？矢人惟恐不伤人，函人惟恐伤人。巫匠亦然。故术不可不慎也。……夫仁，天之尊爵也，人之安宅也。莫之御而不仁，是不智也。（3.7）

　　制造弓箭的人难道不如制造铠甲的人仁爱吗？制造弓箭的
人唯恐制造的弓箭不能射伤人，制造铠甲的人唯恐人被弓箭射
伤。做医生的和做木匠的也是这样，医生唯恐自己治不好病人；
木匠唯恐病人被治好，自己做的棺材卖不出去。所以选择谋生
之术不可以不慎重。仁是天下最尊重的爵位，是人最安逸的住
宅。没有人阻挡，却不选择仁，是不聪明的表现。

　　其二，求其放心。人生活在社会中，总是会接触形形色色
的人物和各种各样的事情。在与这些纷杂的人、事接触的过程
中，善性可能会迷失，所以修身就是要求其放心。求其放心就
要发挥心的思考功能，人的善性，思考便能得到，不思考则得
不到，这是上天特意赐给人类的。把心这个主要的器官树立起
来了，次要的器官便不能把善性给夺去了，人就成为有修养的
人了。当时人大多不知道养心的重要性，孟子因而感慨道：现
在有人的无名指弯曲不能伸直，即使既不痛苦也不妨碍工作，
但如果有人能够医治，他也会不远千里远赴秦楚去求医，为的
是不让自己的无名指不如别人。手指不如人尚且知道厌恶，心
性不如别人却不知道厌恶，这真是不知道轻重啊。

　　其三，反身而诚，反躬求己。人和人之间的交往，最重要
的是发自内心的真诚。孟子说：

　　　　"食而弗爱，豕交之也；爱而不敬，兽畜之也。恭敬
　　　者，币之未将者也。恭敬而无实，君子不可虚拘。"
　　　（13.37）

对于人，养活而不爱，等于养猪；爱而不恭敬，等于养畜生。恭敬之心是在送礼物之前就具备了。只有恭敬的形式，没有恭敬的实质，君子不能被虚假的恭敬所限制。

这种发自内心的恭敬之心便是诚，如何做到诚？孟子说："要做到诚，首先要明白什么是善。如果不明白什么是善，就不可能做到诚心诚意。所以诚是自然的规律，追求诚是做人的规律。极端诚心而别人不被感动的，是天下没有过的事；没有诚心，则从来不会感动别人。"

在和别人的交往中，如果不被理解，首先要反思自己是否诚心，即反躬求己。爱别人而别人不亲近我，就要反问自己是否足够仁爱；管理别人而没有管好，就要反问自己是否足够智慧；礼貌待人而得不到回应，就要反问自己是否足够恭敬。任何行为如果没有得到预期的效果都要反躬自责，只要自身真正端正，天下的人都会归向他。

但是，反躬求己并非一味责备自己。如果经过自省，自己足够诚心，但别人仍然横加指责，就要远离这些是非之人。例如，如果有人对我蛮横无理，君子首先反躬自问：我不仁吗？我无礼吗？这个人怎么会这样对我呢？反躬自问后，发现自己没有不仁和无礼之处，而那人仍然蛮横无理，君子会说：这个人是个狂妄之人，这样做和禽兽有什么区别呢？对于禽兽，责怪他又有什么意义呢？

其四，尽心知性，知天立命。心是指先天的善性，性即人性。天是指人性善良是自然的、必然的存在。心、性是内在的，与天是一致的。尽心知性，就是修养自己内心的善性以达到与天合一的境界，便是知天。至于命，则是外在的人生境遇，有许多不可预知、不可把握的因素。孟子说："嘴巴对于美味，眼睛对于美色，耳朵对于好听的声音，鼻子对于芬芳的气味，手足四肢对于舒服安逸，都属于天性，但是能否得到，则属于命运，所以君子不认为这些是天性的必然。仁对于父子，义对于君臣，礼对于宾主，智对于贤者，圣人对于天道，能否实现，有命运的成分，但更是天性的必然，所以君子努力顺从天性，去追求它、实现它。"

仁义礼智根植于人的内心，是个人可以把握的东西；而食色嗅味、功名利禄等外在的东西，因为外界因素的影响而不可以完全把握。所以个人能做的是修养自身的善性，尽心、知性、知天。命虽然是外在的，但也分正命与非正命。尽力行道而死的人所受的是正命，犯罪而死的人所受的是非正命。个人通过修养身心来把握命运，就是安身立命的最好方法，所以孟子说："尽其心者，知其性也；知其性，则知天也。存其心，养其性，所以事天也。夭寿不贰，修身以俟之，所以立命也。"（13.1）这是修身的最高境界。

四、"苟能充之，足以保四海"：性善论的理论旨归

孟子提出性善论最终的理论旨归，是为统治者统一天下提供路径。他说："人皆有不忍人之心。先王有不忍人之心，斯有不忍人之政矣。以不忍人之心，行不忍人之政，治天下可运之掌上。"（3.6）每个人都有怜悯同情之心。先王因为有怜悯同情之心，才有怜悯同情百姓的政治。用怜悯同情之心来施行怜悯同情百姓的政治，治理天下就易如反掌了。一个君主只要具有不忍人之心，就有王天下的可能性。一次，齐宣王问孟子："拥

有怎样的道德才可以统一天下？"

孟子说："一切为百姓考虑，百姓能够安定生活，就没有人能阻挡您称王。"

宣王说："像我这样的人，能够让百姓过上安定的生活吗？"

孟子肯定地说："能。"

宣王问："凭什么知道我可以呢？"

孟子说："我听说过这样一件事。一天，大王您坐在大殿上，有人牵着牛从殿前经过，大王看见了，就问那人牵牛到哪里去。那人回答说，准备宰了祭钟。大王便说，把它放了吧。看它哆嗦的样子多可怜，毫无罪过，却要被送去屠杀，我实在于心不忍。那人说，那是要废除祭钟的仪式吗？大王说，仪式怎么能够废除呢？用羊来代替吧。不知道这件事是不是真的。"

宣王说："是真的。"

孟子说："大王有这样的心就足以统一天下了。"

这样的心就是不忍人之心，不忍人之心就是恻隐之心，就是仁之开端。将这种仁德施于政治，并推广至天下，就是仁政，能行仁政则能王天下。"凡有四端于我者，知皆能扩而充之矣，若火之始然，泉之始达。苟能充之，足以保四海。"（3.6）如果能够把以恻隐之心为首的"四心"扩充起来，就像熊熊大火刚刚开始燃烧不可扑灭，像刚刚流出的泉水一样终必汇成江河，足以安定天下。

得天下英才而育之：孟子的教育思想

儒家是春秋时期借助私学的发展而创立、成长起来的一个学派，"儒"字的一个重要含义就是老师，孔子被尊为中国的第一位老师，清康熙帝为其题词"万世师表"，所以教育思想是儒家思想的重要组成部分，是我国教育取之不尽、用之不竭的思想资源。孟子作为儒家学派的代表人物之一，也在我国的教育史上留下了宝贵的思想财富。

孟子以收徒讲学为人生之乐事，他说："君子有三乐，而王天下不与存焉。父母俱存，兄弟无故，一乐也；仰不愧于天，俯不怍于人，二乐也；得天下英才而教育之，三乐也。"（13.20）君子有三种乐趣，但是称王天下并不在其中，得到优秀人才而进行教育，却是其中之一。孟子和孔子一样，有教无类，只要是愿意来学习的，都乐意教授。孟子应滕文公之邀，到滕国去，住在上宫。他一只还没有编好的草鞋丢了，有人问孟子："是不是跟随您的人把它给藏起来了？"孟子说："你以为他们是为了偷草鞋来的吗？"那人回答："我不是这个意思。不过您老人家教授学生，走的不追问，来的不拒绝。只要他们怀着学习的心来，您就愿意教，学生的品性难免良莠不齐。"他的一生虽然没有像孔子那样弟子三千，身通六艺者七十二人，但也常常"后车数十乘，从者数百人"，培养出了万章、公孙丑、乐正子等留名千古的优秀学生。

孟子主张以追求道为教育目标，这与他"穷则独善其身，达则兼济天下"的人生目标一致。他说："流水之为物也，不盈科不行；君子之志于道也，不成章不达。"（13.24）"羿之教人射，必志于彀；学者亦必志于彀。"（11.20）流水不把洼地填满，不向前行进；君子有志于道，没有一定的成就，不能通达。羿教人射箭，一定拉满弓；学习的人也一定要努力拉满弓。学生公孙丑觉得这个要求太高了，说："道太高、太美了，就像登天一样，几乎不可能达到，为什么不降低标准，让大家都可以达到，从而努力去追求呢？"孟子说："高明的工匠不会因为工人的拙劣而改变或废弃规矩，后羿也不会因为射手的拙劣而改变拉满弓的标准。君子教导别人，正如射手拉满了弓却不把箭射出去，作跃跃欲试的样子。他在正确的道路上站着，有能力的人自然随从。"

孟子在教育的原则和方法上，第一，强调以德为先。《离娄下》第24章记载了这样一件事：

古时候，逢蒙跟着羿学射箭，把羿的本领都学到手了，觉得天下只有羿比自己强，于是就把羿杀了。孟子说："这也是羿的过错啊！"

学生公明仪说："羿应该没有什么过错吧？"

孟子说："过错不大罢了，怎么能说没有过错呢？郑国曾经派子濯孺子侵犯卫国，卫国派庾公之斯追击他。子濯孺子说：'今天我的病发作了，拿不了弓，我活不成了。'他问驾车的人：

'追我的是谁呀?'驾车的人说：'是庾公之斯。'他便说：'我死不了了。'驾车的人说：'庾公之斯，是卫国最有名的射手，您怎么说自己死不了呢?'他说：'庾公之斯跟尹公之他学射，尹公之他又跟我学射。尹公之他是个正派人，他选择的学生一定也正派。'庾公之斯追上了他，问：'老师为什么不拿弓?'子濯孺子说：'今天我的病发作了，拿不了弓。'庾公之斯便说：'我跟尹公之他学射。我不忍心拿您的技巧来伤害您。但是，今天的事是国家公事，我又不能完全不射。'于是他抽出箭，去掉箭头，射了四箭，就回去了。"

老师选择学生，首先要注重德。如果学生品行不端，老师也要承担过错。

第二，强调尊师重教。孟子在滕国时，滕国君主的弟弟滕更到孟子门下求学，行为举止都很符合礼节，但孟子却不理他。学生公都子很不解，就问老师："滕更很有礼貌，您为什么不理他呢?"孟子回答："倚仗自己的势位来发问，倚仗自己的贤能来发问，倚仗自己年纪大来发问，倚仗自己有功劳来发问，倚仗自己是老交情来发问，都是我不回答的。滕更在这五种情况中，占了仗势和仗贤两种。"孟子认为，一旦学生有所倚仗，内心就不会对老师有足够的尊重，也就不会服膺老师的学问，重视老师的教诲。

学生不仅要从内心尊师重教，在外在的礼仪上也要处处做好。孟子的学生乐正子在鲁国做官，一次到齐国来进行外交活动。孟子此时恰在齐国，乐正子来看老师。孟子一见他就不满地说："你还知道来看我呀?"乐正子说："老师为什么会这么说呢?"孟子说："你来几天了?"乐正子说："昨天来的。""昨天来的，那我这样说，不是应该的吗?""住所没有找好。""你听说过住所找好了才来求见老师的吗?"乐正子赶忙说："我错了。"尊敬老师就要在第一时间去看老师，而不要有任何借口。

第三，注重因材施教。这是孔子开办私学以来，在教学实践中总结出来的宝贵经验。孟子也继承了这一传统，他说：

> 君子之所以教者五：有如时雨化之者，有成德者，有达财者，有答问者，有私淑艾者。(13.40)
> 教亦多术矣，予不屑之教诲也者，是亦教诲之而已矣。(12.16)

君子教育的方式有五种，有像及时雨那样灌溉万物的，有成全品德的，有培养才能的，有解答疑问的，有以流风余韵为后人所私自学习的。

教育也有很多方式，我不屑于去教诲他，也是一种教诲呢。

孟子对于曹交就是不教之教。曹交对孟子说："我准备去拜见邹国君主，向他借个住的地方，情愿留在您门下学习。"孟子说："道就像大路一样，难道很难了解吗? 只是人们不去寻求罢了。你回去自己寻求吧，老师多得很呢。"

孟子在学习的原则和方法上，第一，强调专心致志。孟子用弈秋教两人下棋的寓言故事来说明这个道理。弈秋是全国最好的棋手，假如弈秋同时教两个人下棋，一个人专心致志，只听弈秋的话；另一个人虽然耳朵听着，但心里却在想有天鹅要来，自己要拿弓去射它。虽然两个人一起学，但后者棋艺肯定不如前者。是因为不聪明吗? 自然不是的。

第二，强调通过思考融会贯通。根据教育学的理论，一切学习都是自学，都要来自自己的思考和经验，老师只是起辅助的作用；自己融会贯通之后，才能掌握知识的精髓。孟子对此亦有论述：

> 君子深造之以道，欲其自得之也。自得之则居之安，居之安则资之深，资之深则取之左右，逢其原，故君子欲其自得之也。(8.14)
>
> 博学而详说之，将以反说约也。(8.15)

君子依循正确的方法来得到高深的造诣，就是要求他通过自己的思考有所得。通过自己的思考有所得，就能牢固地掌握它而不动摇；牢固地掌握它不动摇，就能积蓄很深；积蓄很深，就能取之不尽、左右逢源，所以君子要通过自己的思考有所得。

广博地学习，详细地解说，融会贯通之后，抓住要点，能够用简要的语言和原理述说大义。

第三，强调持之以恒。任何知识和技能的获得，都不是一蹴而就的，都需要长期的积累和实践。要想取得超越常人的成就，也需要超越常人的付出，目标笃定，持之以恒。"行百里者半九十""功亏一篑"，都是不能坚持到最后所致。孟子这样说：

山坡上的小路很窄，经常走便成了一条路。只要有一段时间不去走它，小路就会被茅草堵塞。

即使天底下有最容易生长的植物，晒它一天，冷它十天，也没有能够生长的。

做一件事就像掏井，掏到六七丈深还不见泉水，仍然是一口废井。

《孟子》思想的价值与历史影响

孟子的思想是以王道社会为最终目标，以仁政、民本、性善为核心要素的政治理论体系。在这一理论体系中，士人是实现王道社会的重要力量，其教育思想是将仁政、民本、性善结合起来的黏合剂。这些思想元素有着重要的价值和深远的影响，已经成为我国传统文化和国民性格的有机组成部分。

一、孟子仁政思想的价值与历史影响

孟子的仁政思想包括义利之辨、制民之产、教化民众、尊贤使能、反对战争等。这一思想因为不适合战国时期社会发展阶段的需要，而被认为"迂远而阔于事情"，但是却符合人类社会基本道德观念、治理观念和人性需求，所以成为全人类普遍认同的价值观，能够穿越千古而历久弥新，在中国历史乃至当今中国、当今世界都产生了深远的影响。

仁政的核心是能够让百姓衣食无忧地生活下去，拥护君主，拥护政府，君民和睦地生活在一起；君主和士人管理社会，引领百姓，百姓接受他们的管理，为他们提供管理国家的费用和衣食来源。虽然分工不同，但大家都在为达到社会和谐、天下大治的共同目的而努力。这在一定意义上符合中国古代社会的基本结构和基本特征。从本质上来讲，君民是一体的，统治阶层和被统治阶层也是一体的，而不是对立的，恰如孔子弟子有若所说："百姓足，君孰与不足？百姓不足，君孰与足？"①

深谙孟子仁政思想精髓的统治者都会施行仁政，特别是在一个王朝建立之初。仁政对于社会生产的恢复和发展有着不可低估的作用，我国历史上著名的文景之治、贞观之治都是统治者施行仁政的产物。

经历了秦末大规模的农民起义和长达四年的楚汉战争后，至西汉初年，社会生产遭到极大的破坏，人口锐减，社会资源极度匮乏，根据《史记·平准书》的记载，当时的情况是"自天子不能具钧驷，而将相或乘牛车，齐民无藏盖"。面对这样的局面，汉初统治者听取儒生们的建议，实施仁政措施。

首先，采取各种方式增加劳动力。组织军队复员，根据官兵功绩的大小、爵位的高低，赐予数量不等的土地，使其成为自耕农；招抚流亡，为之前因为躲避战乱而隐居山泽之中或流亡的农民重新登记户口，使其获得土地和爵位；释放奴婢，将以前因为生活困难而自卖为奴婢的人免为庶人，使其重新回到土地上耕作。到了文景之世，流民归还田园，户口迅速增加。

其次，约法省禁，减轻田赋税率。汉高祖时，实行"什五税一"。汉文帝时，田赋税率进一步降低，实行"三十税一"，这是中国古代社会田赋税率最低的时期；同时赋役也减轻，算赋由每人每年 120 钱降低为每人每年 40 钱，徭役由一年一次改

---

① 杨伯峻：《论语译注》，北京：中华书局，1980 年，第 127 页。

为三年一次。

再次，鼓励农业生产，发展工商业。文、景二帝多次下诏劝课农桑，按照户口比例设置三老、孝悌、力田若干，经常给予赏赐，以鼓励农民发展生产，还通过各种优惠政策鼓励农民开垦荒地。每年春耕，他们和百官亲自下地耕作，给百姓做榜样。同时，在工商业方面，下令开放原来归国家所有的山林川泽，促进副业生产和关系国计民生的盐铁业的发展；废除过关用传制度，促进商品流通和各地区之间的经济交往。

最后，汉初皇帝特别是文、景二帝，非常节俭。文帝在位期间，宫室苑囿，车骑服御，都没有增加。他曾经想建一个露台，预算需要百金，便放弃了这个念头。为了减轻百姓负担，他减少自己的开支，裁减侍卫人员；为自己修建陵墓，下令全部用瓦器，"不得以金银铜锡为饰"；即使他最喜欢的妃子，也是"衣不得曳地，帏帐不得文绣"。① 景帝下诏，不接受地方贡献的锦绣等奢侈物品，并禁止地方官员购买黄金和珠玉，否则以盗窃论罪。

随着这些仁政措施的推广与实施，社会生产得以迅速恢复发展，西汉初年社会出现了多年未有的稳定、富裕的景象，人民生活水平得到很大程度的提升，"非遇水旱之灾，民则人给家足，都鄙廪庾皆满，而府库余货财。京师之钱累巨万，贯朽而不可校。太仓之粟陈陈相因，充溢露积于外，至腐败不可食"②。这是中华文明迈入帝国时代的第一个盛世，史称"文景之治"。

---

① ［汉］司马迁：《史记》，北京：中华书局，2014 年，第 547 页。
② ［汉］司马迁：《史记》，北京：中华书局，2014 年，第 1714 页。

贞观之治是中国古代明君治世的象征。贞观是唐太宗的年号，出自《易·系辞下》："天地之道，贞观者也。"意即以正道示人。由于隋末大乱，唐初民生凋敝，人口锐减，仅有200余万户。唐太宗即位之后，常常以隋炀帝暴政灭国的历史教训来警诫自己，积极纠正前朝弊端，从谏如流，调整统治政策，实施仁政措施，厉行节约，减轻农民负担，稳定社会，恢复经济。

首先，特别关注农业生产，实行均田制与租庸调制，奖励开垦荒地，轻徭薄赋；对灾区免除租赋，开仓赈恤；力役征发有节制，而且注意不夺农时。太宗有呼吸道疾病，不适合在潮湿的地方居住，但是为了不征发徭役，他在隋朝留下来的旧宫殿里居住了很久。

其次，注重法治建设。一方面，太宗下令减轻刑罚，修订法律，制定了《贞观律》；另一方面，他以身作则，带头守法，真正做到王子犯法与民同罪，量刑时会反复思考、慎之又慎。因而，贞观年间社会秩序稳定，犯法的人少，被判死刑的人更少。贞观三年（629），全国被判死刑的只有29人，几乎达到了刑罚措而不用的程度。贞观六年（632），全国被判死刑的有290人。是年岁末，太宗准许他们回家办理后事，第二年秋天再回来行刑。结果，第二年九月，这290人全部回来，无一逃亡，正如孟子所说："王者之民皞皞如也。杀之而不怨。"（13.13）

再次，选贤任能，从谏如流。太宗知人善任，用人唯贤，不问出身，延揽了长孙无忌、房玄龄、杜如晦、杨师道、褚遂良、李靖、李勣等名臣名将。特别是魏徵，他原是太子李建成的部下，太宗不计前嫌，任用他为尚书左丞，多次于卧榻询问他国事得失。魏徵直言不讳，前后上谏200多事，李世民全部接纳。魏徵死后，李世民非常伤心，为此废朝五天，并对身边人说："夫以铜为镜，可以正衣冠；以古为镜，可以知兴替；以人为镜，可以明得失。朕常保此三镜，以防己过。今魏徵殂逝，遂亡一镜矣！"①

最后，重视整顿吏治。太宗十分重视官吏的清廉，曾经命房玄龄裁减冗官、冗员，不定时派黜陟使巡察全国，考察官员吏治得失，并且亲自选任都督、刺史等地方官员，把他们的名字写在卧室的屏风上，附上功过得失，作为升降、奖惩的依据。太宗又规定五品以上的京官轮流在中书省值夜班，以便随时召见，询问民间疾苦和施政得失。在太宗勤政的垂范之下，官员们自励廉能，工作效率很高。贞观时期基本上没有出现贪污的现象。正如孟子所说："君仁，莫不仁；君义，莫不义；君正，莫不正。一正君而国定矣。"（7.20）

唐太宗的仁政可以说达到了儒家理想的以征服人心来征服天下的王道之政。根据《贞观政要》记载，贞观初，"霜旱为灾，米谷踊贵，突厥侵扰，州县骚然"，既有内忧又有外患，灾荒发展到了一匹绢才得一斗米的严重程度，但是"百姓虽东西逐食，未尝嗟怨，莫不自安"。等到贞观三年（629）收成稍有好转，流亡他乡的百姓都纷纷回到家乡，竟无一人逃散。几年之后，社会生产得到恢复，社会风气从根本上好转，整个社会呈现出大治的局面，"商旅野次，无复盗贼，囹圄常空，马牛布野，外户不闭""行旅自京师至于岭表，自山东至于沧海，皆不

---

① ［五代·后晋］刘昫：《旧唐书》，北京：中华书局，1975年，第2561页。

赍粮，取给于路。入山东村落，行客经过者，必厚加供待，或发时有赠遗。此皆古昔未有也"。①

二、孟子性善论的价值与历史影响

孟子性善论包括人性本善、修身方法、政治指向等内容，是后世人性论发展的基础，是历代推行政治教化的理论基础，也是统治者进行自我约束和大臣对君主进行劝谏的理论基础。对于后二者，大家耳熟能详，兹不赘述，在此主要论及对后世人性理论发展的影响。

孟子之后，儒家学派的另一位代表人物荀子提出了人性恶的理论。他说，人性本来是恶的，善是后天人为的结果。人生而好利，如果顺着这样的本性，就会出现争夺的现象而辞让消失；人生而有嫉妒、憎恨的心理，如果顺着这样的本性，就会出现残杀陷害的现象而忠诚守信消失；人生而具有耳朵和眼睛的贪欲，喜欢好听的声音、好看的容颜，如果顺着这样的本性，就会出现淫荡混乱的现象而礼义法度消失。这样看来，顺着人的本性、依着人的情欲，就一定会出现违反等级名分、扰乱礼义法度的行为，社会最终会趋向于暴乱。必须通过师长的教化与法制的约束，使人们遵守法度礼义。这一人性论思想与孟子的性善论构成了人性论之两端。

汉代，董仲舒提出了性三品说。董仲舒的理论特点是从神学天的角度来论证人及人间的政治社会秩序。在天人关系上，

---

① ［唐］吴兢撰，谢保成集校：《贞观政要集校》，北京：中华书局，2003 年，第 51—52 页。

他认为天和人外在相同，内在相通，天人相副，小而为人，大而为天，"以类合一，天人一也"，人性自然也是源自天。他说，"天两有阴阳之施，身亦两有贪仁之性""天之生人也，使人生义与利"①，即人性具有善恶两端，不同人的善恶程度不同，因而可以将人性分为三等：圣人之性，中民之性，斗筲之性。圣人生来有善而无恶；斗筲之民生来有恶而无善，即使通过教化也很难使其转恶为善；中民生来善恶兼具，可以通过教化而使其改恶为善。

唐代，韩愈亦提出性三品说。与董仲舒所不同的是，韩愈在性之外，提出了情的概念。他认为，性是与生俱来的，情是接触外物而产生的。沿袭孟子之思想，韩愈认为人性就是仁、义、礼、智、信，人根据生来是否具有或具有这五种道德的多少，可以分为三等："上焉者，善焉而已矣；中焉者，可导而上下也；下焉者，恶焉而已矣。"② 上等人生而具有这五种道德，因而是至善的；下等人生来就不具备这五种道德，因而是至恶的；大多数的中等人生来具有这五种道德，但又有所缺失，因而可善可恶。情乃七情，即喜、怒、哀、惧、爱、恶、欲。情亦分上、中、下三品，分别与三品之性相对应。上等之性所发之情为上等之情，中等之性所发之情为中等之情，下等之性所发之情为下等之情。上等之情合乎中道；中等之情有过与不及，亦有部分合乎中道；下等之情直情而行，完全不合中道。

---

① ［清］苏舆撰，钟哲点校：《春秋繁露义证》，北京：中华书局，1992 年，第296、263 页。

② ［唐］韩愈撰，马其昶校注，马茂元整理：《韩昌黎文集校注》，上海：上海古籍出版社，1986 年，第20 页。

董、韩之性三品理论，综合了孟荀之性善与性恶论，论证了现实中政治、社会秩序的等级性，是完全契合汉唐社会的人性论。但是魏晋南北朝及隋唐时期，佛教大盛，挤压了儒家的生存空间，从汉代的独尊儒术发展为佛道儒三教并存。为了对抗佛教，儒家不得不重新审视、建构自己的理论体系，以占据理论的上风。自东汉以来，佛教内部派别林立，至唐中期，慧能创禅宗派。慧能认为人人皆有佛性，佛性也是人的本性，"离性无别佛"，"佛向性中作，莫向身外求"，人只要排除内心的情欲、物欲和杂念，无须外求，就可以得到精神的解脱，进入天堂的境界。这为人们提供了极简的成佛之路，无论此前是否作恶、是否有学识文化、是否懂得佛理，都可以立地成佛，因而得到佛教徒的广泛拥护，后来居上，一跃成为佛教的主流，风靡天下。

为了对抗佛教的这一理论根基，韩愈的学生李翱修正老师的性三品说，提出性善情恶论。李翱认为，性是生而具有的，来自天，所以是善的；情是后天生活而产生的，来自物欲，所以是恶的。人与人之不同不在于性，亦不在于情，而在于先天之善性是否受到后天之情的干扰，以及干扰的程度：圣人能够在情欲面前固守天性，普通人因为迷恋情欲而忘记了自己的本性。韩李师徒是唐代尊儒排佛的猛将，他们抬高孟子在儒学史上的地位，吸收孟子的学说。李翱在老师思想的基础上，提出了自己的性善论。

宋代的思想家们继续在性善的道路上前行，最大限度地挖掘、沿袭孟子的思想资源。理学家赋予人性以宇宙之根源和物质之载体。理学的先驱者之一张载提出了天地之性与气质之性的概念。他认为宇宙有两个本源，一是太虚，二是气。太虚即天，天地之性便源自天，气质之性源自气。天地之性是体现天理的，是纯善的；气质之性是善恶相混的。人和人之间的差别就在于天地之性是否受气质之性的蔽塞以及蔽塞的程度。被气质之性所蔽塞，就是被物质欲望所诱惑，人要恢复天地之善性，就要不断排除气质之性的蔽塞，即"性于人无不善，系其善反不善反而已"①。这与孟子的性善论思路何其一致！孟子认为，人性本善；之所以不善，是受到了外在环境的影响，要返回本性，就要去寻找那失去的本心，即"学问之道无他，求其放心而已矣"（11.11）。要想变气质之性而为天地之性，就需要像孟子所说的那样，居仁由义，养浩然之气，"自然心和而体正。更要约时，但拂去旧日所为，使动作皆中礼，则气质自然全好"②。

"二程"、朱熹进一步发展张载的理论。朱熹修正了张载的宇宙本源说，认为宇宙本源是理和气，且理先气后，并继承了张载的天地之性和气质之性理论。这样，天地之性就源自理，也即"性即理"的命题。理是纯善的，性也是纯善的，恶来自气，返善之路是格物致知，通过认识万物之理来修身达善。朱熹理学体系构建起来之后，儒家便最终在理论上战胜了佛教理论，重新获得思想主导的地位。因此，可以说，孟子的性善论为唐宋时代尊儒排佛、重塑儒家独尊地位提供了宝贵的思想资源。

但是，孟子性善论的影响并未就此止步，而是进一步发展

---

① ［宋］张载著，章锡琛点校：《张载集》，北京：中华书局，1978 年，第 22 页。
② ［宋］张载著，章锡琛点校：《张载集》，北京：中华书局，1978 年，第 265 页。

了。与朱熹同时代的陆九渊抛弃理学家的宇宙本源论，直接将理根植于人心，提出"心即理"的命题，说"仁，即此心也，此理也""万物森然于方寸之间""宇宙便是吾心，吾心便是宇宙"。返善之路是"致良知"，"良知"便是孟子所说的："人之所不学而能者，其良能也；所不虑而知者，其良知也。"（13.15）明代王阳明继之，指出"天下之物本无可格者。其格物之功，只在身心上做""须从自己心上体认，不假外求始得"。①

三、孟子浩然之气与士人品格的价值与历史影响

孟子一生以追求道、实现道为己任，从道不从君，蔑视权贵。"富贵不能淫，贫贱不能移，威武不能屈"的大丈夫气概凝结为天地间之浩然正气，影响、激励着一代又一代士人学子、仁人志士，在求道、卫道之路上前赴后继。为了道，他们犯颜直谏；为了道，他们慷慨悲歌；为了道，他们大义凛然，笑对死亡，谱写了一曲又一曲英雄壮歌。

犯颜直谏之士代不乏人，最具代表性的是唐初的魏徵。魏徵本是原太子李建成的属官。玄武门之变后，太宗李世民不计前嫌，任命他为尚书左丞。魏徵亦本着为唐王朝兴盛之考虑，犯颜直谏，从不惧怕，以一身凛然正气匡正李世民的过失。贞观六年（632），天下承平，群臣建议太宗去泰山封禅，以显示自己的功德，只有魏徵表示反对。太宗问魏徵："你不赞成封

---

① ［明］王守仁撰，王晓昕译注：《传习录译注》，北京：中华书局，2018 年，第498、103 页。

禅，是因为我功劳不高、德行不尊、中国未安、四夷未服、年谷不丰、祥瑞未至吗？"魏徵说："这六德，陛下都有。不过隋末大乱以来，户口和国家财富还没有完全恢复。封禅这样的事情，耗费巨大，沿途百姓受不了。为图虚名而实受害的事，陛下为什么要做呢？"不久，恰逢中原暴发洪水，封禅之事就此搁置。

贞观十年（636），长孙皇后去世，葬入昭陵。李世民无法抑制对皇后的思念，于是在皇宫中建起层观，每日眺望皇后的陵墓，还让大臣陪同悼念。这是违背礼制的行为。轮到魏徵陪同时，李世民指着昭陵的方向，问魏徵看清没有。魏徵假装看不清，李世民生气地说："你怎么会看不清呢？那是昭陵啊！"魏徵回答说："我以为陛下说的是献陵呢，原来是昭陵啊！"李世民这才清醒过来，拆掉了层观。原来，献陵是高祖李渊的陵墓。魏徵这样说，是提醒李世民不要沉迷于个人私情，要以社稷大业为重。

贞观后期，李世民逐渐怠于政事，追求奢靡。魏徵上《十渐不克终疏》，历数李世民搜求珍玩、纵欲以劳役百姓、亲小人远君子、奢靡无度、无事兴兵、使百姓疲于徭役等为政态度的十个变化，提醒李世民戒骄戒躁，慎终如始。魏徵又作《谏太宗十思疏》，劝谏李世民居安思危，戒奢以俭。魏徵逆忤龙鳞，为的是天下百姓安宁、国家稳定安康，从不逢迎君主，也从不考虑个人得失。

中华民族历史上涌现出很多民族英雄，文天祥便是其中之一。文天祥是南宋末年人，少年求学之时，他看见学宫中供奉着欧阳修、杨邦乂、胡铨的画像，他们的谥号都是"忠"，羡慕不已，说："如果不能成为其中的一员，就不是真正的男子汉。"
20 岁那年，文天祥考取进士，当时宋理宗在位已久，对治理国家逐渐生出怠惰之情，金殿对策之时，文天祥以"法天不息"为题进行提醒。主考官王应麟说："这张试卷以古代的事情作为借鉴，忠心肝胆好似铁石，能得到这样的人才，真是可喜可贺。"

南宋末年，元军南下攻宋。在南宋抵抗不利、投降派占上风的情况下，文天祥率领军队在南方辗转抗元。宋恭宗被送往元大都后，文天祥先后立宋端宗赵昰、宋末帝赵昺继续抗元，终因敌强我弱而被俘。元军将领张弘范劝他招降抗元将领张世杰，文天祥说："我不能保卫父母，还教别人叛离父母，这样做可以吗？"张弘范不死心，多次派人胁迫，文天祥便写了一首诗以明心志：

辛苦遭逢起一经，干戈寥落四周星。
山河破碎风飘絮，身世浮沉雨打萍。
惶恐滩头说惶恐，零丁洋里叹零丁。
人生自古谁无死？留取丹心照汗青。

这就是我们所熟悉的《过零丁洋》，其中"人生自古谁无死？留取丹心照汗青"的诗句彪炳史册。张弘范无奈，只好将其押往京师。忽必烈爱惜文天祥的才华，希望他能够为元朝效力，派人去劝说他，文天祥拒绝说："国家亡了，我只能以死报国。"忽必烈希望用时间来换取他的改变，将其囚禁在大都。囚禁期间，文天祥作《正气歌》一首，其中写道：

> 天地有正气，杂然赋流形。下则为河岳，上则为日星。
> 于人曰浩然，沛乎塞苍冥。皇路当清夷，含和吐明庭。
> 时穷节乃见，一一垂丹青。在齐太史简，在晋董狐笔。
> 在秦张良椎，在汉苏武节。为严将军头，为嵇侍中血。
> 为张睢阳齿，为颜常山舌。或为辽东帽，清操厉冰雪。
> 或为出师表，鬼神泣壮烈。或为渡江楫，慷慨吞胡羯。
> 或为击贼笏，逆竖头破裂。是气所磅礴，凛烈万古存。
> 当其贯日月，生死安足论。地维赖以立，天柱赖以尊。

诗中连用十二个典故，盛赞古人的凛然之气，表示要将这些榜样时刻铭记在心，自己愿意沿着先贤的光辉道路坚定地走下去。在《序》中，他引用孟子的"吾善养吾浩然之气"，表示正是因为这顶天立地的浩然正气，才使自己羸弱的身躯在恶劣的牢狱环境中远离疾病。

经过工业革命的西方各国强大起来，于清朝末年，用坚船利炮轰开中国的大门，迫使中国割地赔款。屈辱的不平等条约犹如一把把尖刀，扎在每个中国人的胸口。晚清政府部分官员发起洋务运动，主张学习西方的技术，但中日甲午战争宣告了洋务运动的失败。康有为、梁启超等人认识到，要想真正强大，必须学习西方的制度和思想，于是在光绪帝的支持下，从1898年6月11日开始开展维新运动，进行资产阶级政治改革。但是由于维新运动触动了以慈禧太后为首的旧势力的利益，1898年9月21日，慈禧太后发动政变，囚禁光绪帝，变法失败。慈禧太后大肆捕杀维新人士，谭嗣同、康广仁、杨深秀、刘光第、杨锐、林旭，在北京城菜市口刑场被斩首示众，史称"戊戌六君子"。

谭嗣同是维新变法的主要组织者和参与者之一。变法失败后，有人劝说他逃往日本，他断然拒绝，慷慨地说："各国变法，无不从流血而成，今日中国未闻有因变法而流血者，此国之所以不昌也。有之，请自嗣同始。"在狱中，他写下"绝命诗"《狱中题壁》："望门投止思张俭，忍死须臾待杜根；我自横刀向天笑，去留肝胆两昆仑。"临刑之时，他大声喊道："有心杀贼，无力回天；死得其所，快哉快哉！"康有为称赞他"以天下为己任，以救中国为事，气猛志锐"，梁启超称他为"中国为国流血第一士"。

康广仁是康有为之胞弟。变法失败后，康有为、梁启超逃亡，康广仁坚持不走，被捕入狱，临刑时大声疾呼："若死而中国能强，死亦何妨！"杨深秀为光绪年间进士，山东道监察御史。变法失败后，他不避艰危，打算劝京师部队救出光绪帝，未果，又上书慈禧太后，劝她撤帘归政，因此触怒慈禧，被捕杀害。林旭临刑前，仰天长吼："君子死，正义尽！"他死时年仅23岁，是六君子中年纪最小的一位。

在中国的历史上，为了民族的自立、国家的强盛，从古至今，无数的中国人用自己的生命和鲜血谱写了一首首英雄赞歌！他们不畏强权、为正义而呼号奔走，他们舍生取义、慷慨赴死，他们用凛然正气唤醒沉睡的中国人，为了国家和民族的自强自立而奋斗！

第三章

滥觞与奠基：秦汉时期的《孟子》研究

公元前 221 年，秦始皇统一中国，开创了以郡县制和官僚制为基本制度的大一统帝国。面对这样一个全新的大帝国，选取什么样的思想来进行治理，是前所未有的难题。秦至西汉中期近百年的时间里，在经历了秦法家、汉初黄老的思想实验之后，汉武帝采纳了"独尊儒术"的主张，奠定了大一统帝国治理思想的基调。儒家从诸子中一跃而出，从此成为统治之学。汉文帝时《孟子》曾被立为传记博士，并且随着儒家学术广泛、深入的发展，出于解经、注经的需要，《孟子》作为重要的儒家参考资料，逐渐被重视起来。孟子的地位也逐步上升，由最初的孟荀并称到后来的孔孟并称，甚至有人称其为"亚圣"，孟子仅次于孔子的儒家代表人物地位初步显现。东汉时期，出现了多种专门性的《孟子》研究专著，其中赵岐的《孟子章句》成就最为突出，它也是迄今保留最为完整的汉代《孟子》研究专著，对后世《孟子》的研究和地位的提升有着非常重要的影响。

秦汉时期《孟子》研究概述

战国时期，儒、墨两家为显学。作为儒家大师的孟子周游列国，常常"后车数十乘，从者数百人"，风光无限。秦王朝建立之后，以法治国；汉初实行"黄老之治"，法家和黄老道家思想迭兴，儒家思想一度陷入低谷。特别是公元前213年和公元前212年，秦始皇先后焚书、坑儒，儒家几乎遭受灭顶之灾。孟子的后世弟子们也惨遭横祸，折损殆尽。所幸的是，《孟子》一书作为众多的子书之一，奇迹般地得以保存下来。西汉初年，《孟子》曾被立为传记博士。随着独尊儒术思想政策的确立，孟子的地位也逐步提升。

一、《孟子》被立为传记博士始末

西汉初年，统治者废除秦朝苛法，鼓励天下献书，恢复诸子之学，《孟子》之学也得以恢复。东汉赵岐在《孟子题辞》中说："孝文皇帝欲广游学之路，《论语》《孝经》《孟子》《尔雅》皆置博士，后罢传记博士，独立五经而已。"① 关于《孟

---

① ［汉］赵岐：《景宋蜀刻本孟子赵注》，桂林：广西师范大学出版社，2018年，第7页。

子》是否在汉文帝时被立为博士，乃是孟学史上的一桩公案，现梳理如下。

秦汉时期的博士制度源于战国时期齐国稷下学宫的七十列大夫之制。齐宣王喜欢文学游说之士，当时著名的学者邹衍、淳于髡、田骈、接予、慎到、环渊等76人，都被赐予上大夫的爵位。他们没有固定的官职和任务，但是可以参与国家大事的讨论，提出意见，供国君参考，是齐国国君的"智囊团"。稷下先生也称"博士"，可以招收弟子。稷下学宫最兴盛的时候，博士及其弟子有数百上千人。战国时期，鲁、宋、魏、齐等国均设博士，但是齐国的博士人数最多，持续的时间也最长。秦灭齐之后，沿袭了齐国的稷下学宫和博士制度，亦设七十博士，并正式列入官员队伍；汉初承袭秦制，亦设七十博士。齐国稷下学宫的学者来自各诸侯国、各家学派，所以秦及汉初的博士亦包括先秦诸子各家学派。西汉后期，刘歆曾作《移书让太常博士》说："诸子传说，犹广立于学官，为置博士。"[1]《孟子》作为先秦诸子的重要著作之一，被立为博士似乎是情理之中的事，赵岐所说也许即本于此。

赵岐之后，很长时间无人对此有所回应。直到唐代后期，皮日休作《请〈孟子〉为学科书》，说道："夫《孟子》之文，粲若经传。天惜其道，不烬于秦。自汉氏得之，常置博士，以专其学。"[2]北宋初年孙奭亦赞成此说，与赵岐形成呼应之势。南宋时，朱熹首次提出疑义，指出："赵岐说《孟子》《尔雅》

---

① ［汉］班固：《汉书》，北京：中华书局，2000年，第1528页。
② ［唐］皮日休，萧涤非、郑庆笃整理：《皮子文薮》，上海：上海古籍出版社，1981年，第89页。

皆置博士，在《汉书》亦无可考。"① 意思是《孟子》被立为博士，并无足够的史料证据，但也没有做更进一步的论证。

元明时期，鉴于朱熹崇高的学术地位，无人敢对此问题再做申论。直到清代，朴学兴起，《孟子》是否被立为博士一事才重新进入学者的考察范围。阎若璩首开其端，他在《四书释地三续》卷下"孟子置博士"条中指出，刘歆的《移书让太常博士》就是《汉书》所记，怎么能说《汉书》无考呢？刘歆所说的诸子传说，就是《孟子》等书，后来因为董仲舒建议独尊儒术，设五经博士，《孟子》传记博士很快被罢，存在时间很短，才导致后世的误会。之后，戴震、钱大昕、周广业、焦循、宋翔凤、张金吾等人相继跟进，肯定《孟子》在汉文帝时被立为博士之事。对此，四库馆臣更是给予官方意识形态上的认可，《四库全书总目提要》卷35"四书章句集注"条："《论语》自汉文帝时立博士。《孟子》，据赵岐《题辞》，文帝时亦尝立博士。以其旋罢，故史不载。"② 当然，也有不同的声音。晚清经学家皮锡瑞认为赵岐之说不可信，原因是汉文帝喜欢刑名法术，诸子博士只是摆设，更不会有增设博士的事情。康有为也认为，汉文帝并不是发扬学术之君主，怎么可能增设《孟子》等四博士呢？

肯定者们以刘歆《移书让太常博士》中汉文帝鼓励天下献书，发展文化事业，诸子广立于学官、"为置博士"为依据；反

---

① ［宋］黎靖德编，王星贤点校：《朱子语类》，北京：中华书局，1986 年，第 3277 页。

② ［清］永瑢等撰：《四库全书总目提要》（第 7 册），万有文库本，上海：上海商务印书馆，1931 年，第 103 页。

对者们认为，不能凭此一条材料就断定《孟子》被立为博士，况且汉文帝好刑名，不重视其他学说，博士只是摆设而已，更谈不上增置博士。由于史料的匮乏和专门研究的缺失，无论肯定者还是反对者都不能给出令人信服的理由。但是自清代以来，学者们大都倾向于持肯定态度，近代的梁启超、王国维、高步瀛、蒋伯潜、钱穆、杨伯峻等人均相信赵岐之说。

　　当代学者又提出一个新的证据，即《礼记·王制》篇的内容多来自《孟子》。① 汉代学者就曾认为，《孟子》在前，《王制》在后，《王制》内容多来自《孟子》。清人焦循也说："今《王制》篇中，制禄爵关市等文，多取诸《孟子》，则孝文时立《孟子》博士审矣。"② 今人金德建先生对二者进行了更为细致的比较，指出《王制》中所述制度采据《孟子》多至三十四条。③ 正是因为《孟子》在汉文帝时被立为博士，内容为大家所熟悉，所以诸生才得以从中采摘以成《王制》。

　　《孟子》在汉文帝时被立为博士，所立博士是否为"传记博士"？"传记博士"和"博士"有何不同？又有何深意呢？

　　首先，要清楚何为"传记"。皮锡瑞说："孔子所定谓之经，弟子所释谓之传，或谓之记；弟子展转相受谓之说。"④ 意即经是孔子亲自删定的《诗》《书》《礼》《乐》《易》《春秋》六经，亦称"六艺"；汉代《乐》经亡佚，所以汉代独尊儒术后，只立"五经博士"。传，或曰记，乃弟子对经义的解释；说，是

① 李峻岫：《汉代〈孟子〉"传记博士"考论——兼论孟子其人其书在两汉的学术地位》，《齐鲁学刊》2007 年第 1 期。

② ［清］焦循撰，沈文倬点校：《孟子正义》，北京：中华书局，1987 年，第 17 页。

③ 金德建：《古籍丛考》，北京：中华书局，1941 年，第 94—101 页。

④ ［清］皮锡瑞：《经学历史》，北京：中华书局，2004 年，第 67 页。

弟子辗转传授的经义解释。传记相对于经而言，无经便无传记。传记博士应当是与五经博士共生的一个概念，也就是五经博士出现之后，人们为了将之前的博士与之区分，称之为"传记博士"。因此汉文帝所立《孟子》仅为"博士"而已，当时并没有"传记博士"之称，传记博士是以后起之概念，为的是称前世之事物。西汉时的著作引用《孟子》时，直接用"孟子曰"；东汉及魏晋六朝时的著作引用《孟子》时，皆称"传"。可见，称《孟子》为传记博士是东汉之后的共识。从"诸子博士"到"传记博士"，意味着孟子学术地位的提高。

　　《孟子》传记博士被罢于何时？赵岐没有给出具体的时间，也没有直接明确的史料可以凭依。后世学者只能根据相关史料进行推测，其一是根据汉武帝立五经博士的时间，其二是根据董仲舒对策的时间。第一种意见是清代考据学大师钱大昕提出的，他认为汉武帝建元五年（前136）置五经博士的同时，废罢了传记博士。焦循、王国维等亦认同此说。但这种观点非此即彼，给人势不两立的感觉。当代学者提出新见，认为武帝置五经博士，并不意味着一定废罢传记博士，二者可能同时并行。汉武帝当政之初，朝政实际上还掌控在窦太后手中。窦太后深笃黄老之术，曾经将推动儒学改制运动的王臧和赵绾下狱处死，因而绝不可能允许独立设置儒家的五经博士。汉武帝为减少改革的阻力，也会保留传记博士。[①] 建元六年（前135），窦太后去世，推崇儒术的武帝之舅田蚡为相，才得以"绌黄老刑名百

---

① 　章权才：《两汉经学史》，广州：广东人民出版社，1990年，第76页。

家之言，延文学儒者数百人"①；次年，董仲舒对策，说道："今师异道，人异论，百家殊方，指意不同，是以上亡以持一统；法制数变，下不知所守。臣愚以为诸不在六艺之科孔子之术者，皆绝其道，勿使并进。"② 如果建元五年传记博士皆被取消，董仲舒所说便成了无的放矢，所以传记博士之罢应该在董仲舒对策之年——元光元年（前134）之后。③

二、《孟子》在两汉时期学术地位的变化及其原因

《孟子》一书在两汉时期的学术地位，有个逐渐提升的过程，其表现有三。

其一，由诸子而传记。由上文所述可知，秦及汉初所立七十博士之中，《孟子》仅是诸子之一，并无特殊地位。在文帝所立的《论语》《孝经》《孟子》《尔雅》诸博士中，《孟子》的地位稍低。《汉书·艺文志》将《孟子》归于《诸子略》中的"儒家类"，而将《论语》《孝经》《尔雅》归于《六艺略》中，属于经部——地位显然高于《孟子》。东汉时期，随着儒家独尊地位的逐步确立，《孟子》作为儒家经典的重要辅助性著作，虽然在儒家类作品中的地位没有什么变化，但是相对于儒家之外的诸子，地位显然大大提高了。而且东汉时期出现了专门注释《孟子》的研究性著作，主要有赵岐的《孟子章句》、程曾的《孟子章句》、郑玄的《孟子注》、高诱的《孟子章句》和刘熙

---

① ［汉］司马迁：《史记》，北京：中华书局，2014年，第3788页。
② ［汉］班固：《汉书》，北京：中华书局，2000年，第1918页。
③ 李峻岫：《汉代〈孟子〉"传记博士"考论——兼论孟子其人其书在两汉的学术地位》，《齐鲁学刊》2007年第1期。

的《孟子注》。其中，赵岐的《孟子章句》被完好地保存下来，成为《孟子》学术史上一部里程碑式著作，其他四家均已亡佚。幸运的是，清代朴学家们从各种古籍中钩沉索引，在汪洋大海中将散落的只言片语集缀在一起，编辑成册，使我们还可以窥其一二。

其二，由孟荀而孔孟。孟子和荀子作为孔子之后的两位儒学大师，在战国时期便显名诸侯。司马迁追溯说："于威、宣之际，孟子、荀卿之列，咸尊夫子之业而润色之，以学显于当世。"① 西汉，孟荀依然并驾齐驱。司马迁作《史记》，将二者列入同一传记，为《孟子荀卿列传》。成帝时，刘向、刘歆父子整理图书，在《孙卿书录》中说"唯孟轲孙卿能尊仲尼"，在《战国策书录》中说"孟子荀卿儒术之士，弃捐于世"。一些尊崇孟子的学者开始将孟子和孔子并称，并将二者的身世、主张等进行比较，如昭帝时的盐铁会议上，大夫说："孔子所以不用于世，而孟轲见贱于诸侯也。"东汉时期，孔孟并称基本上成为学者们的共识。王充在《论衡》中多次将孔孟并提，如："或以贤圣之臣，遭欲为治之君，而终有不遇，孔子、孟轲是也。孔子绝粮陈、蔡，孟轲困于齐、梁"；"此又孔子之所罪，孟轲之所愆也"；"盖孔子所以忧心，孟轲所以惆怅也"。② 班固在《答宾戏》中说："是以仲尼抗浮云之志，孟轲养浩然之气。"马融在《长笛赋》中说："温直扰毅，孔孟之方也。"

在此过程中，孟子的学术地位不断提高。西汉时期，有人

---

① ［汉］司马迁：《史记》，北京：中华书局，2014 年，第 3786 页。
② 黄晖著：《论衡校释》，北京：中华书局，1990 年，第 2、13、14 页。

问扬雄："你轻视诸子，孟子难道不是诸子吗？"扬雄回答说："称之为诸子，是因为他们的见识和孔子不同。孟子和孔子不同吗？没有什么不同。"王充称孔子为"圣人"、称孟子为"贤者"，而仅称荀子为"通览之人"。为《孟子》作注的赵岐称孟子为"命世亚圣之大才"，称《孟子》一书为"大贤拟圣而作者"，说"《论语》者，五经之管辖，六艺之喉衿也；《孟子》之书，则而象之"①。由"异于诸子"到"贤者"，再到"亚圣"，孟子的地位逐步提升，也为唐宋时期《孟子》的升经奠定了基础。

其三，《孟子》成为东汉思想家的思想资源。赵岐说："迄今诸经通义，得引《孟子》以明事，谓之博文。"②自汉武帝独尊儒术、设置五经博士以来，儒家五经成为入仕的必读书。孟子深通诸经，特别擅长《诗》和《春秋》。《孟子》一书中多处阐释经义，以其"明事"故而被学者们普遍称引。清人焦循举例说："《孟子》虽罢博士，而论说诸经，得引以为证，如《盐铁论》载贤良文学对丞相御史，多本《孟子》之言。而郑康成注《礼》笺《诗》，许慎作《说文解字》，皆引之。其见于《史记》《两汉书》《两汉纪》，如邹阳引'不含怒不宿怨'，终军引'枉尺直寻'，倪宽引'金声玉振'，王褒引'离娄、公输'，贡禹引'民饥马肥'，梅福引'位卑言高'，冯异称'民之饥渴，易为饮食'，李淑引'缘木求鱼'，郅恽言'强其君所不能为忠，量君所不能为贼'，冯衍言'臧仓言泰山北海'，班彪引

---

① ［汉］赵岐：《景宋蜀刻本孟子赵注》，桂林：广西师范大学出版社，2018年，第5—6页。
② ［汉］赵岐：《景宋蜀刻本孟子赵注》，桂林：广西师范大学出版社，2018年，第7页。

'梼杌春秋'，崔骃言'登墙搂处'，申屠蟠言'处士横议'，王畅言'贪夫廉，儒夫有斗志'，傅燮言'浩然之气'，亦当时引以明事之证。"[1] 当然，东汉学者所引《孟子》不限于此，班固、张衡、何休、高诱等都在自己的著作中多次引用《孟子》。

《孟子》在两汉时期学术地位的变化，与儒家学说在国家意识形态中的地位沉浮和儒学内部学术风气、学术理路的发展变化密切相关。

汉初，天下疲敝，百废待兴，"自天子不能具钧驷，而将相或乘牛车，齐民无藏盖"[2]，全国上下一贫如洗。政治上，汉代统治者实行分封政策，先后分封了七个异姓王和九个同姓王，七个异姓王拥有22郡土地，几乎占汉王朝的半壁江山，刘邦仅拥有24郡土地；九个同姓王辖郡39，中央仅辖郡15，中央控制的人口有450万，王国控制的人口有850万。中央对这些诸侯王没有实际的控制力，除国相之外，王国可以自命官员。此种政治、经济形势下，汉王朝不得不实行清静无为的黄老之治，一边休养生息，一边逐步剪除诸侯王的势力。

汉武帝时期，经过七十余年的休养生息，社会财富极大丰富："非遇水旱之灾，民则人给家足，都鄙廪庾皆满，而府库余货财。京师之钱累巨万，贯朽而不可校。太仓之粟陈陈相因，充溢露积于外，至腐败不可食。"[3] 经过削藩、推恩等一系列的政策措施，诸侯王势力大为削弱，仅能衣食租税而已，中央集权空前加强，

---

① ［清］焦循撰，沈文倬点校：《孟子正义》，北京：中华书局，1987年，第17—18页。
② ［汉］司马迁：《史记》，北京：中华书局，2014年，第1711页。
③ ［汉］司马迁：《史记》，北京：中华书局，2014年，第1714页。

王朝需要有一番大的作为，来彰显自己的实力。黄老无为的思想已经不适合这样的局面了，王朝需要寻找新的统治思想。

这时候，董仲舒向汉武帝献"天人三策"，提出了天人合一的新儒学理论，要点有三。其一，强调大一统，不仅国家的政治、经济要统一，思想也要统一。其二，提出神学之天与天子受命于天的思想。董仲舒指出，天是有意志的，是人间祸福的主宰。天子乃是天之子，是奉上天之命来治理人间、沟通天地人的，具有绝对的权威性。其三，从天人合一的角度论证"三纲五常"。"三纲"来自天地间阴阳的运行规律，"五常"来自五行间的生胜关系。这样的新儒学理论契合了汉代大一统的政治局面和加强中央集权、整合社会的需求，因而很快被汉武帝接受，并被尊为国家主导意识形态。儒家从诸子百家中一跃而出，其他各家学说则被摒弃出统治思想范畴。

儒家的"五经"被立为博士，成为入仕的必读之书，经学因之而兴起。从文字的角度来区分，两汉的经学有今文经学和古文经学两种。今文经是用汉代通行的隶书写的经书，是汉初政府寻访年老儒生，由年老儒生背诵，专人记录，编订而成的。西汉中期所立五经十四博士，皆为今文经。古文经是用战国时期山东六国文字所写成的儒家经典，其来源有二。一是在孔子旧宅墙壁中发现的。《汉书·楚元王传》记载："及鲁恭王坏孔子宅，欲以为宫，而得古文于坏壁之中，《逸礼》有三十九，《书》十六篇。天汉之后，孔安国献之，遭巫蛊仓卒之难，未及施行。"[1] 二是天下献书。汉初废除秦的《挟书律》，鼓励天下

---

[1] ［汉］班固：《汉书》，北京：中华书局，2000 年，第 1529 页。

吏民将所藏书籍献于中央。到成帝时，刘向、刘歆父子受命整理图书过程中，发现了一些用古文写成的儒家经典，如《春秋左氏传》《古文尚书》《古论语》《古孝经》等。西汉后期，王莽当政，重用刘歆，在刘歆的建议下，曾经将《春秋左氏传》《古文尚书》《逸礼》《毛诗》等列于学官，古文经学兴起。

在研究方法上，今文经学讲求微言大义，重在阐发经文中的义理；重师法，对于老师的传授内容，弟子不敢更改一字半句，只能在老师的传授范围内敷衍大义、纵向探究。且汉政府规定，只要通一经考试合格就可以出来做官，所以今文经学诸生多专一经，很少涉猎群经和各种书籍向广博方面发展。皮锡瑞说："前汉多专一经，罕能兼通。经学初兴，藏书如出，且有或为《雅》，或为《颂》，不能尽一经者。若申公兼通《诗》《春秋》，韩婴兼通《诗》《易》，孟卿兼通《礼》《春秋》，已为难能可贵。夏侯始昌通五经，更绝无仅有矣。"① 所以，整个西汉时期，儒生都集中于经书的研究，对于经书之外的儒家著作则很少关注，没有出现专门研究《孟子》的著作。

古文经学注重考证名物、音韵训诂，治经不专一师，同一部经典会有许多家不同的解释，同一经学家会对不同的经典进行注释。如贾逵有《春秋左氏传解诂》《国语解诂》《尚书古文同异》《毛诗杂义难》《周官解故》等；马融注《孝经》《论语》《诗》《易》《三礼》《尚书》《列女传》《老子》《淮南子》《离骚》等书；郑玄兼采今古文，打通二者之间的界限，注《周礼》《仪礼》《礼记》《毛诗》《周易》《古文尚书》《孝经》《论语》

---

① ［清］皮锡瑞：《经学历史》，北京：中华书局，2004年，第84页。

等。《后汉书·张曹郑列传》这样评价："郑玄囊括大典，网罗众家，删裁繁诬，刊改漏失，自是学者略知所归。"为了考证详尽、解说得当，古文经学家往往遍览群书，以求会通。《孟子》作为五经的重要传记著作，具有极高的参考价值，为学者们所青睐。因此，在群经之外，《孟子》也成为古文经学家重要的研究对象，出现了研究《孟子》的专著。

赵岐与《孟子章句》

赵岐的《孟子章句》是《孟子》学术史上第一部研究《孟子》的专著，也是流传至今最完整的东汉《孟子》研究著作，对后世的《孟子》研究产生了巨大的影响。下面将对这本书的作者、创作过程、主要内容、学术贡献等进行介绍。

一、赵岐生平与《孟子章句》的写作

赵岐，字邠卿，京兆长陵人（今陕西咸阳东北）。最初名嘉，字台卿，因为祖父官为御史，出生在御史台，故取字台卿。后来因为遭难，流离他乡，改名为岐，改字为邠卿，以示不忘家乡之意。

赵岐少有大志，《后汉书·吴延史卢赵列传》载"岐少明经，有才艺"。三十多岁的时候，他生了一场大病，卧床七年，觉得自己将不久于人世，写下遗嘱："大丈夫生世，遁无箕山之操，仕无伊、吕之勋，天不我与，复何言哉！可立一员石于我墓前，刻之曰：'汉有逸人，姓赵名嘉。有志无时，命也奈何！'"① "箕山之

---

① ［南朝宋］范晔：《后汉书》，北京：中华书局，2000年，第2121页。

操"说的是许由隐居的故事。据说许由是尧时期的贤人，尧想把君位禅让给他，他坚决推辞，逃到箕山脚下隐居；尧后来得知他的去处，又派人去请他做九州长，许由听后马上到颍水中洗耳朵，表示不愿意听到这种世俗之言，随后隐居于深山之中，死后葬在箕山之巅。后世以"箕山之操"代指高士隐居之志。"伊、吕"指的是伊尹和姜太公吕望，是世俗功业的代表。赵岐在遗嘱中引用这两个典故，表明自己愿意做一个有才能、有贡献、有影响的人，可惜天不假年，有志无时，是人生之遗憾！幸运的是，经过七年与病魔的斗争，赵岐终于康复了，走上了仕途。

赵岐一生担任过很多官职，曾经做过三府掾、县令长、刺史、郡守、太仆、太常等，也担任过皇帝的特使。他心系天下，希望能够为天下安定、社会清明、百姓安乐做出自己的贡献。在做司空掾的时候，他提议二千石官员应该离官为父母服丧，得到朝廷的许可；在做大将军掾的时候，陈述为天下求贤之策；汉末大乱，献帝西迁，李催掌政，赵岐担任副使抚慰天下，当时袁绍、曹操与公孙瓒争夺冀州，赵岐成功劝说三方罢兵；献帝东迁洛阳，为修理宫室，赵岐出使荆州，请刘表出兵洛阳助修宫室。

赵岐卒于建安六年（201），终年九十余岁。赵岐生前曾为自己营建陵墓，在陵墓中画上季札、子产、晏婴、羊舌肸四人的图像——这四个人都是春秋时期著名的政治家、外交家，他们居于宾客的位置，赵岐的画像居于主位，再次表明自己希望在政治上有所作为的志向。

赵岐志向高远，性格正直，疾恶如仇。他生活在东汉中后期，由于东汉从第四位皇帝和帝开始，皇帝都是幼年登基，小则只有几个月，大则不过十一二岁，最大的十五岁，没有执掌朝政的能力，只能依靠正年富力强的太后母亲；可是太后居于深宫之中，无法控制外朝，于是依靠自己的父兄，导致出现外戚干政甚至专政的现象。皇帝长大之后，不愿再受母后和外公或舅父的控制，就依靠身边的宦官与外戚进行斗争，出现外戚和宦官轮流执政的局面。无论外戚掌权还是宦官掌政，都大肆安插自己的亲信，占据大量的官职，严重堵塞了儒学出身的士人的仕进道路。于是一些开明的官僚和太学生结合在一起，形成外戚、宦官之外的第三股政治势力——党人。他们品评公卿、议论时政，抨击社会的黑暗现象，与外戚、宦官特别是宦官作斗争，是当时污浊社会中的一股清流。

赵岐生活在这样的政治环境中，以清流自居，保持着士人可贵的独立品格，不趋炎附势，不攀附权贵。他的妻子是当时著名学者马融的侄女。马融在经学上造诣很高，是当时的名士，却不能坚守士人的气节。汉顺帝去世后，外戚梁冀任大将军，执掌朝政。梁冀生活奢侈，骄纵不法，飞扬跋扈，甚至毒死年仅9岁的汉质帝。马融为了讨好他，写《西第颂》为他歌功颂德，还为他代写奏章，陷害当时的忠直之士李固。赵岐因此很看不起他，马融因为侄女的关系经常到赵岐家里饮酒做客，可是赵岐基本上不与他见面，并且给朋友写信说："马季长（季长是马融的字）虽有名当世，而不持士节，三辅高士未曾以衣裾襟其门也。"[1]

---

[1] ［南朝宋］范晔：《后汉书》，北京：中华书局，2000年，第1434页。

赵岐任三府掾，因为成绩突出而被任命为皮氏县长。皮氏县属河东郡管辖，河东郡守刘祐卸任之后，由宦官左悺的哥哥左胜接替河东郡守的职位。赵岐对宦官势力深恶痛绝，于是在左悺上任之日，便辞官回乡。回乡后，他被京兆郡尹延笃聘为功曹。宦官中常侍唐衡的哥哥唐玹在京兆郡做虎牙都尉，唐玹因为依靠宦官弟弟的势力而做官，郡中人都很轻视他。赵岐和他的从兄赵袭也多次贬损他，唐玹因此记恨在心。后来，唐玹升任京兆尹，赵岐害怕唐玹报复自己，匆忙逃亡避难。唐玹将赵岐的家人全部抓起来，陷以重罪，全部杀害。

赵岐逃出京兆郡后，四方流浪，足迹遍布江、淮、海、岱之间。后来他来到北海郡，隐匿姓名，卖饼为生。北海郡有一位二十多岁的名士孙嵩，在市场中看到了赵岐，觉得他不是个普通的卖饼生意人，于是邀请他一同坐车回家。赵岐不明所以，有些害怕。孙嵩对他说："我看你不像个普通人，我一问，你的脸色就变了，如果没有深重的冤苦，怎么会亡命呢？我是北海郡安丘县的孙宾石，有百口之家的家业，可以帮助你。"赵岐久闻孙嵩的大名，于是以实情相告，和他一起回到家中。从此之后，赵岐藏在孙嵩家中的复壁（夹墙，可藏物或匿人）之中，度过了几年的时间。他的《孟子章句》就是在此期间写的，与此同时他还写了《厄屯歌》二十三章，可惜亡佚了。几年之后，唐衡兄弟在政治斗争中全部被消灭，天下大赦，赵岐才出来。

赵岐复出之后，又遭两次党锢之祸：第一次将出任并州刺史，因党祸而被免官；第二次被禁锢十余年。

赵岐就是这样一个保持着士人的独立品格、心系天下、身处末世、知其不可为而为之的人，这在某种程度上和孟子的生平、性格有些相似。他在漂泊海岱之际选择为《孟子》作注，可谓饱含深意。他在《孟子题辞》中叙述了自己的身世及为《孟子》作注的缘由：自己在知天命之年，遭受宦官党羽迫害，流亡他乡，精神上无所寄系，《孟子》一书"包罗天地，揆叙万类，仁义道德，性命祸福，粲然靡所不载……守志厉操者仪之，则可以崇高节、抗浮云"①。可以说，孟子的个人经历和《孟子》书中所表达出来的士人品格、坚韧精神、心系苍生的博大胸怀是赵岐流亡生活中的精神支柱。赵岐在注中倾注了自己的生命和情感，寄托了自己的人生志向和精神追求。他在注《孟子》，也是在注自己的人生。正是因为经历、精神和志向相似，赵岐深得《孟子》之深意，所以焦循说："又以古之精通《易》理，深得伏羲、文王、周公、孔子之旨者莫如孟子，生孟子后而能深知其学者莫如赵氏。"②

二、章句体与赵岐《孟子章句》简介

章句是对经典著作的一种注疏体裁。战国时期，诸子学派形成，对于各家创始人及代表人物的著作，后来学者多有解释。汉代独尊儒术之后，对儒家经典的注释更是汗牛充栋，出现了各种各样的注释方式，诸如传、记、说、训诂等，章句便是其中一种。

章句体以分章析句为前提，那么章句具体指的是什么呢？

---

① ［汉］赵岐：《景宋刻本孟子赵注》，桂林：广西师范大学出版社，2018 年，第4—5 页。
② ［清］焦循撰，沈文倬点校：《孟子正义·目录》，北京：中华书局，1987 年，第7 页。

"章句"的"章"，不像现代书里一章一节那么长。在古代的经书、子书中，一篇文章里的较小的意义单位，叫一章。汉朝的章句之学，就是研究在什么地方分章、在什么地方断句的。这样的"章"，相当于后代文章中的段。"章句"的"句"，也不是现代语法中所说的句，而是说话时一个停顿的单位。①

章句体在分章析句的基础上，对章句中的字、词、句进行解释，并概括章的内容与主旨。我们举赵岐《孟子章句》中的一章，以窥章句体之基本概貌。《梁惠王下》第8章云：

> 齐宣王问曰："汤放桀，武王伐纣，有诸？"（赵注：有之否乎？）
>
> 孟子对曰："于传有之。"（赵注：于传文有之矣。）
>
> 曰："臣弑其君，可乎？"（赵注：王问，臣何以得弑其君，岂可行乎？）
>
> 曰："贼仁者谓之'贼'，贼义者谓之'残'。残贼之人，谓之'一夫'。闻诛一夫纣矣，未闻弑君也。"（赵注：言残贼仁义之道者，虽位在王公，将必降为匹夫，故谓之一夫也。但闻武王诛一夫纣耳，不闻弑其君也。《书》云"独夫纣"，此之谓也。）
>
> 章指：言孟子云，纣以崇恶失其尊名，不得以君臣论之，欲以深寤齐王，垂戒于后也。

---

① ［南朝梁］刘勰著，詹锳义证：《文心雕龙义证》，上海：上海古籍出版社，1989年，第1247页。

这样的注释方式，决定了章句体具有两个基本的特征：第一，分章析句释义；第二，注释依附经传而行。所以焦循说："既分其章，又依句敷衍而发明之，所谓'章句'也。章有其恉，则总括于每章之末，是为'章恉'也。叠训诂于语句之中，绘本义于错综之内。"① "叠训诂于语句之中，绘本义于错综之内"说的就是这两个特点。

章句体出现于春秋末期。东汉时期的徐防说："发明章句，始于子夏。其后诸家分析，各有异说。"② 子夏是孔子的得意门生之一，精通《易》《诗》《礼》《春秋》等多部经典。他在解说老师学说时创造了章句这种注疏形式，是很有可能的。章句体一章一句注释古代典籍，少有思想的创造性，很符合西汉独尊儒术之后的思想文化政策，所以章句体在两汉时期得到长足发展，从西汉宣帝时期开始，一直到东汉中期，持续兴盛了一百多年。

兴盛的原因主要有两个。

一是皇帝的提倡和支持。汉代的皇帝对章句体大多持肯定态度，很多皇帝常常直接过问章句的制作、关心章句的传习。东汉光武帝亲自邀请著名的儒生为皇太子和其他皇室子弟讲授《论语》章句。汉明帝亲自制作《五家要说章句》，并将其作为太学的重要教学内容，还下令"自期门羽林之士，悉令通《孝经》章句"③。通章句还是汉代选官的一个重要依据，《后汉书·孝顺孝冲孝质帝纪》记载："辛卯，初令郡国举孝廉，限年

---

① ［清］焦循撰，沈文倬点校：《孟子正义》，北京：中华书局，1987 年，第 27 页。
② ［南朝宋］范晔：《后汉书》，北京：中华书局，2000 年，第 1012 页。
③ ［南朝宋］范晔：《后汉书》，北京：中华书局，2000 年，第 1717 页。

四十以上，诸生通章句，文吏能笺奏，乃得应选。"①

二是经学各家学派扩充势力的要求。汉武帝立五经博士，但儒生们对经典的解释并不相同，出现了一经数师、一师数家的学术局面，如《诗》有齐、鲁、韩三家，《书》有欧阳、大小夏侯三家，《易》有施、孟、梁丘、京氏四家，《礼》有大、小戴，《公羊春秋》有严、颜二家等。这些师法、家法一旦被皇帝看中，就会被列入学官，可以设博士、置弟子，进入仕途，师法和家法主要体现在章句上，"家法确立的前提是有章句，有章句才有家法可守，才可据以教授弟子"②；如果不被皇帝看重，则只能以私学的身份存在于民间，备受冷落，所以为了追求利禄之途，世俗学问者都急于成一家章句。经师弟子为了保住利禄之途，只能固守师法、家法，导致章句体日益兴盛。

有学者钩沉索隐，统计出见于史书记载的汉代章句体著作有61部、经师58人，其中从西汉宣帝到东汉中期的繁荣期有著作35部、经师33人，均占到总数的57%。③可惜的是，随着东汉后期章句体的日渐衰落，章句体著作大量佚失，能够流传于世并保留至今的只有赵岐的《孟子章句》、王逸的《楚辞章句》、河上公的《老子河上公章句》三部较为完整的著述和《玉函山房辑佚书》中少量辑佚的章句。

赵岐的《孟子章句》由三个部分构成。

第一部分是《孟子题辞》，主要叙及孟子的身世、《孟子》

---

① ［南朝宋］范晔：《后汉书》，北京：中华书局，2000年，第261页。
② 严正：《汉代经学的确立与演变》，《中国哲学》编辑部编《经学今诠初编》，沈阳：辽宁教育出版社，2000年，第254页。
③ 柳雪萍：《两汉章句著述及体例研究》，西北师范大学硕士学位论文，2014年。

一书的写作缘由、《孟子》一书的价值、秦汉孟学的基本概况，以及自己作《孟子章句》的缘由。赵岐对孟学推崇备至，在《孟子题辞》中，首次将孟子提到"亚圣"的地位，并从四个方面将孟子与孔子对比：第一，就写作动机而言，孔子自卫返鲁，删定《诗》《书》，系《周易》，作《春秋》，为的是挽救西周以来的思想文化；孟子从齐梁返邹，为的是述尧舜之道、仲尼之意。二者皆为传承自古以来的治国之道与思想文化。第二，就著作本身而言，《论语》乃孔子门生七十子会集夫子所言而成，乃"五经之管辖，六艺之喉衿也"，是解读"五经""六艺"的关键；"孟子之书则而象之"，亦是对"五经""六艺"的重要阐释。第三，就政治主张而言，"卫灵公问陈于孔子，孔子答以俎豆；梁惠王问利国，孟子对以仁义"，孔子主张以礼治国，孟子主张以仁义治国，孔子礼之内涵即仁，二者一脉相承。第四，就个人际遇与人生态度而言，孔子在宋遭受桓魋的迫害，孔子坦然曰："天生德于予，桓魋其如予何？"孟子遭鲁平公嬖臣臧仓之僭毁，孟子亦坦然曰："吾之不遇鲁侯，天也。臧氏之子焉能使予不遇哉？"在遭遇生命困危之际，他们都坦然面对，毫无惧色。二者如此相似，孟子无愧于"亚圣"的称号。

第二部分是主体部分，将《孟子》七篇各析分为上下卷，共十四卷，这也是我们今天所看到的孟子所分篇卷的面貌。每篇篇题之下都有对篇题的解释和以之为篇题的原因，如《梁惠王上》，篇题注曰：

> 梁惠王者，魏惠王也。魏，国名；惠，谥也；王，号也。时天下有七王，皆僭号者也，犹春秋之时吴楚之君称

王也。魏惠王居于大梁，故号曰梁王。

　　圣人及大贤有道德者，王公侯伯及卿大夫咸愿以为师。孔子时，诸侯问疑质礼，若弟子之问师也。鲁卫之君皆尊事焉。故《论语》或以弟子名篇，而有卫灵公季氏之篇。孟子亦以大儒为诸侯所师，是以梁惠王滕文公题篇，以与公孙丑等为一例也。

在每章中，除了对字、词、句的注释外，章末还有章指，概括一章的主要内容与主旨，如上文所举《梁惠王下》第8章之例。

第三部分是《孟子篇叙》，主要阐述孟子七篇顺序安排的内在逻辑。赵岐认为，孟子盛赞尧舜之道，尧舜之道以仁义为上，所以以"梁惠王问利国对以仁义"为首篇；仁义根植于心，便可以大行其政，所以"次以公孙丑问管晏之政"；政以古之道为最美，"滕文公乐反古，故次以文公为世子"；第四篇以"离娄"为篇，原因是"奉礼之谓明，明莫甚于离娄"；奉礼之明要表现在行动上，而行动上莫大于孝，所以第五篇以"万章之问"为由头，阐述舜之孝道；孝道本于情性，所以第六篇以"告子论情性"引出孟子人性善论；情性主于内心，所以最后一篇以"尽心"为主题。即七篇的顺序为仁义—为政—法古—奉礼—孝道—性善—尽心，由外向内，层层深入，彰显了孟子的内圣路向。其次以《孟子》之篇数、章数、字数对天之七纪、三时之日数与五七之道，如其所说："三万四千六百八十五字者，可以行五常之道，施七政之纪，故法五七之数，而不敢盈也。"这体现了东汉时期谶纬神学的时代特点。

三、赵岐《孟子章句》之特点、贡献与不足

赵岐的《孟子章句》是汉代仅存的三部章句体著作之一，之所以能够流传至今，与其自身的特点与贡献有着密不可分的关系。

赵岐的《孟子章句》有两个特点。

其一，以章、句为主要诠释对象。上文简要谈到章句体以分章析句为前提对经典进行注释，但每种章句体著作的侧重点并不相同。赵岐的《孟子章句》侧重对句和章的解释。试举《梁惠王上》第5章的注释：

> 梁惠王曰："晋国，天下莫强焉，叟之所知也。（赵注：韩赵魏本晋六卿，当此时号三晋，故惠王言晋国天下强也。）及寡人之身，东败于齐，长子死焉；西丧地于秦七百里；南辱于楚。寡人耻之，愿比死者壹洒之，如之何则可？（赵注：王念有此三耻，求策谋于孟子。）"
>
> 孟子对曰："地方百里而可以王。（赵注：言古圣人以百里之地以致王天下，谓文王也。）王如施仁政于民，省刑罚，薄税敛，深耕易耨；壮者以暇日修其孝悌忠信，入以事其父兄，出以事其长上，可使制梃以挞秦楚之坚甲利兵矣。（赵注：易耨，芸苗令简易也。制，作也。王如行此政，可使国人作杖以捶敌国坚甲利兵，何患耻之不雪也。）"
>
> "彼夺其民时，使不得耕耨以养其父母。父母冻饿，兄弟妻子离散。彼陷溺其民，王往而征之，夫谁与王敌？（赵注：彼谓齐秦楚也，彼困其民，愿王往征之也，彼失民心，

民不为用，夫谁与共御王之师、为王敌乎？）故曰：'仁者无敌。'王请勿疑。（赵注：邻国暴虐，己修仁政则无敌矣；王请行之勿有疑也。）"

　　章指：言以百里行仁，天下归之；以攻伤民，民乐其亡；以梃服强，仁与不仁也。

　　在这一章中，赵岐对《孟子》原文中的每一句话都有注释，句中有难解的字词，便先对字词进行解释，然后再解释句意；无难解字词，便直接解释句意。由此可知，对句意的解释是赵岐《孟子章句》的基本单位和重心所在。这一章中，对字词的解释只有 2 处，对句意的解释有 6 处。有研究者对全书进行统计，发现《孟子章句》"全书 1362 条随文注释中，只有 22 条单纯释词、不释句，其余 1340 条全部以释句为主；全书随文注释中共使用术语 25 个，1019 次，其中，用于释词的只有 276 次，用于解句的则达 743 次"[①]，足见其释句所占比重之大。那么，分句的依据是什么呢？如上文所说，"章句"中的"句"指的是说话时一个停顿的单位，也就是说分句的依据主要是基于句子的语法关系，而不是逻辑关系。所谓语法关系主要侧重每个句子在停顿之处表达了完整的意思，而逻辑关系主要侧重语气的"起承转合"。如上例孟子所说，从"王如施仁政于民"至段末是一个完整的逻辑关系的句子，而赵岐将之分为三句进行注释。

[①] 谭波：《赵岐〈孟子章句〉训诂研究》，首都师范大学硕士学位论文，2008 年，第 51 页。

章指在每章的末尾，是对每章内容主旨的概括与延伸，可以分为三种类型。

一是概括文意，这是最主要的也是最基本的一种类型。如《梁惠王下》第10章记齐人伐燕之后宣王与孟子关于是否可以取燕的对话。赵岐章指言："征伐之道，当顺民心。民心悦，则天意得，天意得，然后乃可以取人之国也。""当顺民心"是对齐人是否可以取燕的关键因素的概括。《公孙丑上》第6章是对"不忍人之心"与"不忍人之政"及其关系的论述。赵岐章指言"人之行，当内求诸己，以演大四端，充广其道，上以匡君，下以荣身也"，是对这一阐述的概括。

二是在概括文意的基础上，进一步说明孟子作文的用意所在。如《梁惠王下》第8章是孟子与齐宣王关于"汤放桀，武王伐纣"的讨论。赵岐章指言："孟子云纣以崇恶，失其尊名，不得以君臣论之，欲以深痼齐王，垂戒于后也。"《尽心下》第1章是孟子与公孙丑关于梁惠王不仁的对话。赵岐章指言："发政施仁，一国被恩，好战轻民，灾及所亲，著此魏王，以戒人君也。""欲以深痼齐王，垂戒于后""著此魏王，以戒人君"指出了《孟子》记载这两段对话的用意。

三是对原文进行补充。《公孙丑上》第9章载伯益和柳下惠偏狭的表现。孟子评价说："伯夷隘，柳下惠不恭，隘与不恭，君子不由也。"孟子只表达了君子不能偏狭的意思，但没有进一步说明该怎么做。赵岐在章指中补充："介者必偏，中和为贵，纯圣能然，君子所由，尧舜是尊。"他指出君子应该像尧舜那样守中和之道。《告子下》第12章只有一句话："君子不亮，恶乎执？"赵岐对这句作了"君子之道，舍信将安执之"的解释后，又在章指中引用《论语》中的"自古皆有死，民无信不立，重信之至也"加以补充与强调。

正是赵岐章指对孟子原文进行了概括、延伸与补充，才使得《孟子》之主旨与深意尽显，为后人读《孟子》提供了方便的阶梯。

其二，训诂与义理并重，在章句体中别具一格。西汉中期至东汉中期，由于皇帝的提倡与支持，加上利禄之途的诱惑，章句体大行其道。但也有两个原因导致其日益走向烦琐：一是师法、家法森严，为了保住利禄之途，儒生们不敢越雷池一步，只能在师法、家法中繁衍注释，累世累积，日益繁滋；二是章句体自身注释体例的限制，章句体分章析句，而字词名物的训诂依附于句，限制其对义理的阐发，以致枝蔓丛生，只见树木不见森林。《尚书》中的《尧典》篇目的这两个字，可以注释10多万字；一部经书注释达百万字之多，一个人穷尽一生，也无法学通一经，可谓皓首穷经。这样的学风直接导致了儒学的式微和政治的衰败。东汉安帝时，"自是游学增盛，至三万余生。然章句渐疏，而多以浮华相尚，儒者之风盖衰矣"①。清人皮锡瑞进一步引申说："人之云亡，邦国殄瘁，实自疏章句、尚浮华者启之。"②

有学者有感于此，不时对章句体的注释风格提出批评。西汉时，夏侯胜传《古文尚书》，他的侄子夏侯建同时向他和《尚书》的另一家传人欧阳高学习，兼采各家，繁富注释，夏侯胜

---

① ［南朝宋］范晔：《后汉书》，北京：中华书局，2000年，第1718页。
② ［清］皮锡瑞：《经学历史》，北京：中华书局，2004年，第75页。

批评他是"章句小儒，破碎大道"。《汉书》作者班固说，古人重经义大体，三年通一经，三十岁便可五经皆通，章句体的字词名物训诂将经文割裂为无数个小片段，一生也难通一经。

随着章句的日益烦琐、封闭与衰败，学者们的态度主要有两种。一是蔑视、逃避，方法是"不守章句"或"不为章句""不好章句"。二是矫正、改造，方法是将烦琐的章句注释压缩、删减。从王莽时代开始，官方就开始注意并着手解决这个问题。《论衡·效力》篇载"王莽之时，省五经章句，皆为二十万"，《后汉书·肃宗孝章帝纪》载"五经章句烦多，议欲减省"。可是，无论是蔑视、逃避还是减省章句，都没有能够挽救章句之弊。

赵岐则另辟蹊径，在遵循章句体分章析句、以句为单位的基本体例前提下，注重对句意的阐释，同时又另创三法。一创章指之法，在每章后面加章指，概括阐释每章的主要内容。二创题注之法，在每篇题目下加题注，阐明一篇之主旨。三创题辞篇叙之法，在章句之前加题辞，在章句之后加篇叙，对《孟子》其人其书及各篇顺序做一交代；将字词名物的训诂与句、章、篇、书的义理阐释结合在一起，尽显《孟子》一书之大义、孟子之精神，自成一家之体、一家之言，在章句体中别具一格。

赵岐之所以能够在章句体中别开生面，是因为他为《孟子》作章句时，摆脱了当时普通儒生的利禄之需。他在流亡期间，将自己的感情寄寓在为《孟子》一书作注之中，一方面是希望从《孟子》一书中汲取精神力量，另一方面希望彰显孟子之精神与学说，挽救即将倾倒之东汉王朝，如其所说："帝王公侯遵之，则可以致隆平、颂清庙；卿大夫士蹈之，则可以尊君父、立忠信；守志厉操者仪之，则可以崇高节、抗浮云。"①

再来看看赵岐《孟子章句》的贡献与不足。赵岐《孟子章句》的贡献主要有二。

其一，在训诂方面保存了不少古义。东汉与战国时期距离较近，对于战国时期的成语、习语、俗语等，学者们较为熟悉；加之两汉时期章句体发达，特别是在字词训诂方面穷究其义，达到一个高峰，赵岐《孟子章句》言简意赅，保留了不少精义。而后世作孟注的学者，因为时代相隔久远，隔膜较深，对战国时期的古语往往不能深得其义。试举两例：

一为"折枝"。《梁惠王上》第7章载孟子与齐宣王的对话，孟子告诉宣王，他之所以不王，不是不能，而是不为，并以为长者折枝为喻，原文是"为长者折枝，语人曰我不能，是不为也，非不能也"。"折枝"一词在战国时期指按摩、搔痒等解除身体疲乏的动作，赵岐解释说："折枝，按摩、折手节解疲枝也。少者耻见役，故不为耳，非不能也。"而后人不明所以，望文生义，以为是"折草木之枝"，唐人陆善经持此说，朱熹沿用之；亦有解释"弯腰拜揖"的，如清赵佑《四书温故录》中说："《文献通考》载陆筠解为磬折腰枝，犹今拜揖也。"如果不是赵岐《孟子章句》保留至今，我们很难窥知"折枝"之本义。

二为"齐东野人"。《万章上》第4章载咸丘蒙问孟子，舜以尧和自己的父亲瞽瞍为臣，有没有这回事？孟子回答说："否，此非君子之言，齐东野人之语也。"朱熹将"齐东"二字

---

① ［汉］赵岐：《景宋蜀刻本孟子赵注》，桂林：广西师范大学出版社，2018年，第4—5页。

连读，解释为"齐国之东鄙也"，将"齐东野人"解释为齐国东部的野人。乍看似乎没什么问题，但仔细思考，为什么是齐国东部的野人，难道这样的误解只存在于齐国东部吗？那西部、北部、南部的野人又如何看呢？从逻辑上有点讲不通。赵岐将"齐"和"东"分作两词，将"东"解释为"东作"，将"东野"解释为"东作田野之人"，并引用《尚书》中"平秩东作"为证。"齐东野人之语"就是齐国耕种之人的看法，孟子以此来表明这种说法不足为信。这样上下文义才能贯通无碍。

其二，在孟子思想的理解上用意颇深，精准到位。如首篇《梁惠王上》首章载：

> 孟子见梁惠王，王曰："叟，不远千里而来，亦将有以利吾国乎？"孟子对曰："王何必曰利，亦有仁义而已矣。……"

后人将之作为孟子重义轻利的典型案例。赵岐却另有一番体会。他解释说："孟子知王欲以富国强兵为利，故曰王何必以利为名乎，亦惟有仁义之道者可以为名，以利为名，则有不利之患矣。因为王陈之。"他认为孟子并不反对富国强兵之利，只是反对以利为名。这样的见解并不是赵岐随心所欲或标新立异，而是他在仔细玩味《孟子》一书、对孟子思想融会贯通之后所得出的结论。联系《告子下》第 4 章所载，宋牼将劝说秦楚罢兵，孟子与之在石丘相遇，孟子问："您打算怎么劝说呢？"

（宋牼）曰："我将言其不利也。"

（孟子）曰："先生之志则大矣，先生之号则不可……"

"号"就是名，就是旗号，也就是不可以以利作为名号。这两章的思想一脉相承，只有在理解孟子思想之精髓后才能有与众不同的看法。今人亦有学者撰文指出孟子并不反对利，孟子的仁政"也具有功利性诉求，即追求一种长期性的、终极性的大利。为理解孟子仁论……需要把功利分为物质与精神的两个方面，孟子宣扬的功利是'仁德'之利的方面……他的'仁政'说试图提供一套能够使执政者统一天下并长治久安的政治方案，希望统治者与被统治者共同获利"①。

赵岐《孟子章句》的不足之处主要体现在三个方面。

第一，虽然注重对《孟子》章、句的理解和注释，但对孟子思想中最为高深的哲学思想部分则显得心有余而力不足。在解释一些抽象的哲学概念时，往往不得要领，如《尽心上》第38章中对形、色的解释。

《尽心上》第38章："形色，天性也；惟圣人然后可以践形。"意思是人的形体、容貌是人的天性的体现，只有完整地保持天性的人才可以把人内在的天性体现在外在的形体、容貌上。形色泛指形体、容貌，与尊卑、美丑、男女没有任何关系，只与人的内外一致性有关。赵岐不解其中深意，将"形"解释为"谓君子体貌尊严也"，将"色"解释为"谓妇人妖丽之容"，将"践"解释为"圣人内外文明，然后能以正道履居此美形。不言居色，主名尊阳抑阴之义也"。这显然与孟子原义不合。

第二，正因为赵岐注重对《孟子》章、句的解释，在字词训诂上则用力不足，所以其字词训诂和名物考证颇有可商之处。

---

① 张燕婴：《孟子"仁"论的两面性与终极旨归》，《求是学刊》2007年第4期。

郭伟宏经过研读，指出赵岐《孟子章句》共有 36 处注释存在不合理之处①。试举两例。

《告子下》第 15 章"孙叔敖举于海"中的"海"，赵岐将之解释为"海滨"，显然属望文生义。此处的"海"泛指边陲荒远之地，段玉裁在《说文解字注》中说："海，凡地大物博者皆得谓之海。"古籍中常有南海、北海、东海、西海之称，《荀子·王制》篇中有"北海则有走马吠犬焉""南海则有羽翮、齿革、曾青、丹干焉""东海则有紫、绤、鱼、盐焉""西海则有皮革、文旄焉"之语。除东海之外，其余显然都不是指海滨，而是指荒远之地。再者，根据《史记》记载，孙叔敖是"期思之鄙人"。期思在今河南淮滨县东南，是楚国的边邑。孟子说"孙叔敖举于海"，是说孙叔敖在楚国北方边陲被提拔上来。

第三，以个人的情感偏向代替学术的判断。在赵岐流落他乡之际，孟子是他的精神支柱，所以赵岐在《孟子章句》中处处表现出对孟子的崇敬甚至偏袒。如《告子上》第 1 章载孟子和告子关于人性与仁义之间关系的辩论。孟子主张性善，认为仁义礼智等是人生而有之之性。告子说："人的本性好比杞柳树，仁义好比杯盘，直接把仁义说成人性，相当于直接把杞柳树说成杯盘。"告子认为仁义和人性是两回事。孟子回答说："您是顺着杞柳树的本性来制成杯盘呢，还是毁伤杞柳树的本性来制成杯盘呢？如果要毁伤杞柳树的本性然后制成杯盘，那也要毁伤人的本性然后纳之于仁义吗？"孟子显然是把告子所说的杞柳树的概念偷换成了杞柳树的本性这个概念，混淆了问题的

---

① 郭伟宏：《赵岐〈孟子章句〉研究》，扬州：广陵书社，2014 年，第 95—114 页。

本来面目。赵岐却不论是非，曲意回护，在章指中批评"告子道偏"。

再如同篇第 3 章，告子主张性无善无不善，善恶全是后天环境影响的结果，所以他说："生之谓性。"孟子为了反驳，先问告子："你所说的'生之谓性'和'白之谓白'是同一性质的问题吗？"告子说："是的。"孟子接着又说："白羽毛的白和白雪的白，白雪的白和白玉的白是一样的吗？"告子说："是的。"孟子最后反问："那么狗的性和牛的性，牛的性和人的性，都是一样的了？"告子哑口无言，不知如何作答。孟子虽然用高明的辩论术战胜了告子，但很明显是将不同类的抽象概念"白"和"性"混为一谈。论辩有高下，但观点无明显对错。赵岐在章指中却说"告子一之，知其粗矣，孟子精之，是在其中"，显然是以个人情感的偏向代替了学术的判断。

其他《孟子》注本简介

汉代的《孟子》注本，完整流传至今的只有赵岐的《孟子章句》，其余的著作皆亡佚无存。清人马国翰多方搜寻，又辑佚出汉代《孟子》注著作四种，保存于《玉函山房辑佚书·经篇·孟子类》中，分别是程曾《孟子章句》、郑玄《孟子注》七卷、高诱《孟子章句》和刘熙《孟子注》七卷。

一、程曾《孟子章句》

程曾是东汉章帝时人，建初三年（78）举孝廉，后出任西海县令。《后汉书·儒林列传》中有传，并明确记载其著《孟子章句》："程曾字秀升，豫章南昌人也。受业长安，习《严氏春秋》，积十余年，还家讲授。会稽顾奉等数百人常居门下。著书百余篇，皆《五经》通难，又作《孟子章句》。"[1] 如果所记无误，程曾所著《孟子章句》当为目前所知最早的《孟子》注本。遗憾的是，此书很快亡佚，《隋书·经籍志》中亦无记载，也很少被其他著作引用，只有宋熙时子《孟子外书》第三篇《孝经》的注

---

① ［南朝宋］范晔：《后汉书》，北京：中华书局，2000 年，第 1741 页。

中引用了一条。根据本书第一章的介绍，此《孟子外书》为明姚士粦伪作，当不是程曾原作，但马国翰认为"虽非孟子本真，而要为治孟子者所宜参考也"，故辑录于程曾《孟子章句》下。

二、郑玄《孟子注》七卷

郑玄字康成，北海高密人，东汉末年的旷世大儒，年轻时遍访名师，曾在卢植和马融门下求学，兼通今文经学和古文经学，一生遍注群书，著述颇丰。他所注的《周礼》《仪礼》《礼记》合称《三礼注》，流传后世，是《十三经注疏》的来源。他研究《诗经》的著作《毛诗传笺》也被收入《十三经注疏》中。《后汉书·张曹郑列传》详细记载了他的著述，没有提及《孟子注》，但是《隋书·经籍志》和《新唐书·艺文志》皆著录郑玄注《孟子》七卷，之后史籍便不见记载。可见，郑玄所作《孟子注》在唐宋之际便亡佚了，其他书籍对之亦无征引。清人马国翰把郑玄注其他古籍中所引用的《孟子》和隐括《孟子》之义的话辑录为一卷，收入《玉函山房辑佚书》。清代王仁俊也辑有《孟子郑氏注》一卷，收在《十三经汉注》本中。

三、高诱《孟子章句》

高诱也是东汉末年的著名学者，可惜《后汉书》中无传，我们只能从《淮南子·叙目》和《吕氏春秋·序》中窥知其简要身世。高诱为涿郡人，年少师从同郡卢植求学，后遭遇汉末战乱，学业中断。建安十年（205），辟司空掾，出任东郡濮阳令，建安十七年（212），迁监河东。他一生中最重要的著述是《吕氏春秋注》。在作此注之前，他曾"正《孟子》章句，作《淮南》《孝经》解"①，可知其曾作《孟子章句》，但此书早已亡佚，历代志书均无著录。高诱的著作流传至今的还有《淮南子注》和《战国策注》。在他的著述中多有提及《孟子》之处，很可能是他注释《孟子》成果的运用，所以后人就将他在《吕氏春秋》《淮南子》《战国策》三注之中涉及《孟子》的部分收集起来，辑录成书，以观高氏治孟之面貌。清人马国翰辑成一卷收入《玉函山房辑佚书》，俞樾也辑了一卷《孟子高氏学》收录在《春在堂全书》中。

四、刘熙《孟子注》七卷

刘熙，东汉末年人，《后汉书》中无传。清人叶德辉依据零星的史料记载撰《刘熙事迹考》，从中可知，刘熙字成国，青州北海人。灵帝中平年间，征为博士，出任安南太守；汉末战乱，避寇于交州；三国时期，吴人程秉、薛综、许慈都曾经跟从他求学或与之讨论学术。后其卒于吴孙权赤乌年间。著作有《孟子注》七卷、《谥法注》三卷和《释名》八卷，其中《释名》的影响最大。他的《孟子注》在《隋书·经籍志》和《新唐书·艺文志》中均有著录，大概在唐宋之间亡佚，后世史志著作中不再著录。唐代的一些著作如《史记索隐》、颜师古《汉书注》和李善《文选注》等书中均有征引，后人可依据进行辑佚。马国翰辑一卷，收入《玉函山房辑佚书》。另外，清人王谟亦辑有刘熙《孟子注》一卷，宋翔凤辑《孟子刘注》一卷，黄奭辑刘氏《孟子注》一卷，叶德辉辑刘氏《孟子章句》，等等。

---

① ［战国］吕不韦著，陈奇猷校释：《吕氏春秋新校释·自序》，上海：上海古籍出版社，2002 年，第 2 页。

秦汉时期《孟子》研究评说

秦汉是孟学研究的滥觞时期，孟子第一次被抬高到"亚圣"的地位，这一时期出现了研究《孟子》的著作，为唐宋之后孟子地位的进一步提升和《孟子》的升经运动奠定了基础。综合秦汉的孟学研究，其特点有四，试分述之。

一、孟子及《孟子》研究随儒家思想地位的变化而变化

秦及汉初，法家思想和黄老思想迭兴，儒家思想一度陷入低谷。汉文帝时，诸子之学逐渐恢复，"《论语》《孝经》《孟子》《尔雅》皆置博士"。汉武帝采董仲舒"罢黜百家、独尊儒术"的思想方针，废罢传记博士，独立五经博士。虽然《孟子》博士被废置，但由于儒家独尊地位的确立，《孟子》作为儒家经典的重要辅助性著作，相对于儒家之外的诸子，地位显然大大提高了。此时逐渐出现了专门注释《孟子》的研究性著作，主要有赵岐《孟子章句》、程曾《孟子章句》、郑玄《孟子注》、高诱《孟子章句》和刘熙《孟子注》，其中赵岐的《孟子章句》得以完好保存至今，其他几种先后亡佚，现今只有辑本。

在儒家思想内部，孟子也逐渐脱颖而出，由孟荀并称而孔孟并称，成为仅次于孔子的"亚圣"。西汉中后期出现了将孔孟并称的现象，进入东汉，孔孟并称成为学界共识。在此过程中，孟子的地位不断上升。西汉末的扬雄，东汉的王充、赵岐都对孟子推崇有加。班固在《古今人表》中将黄帝、尧、舜、禹、汤、文、武、孔子等人列为"圣人"，位上上等；孟子为仅次于圣人的"贤者"，位上中等；而其他的思想家，最高仅能位中上等。

二、《孟子》成为汉代社会的公共思想资源和学术资源

孟子以王道、仁政、民本思想为核心的思想体系是基于天下长治久安、兼顾民众利益和统治者利益的政治主张，特别是在王朝稳定的和平时期，能够引起社会各阶层的思想共鸣，因而成为汉代社会的公共思想资源。以盐铁会议为例，参加会议的一方是以御史大夫桑弘羊为代表的政府官员，主张盐铁官营和对匈作战；另一方是从民间选拔出来的贤良文学，要求废除盐铁官营和停止对匈作战。二者针锋相对，剑拔弩张，水火不容，但都援引《孟子》的思想元素来佐证自己的观点。

根据《盐铁论》统计，贤良文学的 123 次发言中，涉及《孟子》的有 36 处，都是为自己的论证张目，自不待言；在御史大夫的 114 次发言中，亦有 16 处涉及《孟子》，虽有针对贤良文学引用的否定和批判，但也多次将《孟子》之语作为论证自己观点的重要依据。如《刺权》篇引用《孟子》"王者与人同，而如彼者，居使然也"来论证环境的重要性；《孝养》篇化

引《孟子》"食非肉不饱，衣非帛不暖"，直引"曾子养曾皙，必有酒肉"来佐证孝养需有物质之实的观点；《险固》篇引用"天时不如地利"来强调加边防的必要性。政治立场完全不同的两派都试图用《孟子》之语来说服对方，说明孟子已经成为社会共推的思想家，《孟子》成为社会共享的公共思想资源。

除此之外，孟子深通诸经，特别擅长《诗》和《春秋》。《孟子》一书多处阐释经义，因而成为公共的学术资源，被两汉学者们普遍征引，作为明事和博学的象征。

三、继承、发展了《孟子》的重要思想元素

仁政、民本和性善是孟子思想的三大基石，是孟子思想中最有价值和影响力的部分。汉代思想家们继承、发展了这些思想元素。仁政、民本无须多说，我们以性善为例，看孟子的思想元素是如何被继承和发展的。汉代的人性理论主要有贾谊、董仲舒的性三品说，韩婴的性善情恶论，扬雄的善恶混杂说，以及王充的气禀说。

孟子主张人生而有"四心""四端"，贾谊和董仲舒进一步将人性区分为三等。贾谊将之区分为上主、中主、下主，董仲舒将之区分为圣人之性、斗筲之性和万民之性。贾谊认为，上主纯善而下主纯恶，中主则"得善佐则存，无善佐则亡"[①]；董仲舒认为，圣人之性和斗筲之性都极少，不可名性，只有万民之性"有善质，而未能为善"[②]，需教化养成。无论是中主还是

---

① ［汉］贾谊撰，阎振益、钟夏校注：《新书校注》，北京：中华书局，2000 年，第 199 页。
② ［清］苏舆撰，钟哲点校：《春秋繁露义证》，北京：中华书局，1992 年，第 311 页。

万民之性，贾谊和董仲舒都默认人性中先天有善质，这些善质需要后天的环境教化来养成，这是对孟子性善论和"苟得其养，无物不长；苟失其养，无物不消"（11.8）养成论的继承，而将人性做进一步的等次区分则比孟子的认识更进一步。

韩婴主张性善情恶论，说"不知命，无以为君子"。命即仁义礼智顺善之心，是天之所生。君子和小人的区别就在于是否"知命"①。这与孟子"庶民去之，君子存之"的思想一脉相承。同时韩婴还认为，人的耳目口鼻及身体等情欲也是正常合理和必要的，但如果任其发展便成为恶，所以必须要用礼义来约束之，丰富了对人性的认识，也为解决人性中先天之善和后天之恶间的矛盾提供了一条思路。扬雄主张善恶混，认为无论圣人还是普通人，就个体而言，既有善性也有恶性，即："人之性也，善恶混。修其善则为善人，修其恶则为恶人。"② 他承认每个人先天都是有善性的，明显继承了孟子的性善论；同时他更加强调后天修养的重要性，使善成为普通人皆可企及的目标，比之孟子高不可攀的道德境界而言，更有利于普通民众接受善并践行善。王充用元气来说明人性的善恶问题，认为"人之善恶，共一元气。气有少多，故性有贤愚""禀气有厚泊，故性有善恶"③，人的善恶、贤愚都是由秉气之多少来决定的。这为孟子的性善论附加了物质的载体，也在孟子的人性论和宋明理学的人性论之间架起了一座桥梁。

---

① ［汉］韩婴撰，许维遹校释：《韩诗外传集释》，北京：中华书局，1980年，第219页。
② 汪荣宝撰，陈仲夫点校：《法言义疏》，北京：中华书局，1987年，第85页。
③ 黄晖著：《论衡校释》，北京：中华书局，1990年，第81、80页。

四、释《孟》渗入谶纬神学、阳尊阴卑等汉代思想因素

董仲舒的天人合一理论被西汉尊为官方思想之后，阳尊阴卑思想和谶纬神学便弥散到思想学术的各个角落；东汉更甚，释《孟》著作亦在所难免。我们以赵岐的《孟子章句》为例来分析。在《孟子篇叙》中，赵岐对《孟子》篇数、章数和字数的解释，篇数为7乃是法天之七政，章数为261乃是法三时之日数，字数为34685乃是法五七之数而不敢盈。这样的解释是汉代谶纬比类思维方式的体现。再如，对浩然之气"配义与道"中"道"的解释，为"道谓阴阳，大道无形而生有形，舒之弥六合，卷之不盈握，包落天地，秉授群生者也"；对"形色，天性也。惟圣人然后可以践形"的解释，为"圣人内外文明，然后能以正道履居此美形，不言居色，主名尊阳抑阴之义也"。①这些均体现了当时流行的阴阳思想与阳尊阴卑思想。

---

① ［汉］赵岐：《景宋蜀刻本孟子赵注》，桂林：广西师范大学出版社，2018年，第93、447页。

第四章
沉寂与转折：魏晋南北朝和隋唐
时期的《孟子》研究

东汉后期刚刚兴起的《孟子》研究，进入魏晋南北朝时期便跌至《孟子》研究史上的最低点。四百年间，仅仅出现了一本研究《孟子》的专著，即綦毋邃的《孟子注》，而且还失传了，所以我们今天很难得知这一时期《孟子》研究的具体情况。

隋唐时期，大一统帝国得以重建，科举考试得以创建，儒家思想地位有所恢复，但思想界儒释道并存的局面并未结束，而且佛教、道教往往高居儒家思想之上。佛道二教的迅速发展不仅给社会造成了各种各样的问题，而且导致思想领域一片混乱，帝国急需重建一统思想。中唐之后，韩愈振臂高呼，抨击佛道二教，要求重建儒家道统，并将孟子视为继孔子之后的道统传人；赵匡、杨绾、皮日休等也大力呼吁将《孟子》列入科举考试的范围。虽然这些声音没有得到官方的认可，但也促进了孟子地位的提升和《孟子》研究的发展，其间几种《孟子》研究的专著陆续出现。这些著作在延续汉代注释研究方式的基础上，也呈现出向义理阐释方式的转向。这是《孟子》学术史上的一个重要转折，也是宋代《孟子》研究的先声。

魏晋南北朝时期《孟子》研究跌至谷底

东汉后期刚刚兴起的《孟子》研究，进入魏晋南北朝时期便跌至《孟子》研究史上的最低点。四百年间，仅仅出现了一本研究《孟子》的专著，即綦毋邃的《孟子注》：

> 《孟子》七卷刘熙注。梁有《孟子》九卷，綦毋邃撰，亡。①
>
> 綦毋邃注《孟子》七卷。②

綦毋邃在史书中无传，他是什么时候的人？《元和姓纂》卷二"綦毋"条中说"江左有綦毋邃，为邵阳太守"。江左即东晋南朝，此书很可能是受《隋书》的影响，认为綦毋邃为梁人，官至邵阳太守来源于何处，则不得而知。但《隋书》只是说梁时有綦毋邃撰的《孟子》九卷，并不能表示綦毋邃是梁人；而且《隋书》又载綦毋邃撰《列女传》七卷，列于皇甫谧和杜预

---

① ［唐］魏徵、令狐德棻等撰：《隋书》，北京：中华书局，1973 年，第 997 页。
② ［宋］欧阳修、宋祁：《新唐书》，北京：中华书局，1975 年，第 1510 页。

之间，皇甫谧生活于215—282年，杜预生活于222—285年，都是西晋时人，綦毋邃当也是西晋时人。

为何《隋书》载綦毋邃撰《孟子》九卷，而《新唐书》载其撰《孟子》七卷？很可能《隋书》所载九卷包括了《孟子外书》二卷，后世学者常借这一著录上的差异来推断《孟子外书》的聚散流失。① 因此，綦毋邃所撰《孟子注》也是《孟子》学术史上一部较有影响的著作。但此书已佚，所幸李善《文选注》中曾引用了几条，清人马国翰借此而辑出《孟子綦毋氏注》一卷，收录于《玉函山房辑佚书》中。

为何魏晋南北朝时期《孟子》研究会呈现如此凋零之势？这与学术自身的发展、时代主题的转换、思想界的多元化趋势有着密不可分的关系。

首先，就学术自身的发展而言，两汉经学已是穷途末路，代之而起的是魏晋时期的玄学。先秦时期的儒学注重现实的政治和人生，在哲学层面特别是天人关系上论述较少。为了丰富和发展儒学、使儒学在诸多学说中脱颖而出，董仲舒吸收了当时流行的阴阳五行、天人感应、祥瑞灾异等社会思潮，构建了一套以天人合一为核心的理论体系——后世称之为汉代新儒学。新儒学迎合了当时大一统社会的理论需求，因而汉武帝听从了董仲舒"罢黜百家、独尊儒术"的建议，确立了儒家统治思想的地位，又在公孙弘的建议下，废罢各家博士，只设儒家的五经博士。这样就导致了如下三个结果：第一，祥瑞灾异、天人感应成为汉代的官方哲学，并发展为谶纬哲学；第二，音韵训

---

① 具体论述见第一章《〈孟子〉作者与〈孟子外书〉之谜案》。

诂、解经注经成为儒学发展的主要方式；第三，以"三纲五常"为核心的儒家名教思想成为维护政治、社会稳定的基本规则。

新儒学在确立初期的确起到了维护政治社会稳定的作用，将西汉王朝的发展推向新的顶峰，创造了汉武盛世、昭宣中兴等历史奇迹，但是随着时间的推移，新儒学的弊端也日渐显露出来。

第一，王莽利用灾异祥瑞、谶纬、天人感应的思想，大肆制造各种祥瑞，为自己篡夺西汉皇权制造声势。如公元 6 年，汉平帝死，身为辅政大臣的王莽为了把持朝政，在皇室中找了一个两岁的孩子刘婴作为傀儡，同时指示心腹制造符瑞，为自己做皇帝制造舆论。很快，武功县的县长孟通挖井得石，丹书云"告安汉公莽为皇帝"。王莽于是"摄皇帝"，做了代理皇帝。接着，齐郡临淄县昌兴亭长辛当天晚上做梦，梦见一个人对自己说："吾，天公使也。天公使我告亭长曰：'摄皇帝当为真。'即不信我，此亭中当有新井。"亭长第二天起来到亭中查看，果然有一口新井①。梓潼人、太学生哀章，做了个铜柜子，在里面放入两道封书题签，一是"天帝行玺金匮图"，二是"赤帝行玺传予黄帝金策书"表明王莽是真天子。在天下普献祥瑞的氛围中，王莽成功地篡夺了皇位。东汉光武帝刘秀也是利用谶纬推翻了王莽统治，建立起东汉政权，并且将谶纬利用到日常的政务处理中。例如，刘秀在谶文中读到一句"孙咸征狄"，恰好他手下有个人叫孙咸，就任命他为平狄将军；读到"王梁主卫作玄武"，他想战国末年卫国灭亡后迁到了野王这个地方，

---

① ［汉］班固：《汉书》，北京：中华书局，2000 年，第 3006 页。

玄武是水神之名，司空是水土之官，恰好那时的野王令名叫王梁，刘秀就任命他为司空。谶纬已经发展到荒唐的地步，很难让人信服。

第二，以音韵训诂、解经注经的儒学发展模式已经走向烦琐、封闭和衰败，尽管东汉末年很多学者做出努力，试图挽救这种局面，但毕竟穷途末路，终无回天之力。对此，上章已详细分析，此不赘述。

第三，以"三纲五常"为核心的儒家名教日益沦为全国上下沽名钓誉的政治手段。两汉时期的选官制度是察举制，即由地方官员进行推荐，然后到中央进行考察策试，合格便可出任官员。地方官员推荐的一个重要依据就是乡里评议。有的人为了博取乡里人的好评，便弄虚作假，以伪君子的面目示人。比如，东汉后期青州有一个叫赵宣的人，父母去世后，不封闭墓门，在墓中为父母守孝20多年，乡里人一致称孝。郡守便把他推荐给青州刺史，青州刺史一调查，发现赵宣在墓中守孝期间竟然在墓隧之中生了五个子女。按照儒家的礼制，子女在为父母守孝期间是不能婚嫁，也不能行夫妻之实的。赵宣虽居墓室，但并没有为父母守孝，是个十足的伪君子。当然，和赵宣一样是伪君子但并没有被发现的大有人在，导致普遍出现"举秀才，不知书。察孝廉，父别居。寒素清白浊如泥，高第良将怯如鸡"的状况。本来维护政治生活秩序的名教与道德沦为窃取名利的工具，它的价值与地位也就日益降低。

汉代新儒学在哲学体系、核心思想和文本释读等多个方面都发展到了尽头，陷入发展的僵局。魏晋的思想家们重新审视儒家思想，用《周易》《老子》《庄子》中的自然哲学来重新诠释儒学，为其构建新的哲学体系，提出"贵无""崇有"等哲学主张；在经典诠释上注重阐释义理；在对待名教的态度上甚至出现"越名教而任自然""无君论"等极端思想；在生活上不拘小节，放浪旷达。在这种探讨玄理的学术氛围和放达的社会风尚中，《孟子》很难成为学者们关注的对象。

其次，统治思想的转变。汉代新儒学的发展困境直接导致其统治思想独尊地位的丧失，加之汉末农民起义、群雄割据接踵而至，法家、兵家思想大行其道，因而儒家思想因其"迂远而阔于事情"被敬而远之、束之高阁。曹操为得到能辅佐自己成就霸业的人才，曾经三次下求贤令，其中说道：

> 今天下尚未定，此特求贤之急时也……今天下得无有被褐怀玉而钓于渭滨者乎？又得无盗嫂受金而未遇无知者乎？二三子其佐我明扬仄陋，唯才是举，吾得而用之。
>
> ……
>
> 夫有行之士未必能进取，进取之士未必能有行也。陈平岂笃行，苏秦岂守信邪？而陈平定汉业，苏秦济弱燕。由此言之，士有偏短，庸可废乎！有司明思此义，则士无遗滞，官无废业矣。
>
> ……
>
> 昔伊挚、傅说出于贱人，管仲，桓公贼也，皆用之以兴。萧何、曹参，县吏也，韩信、陈平负污辱之名，有见笑之耻，卒能成就王业，声著千载。吴起贪将，杀妻自信，散金求官，母死不归，然在魏，秦人不敢东向，在楚则三晋不敢南谋。今天下得无有至德之人放在民间，及果勇不

顾，临敌力战；若文俗之吏，高才异质，或堪为将守；负污辱之名，见笑之行；或不仁不孝而有治国用兵之术：其各举所知，勿有所遗。[1]

　　曹操在《求贤令》中提到的"被褐怀玉而钓于渭滨者"指的是姜子牙，姜子牙年轻时做过屠夫、开过酒店，但皆一事无成，70 岁时仍然闲居在家；"盗嫂受金"者指的是陈平，相传陈平在家时和嫂子通奸，加入刘邦的军队后又收受将领的贿赂；苏秦是燕国的臣子，用欺骗的方法取得齐王的信任，又利用齐王对自己的信任挑拨齐国君臣之间的关系，削弱齐国力量，以保全燕国的安全；管仲是齐桓公的臣子，早年在齐桓公和哥哥公子纠争夺君位的斗争中辅佐的是公子纠，并且曾经射伤齐桓公，齐桓公取得胜利后，管仲没有为主殉身，转而辅佐了齐桓公；吴起是战国时期卫国人，年轻时为了当官而倾家荡产，遭到乡里人讥笑，一怒之下杀死乡亲三十多人，之后出逃鲁国，母亲去世时也没有回家奔丧，并在鲁国和齐国交战时杀死身为齐国人的妻子，以换取鲁穆公的信任。

　　这些人，从儒家思想的角度去看，都是不忠不孝、不仁不义之人，可是他们拥有非凡的才能。姜子牙辅佐周武王推翻商朝统治，取得天下；陈平辅佐刘邦获得天下；苏秦成功帮助燕国度过危机；管仲辅佐齐桓公成就霸业；吴起后来在魏国进行军事改革，使魏国一跃而成为战国第一强国，后又到楚国进行

① ［晋］陈寿撰，［宋］裴松之注：《三国志》，北京：中华书局，1959 年，第 32、44、49 页。

政治改革，使中原强国不敢南向。曹操提出"唯才是举"的主张，即可以不考虑人才的德行，只要有才，能为我所用即可。他明确地说"有行之士未必能进取，进取之士未必能有行"，其第三次求贤令的标题就是《举贤勿拘品行令》，要求"负污辱之名，见笑之行；或不仁不孝而有治国用兵之术：其各举所知，勿有所遗"。

在这样的国家指导思想之下，年轻学子们纷纷弃儒就法，由研习孔孟转向研习商韩，学习法术之道。杜恕曾上疏魏明帝："今之学者，师商、韩而上法术，竞以儒家为迂阔，不周世用，此最风俗之流弊。"① 但积重难返，不重视儒家学说的状况很难因一纸上书就得以改变。

最后，思想的多元化。因为儒家的衰落，佛道二教在此时乘虚而起。佛教在两汉之际就已经传入中国，但是并无多大影响，被人们视为方术而依附于黄老道术传播。汉末魏晋，天下大乱，民不聊生，朝不保夕，佛教因果报应、生死轮回等思想迎合了人们的思想需求，开始广泛传播开来。其表现有三个方面。

第一，出现了一批高僧，如安世高、支谶、佛图澄、释道安、鸠摩罗什、慧远等。安世高是第一位来华僧人，他原是安息国的太子，自幼信奉佛教，即位一年之后，将王位让于叔叔，出家修道。他精通禅学和阿毗昙学，遍游西域诸国，弘传佛法，于东汉建和元年（147）到达洛阳。支谶，全名支娄迦谶，本是月氏国人，东汉桓帝末年来到洛阳，是最早将大乘佛教传入中

---

① ［晋］陈寿撰，［宋］裴松之注：《三国志》，北京：中华书局，1959 年，第 502 页。

国的西域僧人。佛图澄，龟兹人，9 岁出家，两度到罽宾国学法，晋怀帝永嘉四年（310）年来到洛阳。他学识渊博，见识超群，能诵经数十万言。西域和中土佛教徒跋山涉水、不远万里来向他求学，门下常有数百人追随，门徒前后达万人。释道安，本土僧人，常山抚柳人，12 岁出家为僧，24 岁成为佛图澄的弟子，是前秦著名的佛教学者。鸠摩罗什 7 岁出家，游学天竺诸国，遍访名师，精通大乘、小乘佛经，佛教造诣极深。建元十九年（383），前秦将领吕光攻打西域，将其带到甘肃凉州，他便在凉州一带弘扬佛法。慧远，本姓贾，雁门郡人，出生于书香之家。慧远自幼资质聪颖，勤思敏学，13 岁时随舅父游学许昌、洛阳等地，精通儒学，旁通老庄；21 岁时，前往太行山聆听释道安讲解《放光般若》，豁然开悟，认为佛教远胜儒道，于是舍俗出家，为道安的上座弟子，善于般若，兼通阿毗昙、戒律、禅法等。

　　第二，佛经被大量翻译成汉文，为佛教的传播扫除了语言上的障碍。上述高僧都在佛经翻译方面做出了卓越的贡献。安世高通晓汉语，是小乘佛教的首译者。据释道安编撰的《综理众经目录》记载，安世高所译经典共 35 种、41 卷，现存 22 种、26 卷，主要有《阿毗昙五法四谛》《十二因缘》《八正道》《禅行法想》等。支谶是在中国翻译和传播大乘佛教的创始者，东汉灵帝光和至中平年间（178—189）在洛阳翻译了大量佛教经典，主要作品有《般若道行经》《般若三昧经》《首楞严经》等。后秦弘始三年（401），姚兴攻打后凉，亲自迎接鸠摩罗什入长安，以国师礼待之，并在长安逍遥园西明阁组织了规模宏大的译经场，请鸠摩罗什主持译经事业。此后十多年间，鸠摩罗什在此潜心译经、说法。据文献记载，帮助鸠摩罗什译经的名僧有"八百余人"，远近而至求学的僧人有三千之众，故有"三千弟子共翻经"之说。据《出三藏记集》记载，鸠摩罗什和弟子共翻译经论 35 部、294 卷，其中重要的有《大品般若经》《小品般若经》《妙法莲华经》《金刚经》《维摩经》《阿弥陀经》《佛说首楞严三昧经》《十住毗婆沙论》《中论》《十二门论》《百论》《成实论》及《十诵律》等，系统介绍龙树中观学派的学说，其中"三论"（《中论》《十二门论》《百论》）成为三论宗的主要依据；《成实论》成为成实学派的主要依据；《法华经》成为天台宗的主要依据；《阿弥陀经》成为净土宗所依"三经"之一等。根据唐代高僧智升的《开元释教录》所列，魏晋南北朝时期译经达 1621 部。释道安和慧远作为中国本土僧人，致力于用中国传统文化来解释佛教经典，为佛教中国化做出了杰出的贡献。慧远还创建了口念"阿弥陀佛"四字真经便可往生阿弥陀佛主宰的极乐世界的净土理论和简便易行的修行方法，以便广大信徒更好地崇信佛法。

第三，统治者大力提倡佛教。佛教宣扬因果报应、劝善惩恶，其教义和儒家的纲常伦理相结合后，具有强大的教化功能。南朝大臣何尚之说："百家之乡，十人持五戒，则十人淳谨矣；千室之邑，百人修十善，则百人和厚矣。传此风训，以遍宇内，编户千万，则仁人百万矣。"[1] 意思是，拥有百户的乡村，有十个人信佛，就有十个淳厚、谨善的人；拥有千户人家的城镇，有一百个人信佛，就有一百个淳厚、谨善的人。这样的风气如

---

① 刘立夫、魏建中、胡勇译注：《弘明集》，北京：中华书局，2013 年，第 717 页。

果传遍国内，那么一千万的编户齐民，就有仁人一百万。正是因为这样强大的教化功能，魏晋南北朝时期的许多皇帝都非常重视、推崇佛教，不断掀起崇佛的高潮。在北朝，北魏的文成帝、献文帝、孝文帝等都大力扶持佛教。文成帝让昙曜和尚在大同主持开凿云冈石窟，开窟五所，每窟建一尊佛像，这五尊佛像分别以北魏道武、明元、太武、景穆、文成五帝为原型。孝文帝也十分笃信佛教，经常到佛寺中和僧人一起讨论佛教义理，还亲自为出家的僧人和尼姑剃发、颁僧服。迁都洛阳后，他在洛阳广建寺院，少林寺就是他为西域的一位僧人所建的寺院。到北魏末年，洛阳共有寺院 1367 所。东魏的杨衒之写了一本书叫《洛阳伽蓝记》，里面描绘了洛阳佛寺的盛况。

在南朝，扶持佛教力度最大的是梁武帝。梁武帝是梁政权的开创者，在他当皇帝的第三年，就正式宣布以佛教作为国家的政治主导思想。他写了一篇《舍道事佛文》，亲自率领僧俗两万多人，发愿信奉佛教，要求王公贵戚乃至平民百姓都要信仰佛教。他在都城建康广建寺院和佛像，最多的时候有 500 多所。唐代诗人杜牧的诗句"南朝四百八十寺，多少楼台烟雨中"，描写的就是梁武帝时建康广建寺院的情景。梁武帝严格按照佛教的戒律生活，写有《断酒肉文》，中国的佛教徒吃素就是从梁武帝时开始的。梁武帝还三次舍身佛寺，要出家当和尚，被大臣用重金赎回。

道教是中国土生土长的宗教，是道家思想与民间鬼神信仰和神仙方术相结合的产物。最早的道教出现于东汉末年，主要有太平道和五斗米道。太平道，创始人是河北巨鹿人张角，主要流行于今山东、河北、河南一带，因遵奉《太平经》而得名。

五斗米道，创始人是张道陵，主要流行于今四川北部、陕西南部一带，因入道的人要交五斗米作为入教费用而得名。太平道和五斗米道都是准军事化、准行政化的组织，张角利用太平教发动了黄巾起义，张鲁利用五斗米道在汉中建立了一个政教合一的政权。黄巾起义被曹操镇压，黄巾军被曹操收编为青州兵，张鲁政权也被曹操征服，张鲁全家和他的主要臣僚被迁到邺城。五斗米道也被带到上层社会中，社会上层的士大夫对道教追求长生以及养生的知识和方法很感兴趣。为了迎合社会上层的需求，也为了道教的生存和发展，道教主动做出调整。首先，将原先准军事化的政教合一的组织改为以"洞天福地"为架构的纯宗教性组织。"洞天福地"被认为是神仙们的居住之地，也是道教徒修炼的最佳地点，遍布全国的名山大川，具体有"十大洞天""三十六小洞天""七十二福地"等。其次，以儒家伦理道德为标准，改革道教中不文明的仪式。改革后的道教，政治色彩越来越淡，重心向延年益寿、得道成仙转移。社会上层在接纳道教的同时，也给道教注入玄学、佛教中寻求精神超越的内容，形成以"内修外炼"为核心的养生与成仙之道。

由于道教相信鬼神的存在，有一套等级分明的神仙系统，其符箓通常被认为传达的是天神的旨意，所以道教常常被统治者用来证明君权神授。北魏太武帝遵奉道教为国教，以寇谦之为天师，在京城的东南方建了一座五层高的道场，他还亲自到道场接受符箓，随从车马旗帜全部用青色——道教尊崇青色，并且把年号改为极富道教意味的太平真君。从此以后，北魏每一位新皇帝登基，都要到道场接受符箓，以表明君权神授，每有国家大事，还往往征求天师的意见。南朝梁武帝萧衍，在没有做皇帝之前，和茅山宗的创始人陶弘景是好朋友。南齐末年，他准备代齐而立，但对于以什么为国号，还拿不定主意。当时流行着一首童谣："水丑木为梁字。"陶弘景根据这首歌谣和预卜吉凶的书籍，说国号应该是"水刃木处"，拼起来就是"梁"字。萧衍采纳了他的建议，定国号为梁。之后，萧衍非常感谢陶弘景，想请陶弘景出山做官，陶弘景不愿意。于是国家每遇到重大的事情，需要做出决策，萧衍就派人到山中向陶弘景咨询，每月要咨询好几次。所以，当时的人称陶弘景为"山中宰相"。

在士大夫和统治者推崇玄学、法家、兵家、佛教、道教思想，甚至公开表示要将法家、道教或佛教作为统治思想的情形下，儒学的没落在所难免。《孟子》被人冷落，自然也在情理之中。

隋唐时期《孟子》研究的重新崛起

隋唐时期，随着大一统政权的重新建立，提倡王道政治和风俗教化的儒家思想重新受到统治者的青睐，隋文帝于开皇三年（583）诏令天下劝学行礼，全国上下，从京师到各州县，都开办学校，学习儒家的道德礼仪。一时之间，学者们"负笈追师，不远千里，讲诵之声，道路不绝。中州儒雅之盛，自汉、魏以来，一时而已"①。唐朝的学校教育仍然以儒家经典为主。为了统一经义，唐太宗让国子祭酒孔颖达撰五经正义，作为儒家经典注释的标准。虽然国家提倡的儒家经典以《诗》《书》《礼》《易》《春秋》五经为主，没有带来《孟子》的繁荣，但儒家学说的复兴打破了魏晋南北朝时期《孟子》研究的沉闷局面，使《孟子》研究出现重新崛起的迹象，晚唐时期甚至出现了孟子升格运动。

一、隋唐时期《孟子》研究重新崛起的表现

隋唐时期《孟子》研究的重新崛起，表现在如下三个方面。

---

① ［唐］魏徵、令狐德棻等撰：《隋书》，北京：中华书局，1973 年，第 1706 页。

第一，《孟子》成为士人们经常引用的典籍之一。由于《孟子》中所体现的思想与儒家经典一致，特别是和孔子思想一脉相承，所以《孟子》成为士人们常常引述的对象。贞观十四年（640），魏徵在给唐太宗的奏疏中论及君臣关系，引用了《离娄下》第3章中的"君之视臣如手足，则臣视君如腹心；君之视臣如犬马，则臣视君如国人；君之视臣如土芥，则臣视君如寇仇"，借以说明君臣之间应是一种对等的关系，臣子可以根据君主对自己的态度决定去留。文宗时期，宦官党羽郑注诬陷宰相宋申锡谋反，文宗听信谗言，要处死宋申锡。谏议大夫崔玄亮据理力争，文宗不听。最后崔玄亮跪下，哭着对文宗说："孟轲有言：'众人皆曰杀之，未可也。卿大夫皆曰杀之，未可也。天下皆曰杀之，然后察之，方置于法。'今至圣之代，杀一凡庶，尚须合于法典，况无辜杀一宰相乎？"文宗听后，若有所悟，将对宋申锡的处罚改为流放。崔玄亮所引孟轲言，由《梁惠王下》第7章中"左右皆曰可杀，勿听；诸大夫皆曰可杀，勿听；国人皆曰可杀，然后察之；见可杀焉，然后杀之"转化而来，借以说明杀人要慎重，多听取众人的意见。代宗永泰年间，关中大旱，物价飞涨。时任河东盐铁使裴谞入朝奏事，一见面，代宗就问他盐铁的利润有多少、一年的收入有多少。裴谞迟迟未回答，代宗便又问了一遍，这时裴谞才慢慢地说了句："我正在思考问题。"代宗问："你在思考什么？"裴谞说："我从河东来到京师，途经三百里，由于天气干旱，庄稼不能下种，所到之处农民愁苦忧伤。本以为陛下体念天下百姓，一定会先问我百姓的疾苦，没想到陛下关心的是盐铁的盈利。孟子曰：'理国者，仁义而已，何以利为？'所以没敢马上回答。"裴谞所引孟子言，出自《梁惠王上》首章中孟子对梁惠王所说的"何必曰利！亦有仁义而已矣"。

《孟子》不仅在政治上成为君臣对话的价值依据，在文学作品中也常被引述，如王勃在《上绛州上官司马书》中提及孟子的浩然之气，说"有时无主，贾生献流涕之书；有志无时，孟轲养浩然之气"；梁肃《梁高士碣》中有"孟子称：'闻柳下惠之风者，鄙夫宽，薄夫敦'"等。有学者通检《全唐诗》和《全唐文》，发现："唐代士人对孟子的关注，从初唐到中晚唐明显地呈现出渐次增强的态势。初盛唐时期，只有魏徵、刘知幾、卢照邻、王勃、张九龄、李华、杨绾、赵匡等人在其诗文中提到孟子，但是到了中晚唐，人数就明显增多了。如梁肃……程晏等。这其中不仅有韩愈、柳宗元、白居易、李商隐、杜牧等诗文大家，还有李宗闵、李德裕、权德舆等在政治上有影响的士人。可见，在中晚唐的士人阶层，关注孟子已成为一种很普遍的文化现象。"[①]

第二，中唐之后出现了研究《孟子》的著作。见于著录的有五部，分别是陆善经的《孟子注》、张镒的《孟子音义》、丁公著的《孟子手音》、刘轲的《翼孟》和林慎思的《续孟子》。

陆善经《孟子注》　　新旧唐书均无陆善经传，其个人具体信息和身世皆无从考证；《新唐书·艺文志》和《宋史·艺文志》均著录其《孟子注》七卷，可惜此书已佚。幸运的是，宋代孙奭所作《孟子音义》中曾对其注加以引用。清人马国翰从

---

① 兰翠：《韩愈尊崇孟子探因——兼论唐人对孟子的接受》，《烟台大学学报》2011年第2期。

中辑录出十六条，收于《玉函山房辑佚书·经编·孟子类》中。这是我们研究陆氏《孟子注》的重要文献依据。

《崇文总目》载"善经，唐人，以轲书初为七篇，因删去赵岐章旨与其注之繁重者，复为七篇"，即陆善经对赵岐将《孟子》书裂为十四篇、每篇加章旨的做法不满意，于是删去赵注中的章旨与注释中烦冗、重复者，重新恢复《孟子》七篇的整体结构。可见，陆善经在做《孟子注》时很有自己的见解。不过，从马国翰所辑录的十六条佚文来看，陆氏对《孟子》的注解多有望文生义之嫌。试举两例。

《尽心上》第13章中，孟子曰："霸者之民欢虞如也，王者之民皥皥如也。杀之而不怨，利之而不庸，民日迁善而不知为之者。夫君子所过者化，所存者神，上下与天地同流，岂曰小补之哉？"对于"夫君子所过者化，所存者神"的解释，赵岐注为："圣人如天，过此世能化之；存在此国，其化如神。"意思是，圣人所生活过的地方，人民就被感化；圣人所在之处，更会产生神奇的效果。陆氏却注为"言君子所过人者，在于政化；存其身者，在于神明"，显然与全章圣人教化的主旨不合。

《尽心上》第26章中，孟子曰："杨子取为我，拔一毛而利天下，不为也。墨子兼爱，摩顶放踵利天下，为之。子莫执中，执中为近之。执中无权，犹执一也。所恶执一者，为其贼道也，举一而废百也。"对于"子莫执中"的解释，赵岐注为："子莫，鲁之贤人也。其性中和专一者也。"赵岐认为子莫为人名，子莫执中与杨子为我、墨子兼爱构成三种不同的态度，是顺畅、恰当的。陆氏则解释为"子等无执中"，这便与后面的"执中为近之"意思相反，前后不连贯、不畅通，显然不知子莫为人名，乃望文生义而已。

此外，陆氏所用版本也与今天所流传下来的版本有所不同。如马国翰辑录陆氏注《尽心下》第 38 章的最后一句为："近圣人之居若此其甚也，然而无乎尔，则亦有乎尔。"注释为："孟子意自以当之，邹鲁相邻，故曰近圣人之居。无乎尔，有乎尔，疑之也，此意以况绝笔于获麟也。"今天所流传下来的版本为"然而无有乎尔，则亦无有乎尔"。陆氏所解似孟子有所疑，而今所流传的版本则为孟子很坚定地相信自己就是孔子思想的传人，二者从文本到意思都有很大的不同。为什么会有这样的差异，是陆氏所用版本不同还是陆氏以己意改之，则不得而知。

张镒《孟子音义》　　张镒，字季权，又字公度，唐代中后期人，新旧唐书均有传。代宗大历年间任濠州刺史，后迁任中书侍郎、集贤殿学士，德宗建中年间出任凤翔、陇右节度使，遭属下李楚琳叛乱被杀，追赠太子少傅。《旧唐书·张镒传》记载了张镒平生著作，其中有《孟子音义》三卷，同书《经籍志》中没有著录；《新唐书·艺文志》和《宋史·艺文志》都有著录，皆为三卷。但宋代之后逐渐亡佚，以后的史志中再无著录。幸而北宋孙奭的《孟子音义》和朱熹的《孟子注》中引用了不少张镒的说法。清人马国翰因而辑出 94 条，收于《玉函山房辑佚书·经编·孟子类》中。

孙奭在《孟子音义·序》中说："其书（《孟子》）由炎汉之后盛传于世，为之注者则有赵岐、陆善经。为之音者，则有张镒、丁公著。"张镒是为《孟子》注音的第一人，故孙奭强调其"为之音者"。其实，张镒不仅为《孟子》注音，也有对词义的解释，而且由于时代的发展和语言的流变对词义有更加清晰的辨析或不同的解释。

如《离娄下》第2章载："岁十一月，徒杠成。"赵岐注曰："周十一月，夏九月，可以成步渡之功。"可能是因为汉距战国较近，"徒杠"之义不言自明，所以赵岐未加特别解释。唐代中后期距战国已有千年之久，人们不解"徒杠"为何意，所以张镒解释说："徒杠成。杠，方桥也。可通徒人行过者。"意思清晰、明了。《告子下》第6章载："三子者不同道，其趋一也。"意思是伯夷、伊尹、柳下惠三人虽然行为不同，但是对"仁"德的追求是一致的。赵岐注为："此三人虽异道，所履者一也。"张镒注为："趋读趣，言其趣而正道无异也。"赵岐以"履"释"趋"，张镒以"趣"释"趋"。《释名》中曰"疾行曰趋"，与"履"字义相近，所以赵岐的解释是正确的。"趣"在上古时与"趋"音同、义通，魏晋时期又出现了"旨趣、意味"的意思，所以张镒以此释"趋"也是合适的。二者对"趋"的解释虽然不同，但都符合原文的意思，异曲同工，体现的是不同时代的表达习惯与语言特色。

张镒《孟子音义》中的词义解释也体现了学术研究的发展和深入。如《告子上》第1章中，告子说："性犹杞柳也，义犹杯棬也。"对"杯棬"的解释，赵岐曰"杯棬，杯素也"，张镒曰"杯棬，屈木为之"。赵岐所释"杯素"是指未经雕饰尚不能使用的杯盘胎胚，张镒所释为可以使用的饮具。张镒所释可能来自郑玄《礼记注·玉藻》篇"母没而杯圈不能饮焉"，注曰"圈，屈木所为，谓卮、匦之属"。①

丁公著《孟子手音》 丁公著，字平子，苏州人，新旧唐书皆有传。少年好学，举明经高第，历任集贤殿校理、太子文学、工部侍郎、河南尹、吏部尚书、太常卿等职，终年 64 岁，追赠尚书右仆射。《唐书》本传中著录其著作有《皇太子及诸王训》十卷、《礼志》十卷，未提及《孟子手音》，《旧唐书·经籍志》和《新唐书·艺文志》也未著录，只有《宋史·艺文志》中著录有一卷，宋之后此书逐渐亡佚。孙奭的《孟子音义》和朱熹的《孟子集注》引用了不少丁公著的注解。清人马国翰据此辑录出 214 则，收于《玉函山房辑佚书》，我们可以据此窥《孟子手音》之一斑。

《孟子手音》的注释有两个特点。一是音义结合，解释更加清晰。如《梁惠王上》第 5 章曰："寡人耻之，愿比死者壹洒之，如之何则可?"对于"洒"字，丁注曰"洒音洗，谓洗雪其耻也"，即以"洗"释"洒"。《说文解字》云"洒，涤也"，段玉裁注曰："沫，洒面也；浴，洒身也；澡，洒手也；洗，洒足也。今人假洗为洒，非古字。"段玉裁还说："洗读跣足之跣。自后人以洗代洒涤字，读先礼切。"② 意即洒的本意就是洗，后来用"洗"代替了"洒"字，字音也发生了变化。赵岐所生活的汉代，还未发生这样的语言变化，所以赵岐未注；到了唐代发生了变化，所以丁氏注之。再如《梁惠王下》第 1 章载，（孟

---

① ［汉］郑玄注，［唐］孔颖达正义:《礼记正义》，上海:上海古籍出版社，2008 年，第 1241—1242 页。

② ［汉］许慎撰，［清］段玉裁注:《说文解字注》，上海:上海古籍出版社，1988 年，第 563—564 页。

子）曰："王之好乐甚，则齐其庶几乎，今之乐由古之乐也。"
（王）曰："可得闻与？"（孟子）曰："独乐乐，与人乐乐，孰
乐？"对于"独乐乐"，丁注曰："独乐乐，上音岳，下音落。"第
一个"乐"是音乐的乐，指欣赏音乐；第二个"乐"是快乐的
乐，是高兴、快乐的意思。这种注释音义结合，句意清晰、明了。

二是在前人研究的基础上，对字义、词义有更为深入、清
晰的解释。如《滕文公下》第 3 章中"不待父母之命、媒妁之
言"，对"媒妁"二字，赵岐未注，大概觉得不言自明。丁注
曰："谓媒氏酌二姓之可否，故谓之媒妁也。"《说文解字》对
"媒妁"二字的解释为："媒，谋也。谋合二姓者也""妁，酌
也。斟酌二姓者也。"[1] 这当是丁氏注释的来源。再如《告子
下》载："掊克在位，则有让。"赵岐注曰："掊克不良人在位，
则责让之。"对"掊克"一词，说"不良之人"，但对于如何不良
则未加深究。丁氏则进一步注曰："掊，薄侯切，深也，聚敛也。"
意即不良是通过聚敛、剥削的方式，解释得更加具体深入。

丁注对《孟子》字音、字义的注释可谓精审、独到，对后
世的影响较为广泛，所以孙奭、朱熹的著作才大量引用。可惜
的是，全本未能流传下来。

林慎思《续孟子》和刘珂《翼孟》 前面介绍的三种著作
可以说是《孟子》的注释类著作，林、刘二人的著作可以说是
《孟子》的研究类著作。

林慎思为唐代末期人，字虔中，号伸蒙子。唐懿宗时中进

---

① ［汉］许慎撰，［清］段玉裁注：《说文解字注》，上海：上海古籍出版社，1988
年版，第 613 页。

士，历任秘书省校书郎、水部郎中、万年县令等。880 年，黄巢起义军攻占长安，林慎思抵抗被擒而死。他的《续孟子》在《崇文总目》和《通志·艺文略》中有著录，均为二卷，与今本卷数相同。根据《崇文总目》的记载，林慎思认为，《孟子》是孟子的弟子所撰，不能准确、完整地表达孟子的思想。为了更好地阐释孟子的思想，他写了《续孟子》一书。《续孟子》分为十四篇，分别是《梁大夫》《梁襄王》《乐正子》《公都子》《高子》《公孙丑》《屋庐子》《咸丘蒙》《齐宣王》《万章》《宋臣》《庄暴》《彭更》《陈臻》，亦采用孟子与弟子对话的体例，思想内容比之《孟子》并无多少不同。

刘轲为唐代晚期人，字希仁，少年好学，元和十三年（818）中进士，历任弘文馆学士、史馆修撰、侍御史、洛州刺史等职。刘轲文采出众，著述颇丰，特别喜欢《孟子》，研究也较为深入，所著《翼孟》"而圣人之旨，作者之风，往往而得"，得到同时代人白居易的称赞。宋人周必大曾说："昔唐彭城刘轲慕《孟子》而命名，著《翼孟》三卷，白乐天记其事，赖以不朽。"① 可见白居易的称赞大大增强了《翼孟》的影响力。可是不知什么原因，宋代之后该著作却亡佚了。唯一著录该著作的是清代的《经义考》，但《经义考》的作者朱彝尊也没有见过该书。

第三，要求抬高孟子地位的呼声日益高涨。随着《孟子》研究的逐渐复苏，政府中出现了提高《孟子》地位的声音——

---

① ［宋］马端临著，上海师范大学古籍研究所、华东师范大学古籍研究所点校：《文献通考》，北京：中华书局，2011 年，第 5434 页。

前有赵匡、杨绾，后有皮日休、韩愈。赵匡、杨绾、皮日休要
求将《孟子》列入科举考试的科目，韩愈则提高孟子在儒家道
统中的地位。

　　科举考试是隋唐时期确立定型的人才选拔制度，有常科和
制科两种形式。常科每年分期举行，制科是由皇帝下诏临时举
行的考试。常科又分为秀才、明经、进士、明法、明字、明算
等科，其中以明经和进士两科最为重要。明经科主要以儒家经
典为考试内容，唐代将五经中的《礼》拆为《礼记》《周礼》
和《仪礼》，将《春秋》分为《春秋左传》《公羊传》和《春秋
穀梁传》，加上《诗经》《尚书》《周易》，共九部经。九经之
外，唐朝的皇帝还会根据自己的喜好，额外增加其他经典作为
"明经科"的必考内容。如高宗下诏将《老子》作为考试内容；
武则天下令停试《老子》，改试她自撰的《臣轨》两篇；玄宗
时设道举科，以《老子》《庄子》《文子》和《列子》作为考试
内容；文宗时在九经基础上增加《尔雅》《论语》《孝经》，成
为十二经。这些所增加的内容中都没有《孟子》。

　　唐中期之后，随着《孟子》研究的复苏，一些官员建议将
《孟子》也列入科举考试的内容。首倡者是赵匡，他在《举人条
例》中说："其有通《礼记》《尚书》《论语》《孝经》之外，
更通《道德》诸经，通《元经》《孟子》《荀卿子》《吕氏春
秋》《管子》《墨子》《韩子》，谓之茂才举。达观之士，既知经
学，兼有诸子之学，取其所长，舍其偏滞，则于道理，无不该
矣。"[1] 意思是，学问、见识广博的士人，不仅通晓经学，也通

---

[1]　［清］董诰等编：《全唐文》，北京：中华书局，1983 年，第 3604 页。

晓诸子之学；诸子之学较多，应该取士人擅长的，舍弃其不擅长的，所以应该将更多的诸子学纳入科举考试的范围之内，其中就包括《孟子》。杨绾紧随其后，于肃宗宝应二年（763）——杨绾时任礼部侍郎——在一封奏疏中建议将《孟子》列为孝廉举人兼习可考试的内容之一。他说："孝廉举人，请取精通一经。每经问义二十条，皆须旁通诸义，深识微言……《论语》《孝经》，圣人深旨；《孟子》，儒门之达者，望兼习此三者为一经。"① 他直接将《孟子》与《论语》《孝经》并列为一经，抬高了《孟子》的地位。这也是首次提出将《孟子》列为经书，是后世《孟子》升经的先声。时隔百年之后，懿宗咸通年间，皮日休撰写《请〈孟子〉为学科书》，建议将《孟子》增列到设科取士的经书序列。他说，我听说圣人的道理，没有超过经书的；次于经书的是史书，次于史书的是诸子文章。诸子文章离不开圣人之道的，是《孟子》。《孟子》虽然不是经，却能够与经典相媲美，完全能阐释圣人精妙、深奥之微旨，理应进入传承圣人大道的序列。而《庄子》《列子》皆为荒唐之文，学习庄列会成为方外之士、洪荒之民，不利于国家的统治。为了国家能够选拔忠诚效力之士，他以身家性命为担保，建议"有司去庄、列之书，以《孟子》为主。有能精通其义者，其科选视明经"② 。但是，微言希声，他们的建议都没得到统治者的答复，更没有付诸实施。《文献通考·选举考》中记载："懿宗咸通四年，进士皮日休上疏，请以《孟子》为科……不报。"

---

① ［清］董诰等编：《全唐文》，北京：中华书局，1983 年，第 3357 页。
② ［清］董诰等编：《全唐文》，北京：中华书局，1983 年，第 8350 页。

"不报"即是说皮日休的建议没有到达皇帝那里就被有关部门给卡住了，被皇帝采纳、实行就更谈不上了。但他们的努力，至少在舆论上提高了《孟子》的地位。

中唐之后的韩愈从道统的角度，将孟子抬高到儒家道统传人的关键地位。他认为，儒家学说自古以来就有一个传授的系统，这个系统从尧舜时期就开始了，"尧以是传之舜，舜以是传之禹，禹以是传之汤，汤以是传之文武周公，文武周公传之孔子，孔子传之孟轲，轲之死，不得其传焉"①。孟子是儒家道统中的关键人物，在唐代要追溯儒家的本源必须自孟子上溯，要开辟儒家的未来也必须从孟子开始，这样孟子在儒家的传承中就有了特殊的地位。这样的声音在唐后期的思想界可谓振聋发聩，虽然没有得到中央的回应，但在地方上却有了些许的回响。

唐代重新重视儒家学说，抬高孔子的地位。唐太宗贞观六年（632），停祭周公，升孔子为先圣，设孔庙，孔子的爱徒颜回配享孔庙；贞观二十一年（647），增设21位经学大师配享孔庙，从春秋时期的左丘明、卜子夏到汉代的高堂生、孔安国，再到魏晋时期的杜预、范宁等，但没有孟子。不过在地处东南的处州，却有将孟子配享孔庙的做法。处州刺史李繁上任后，重新修建孔子庙，并且让画工将孔子的七十二个门生"及后大儒公羊高、左丘明、孟轲、荀况、伏生、毛公、韩生、董生、高堂生、扬雄、郑玄等数十人，皆图之壁"②。孟子第一次以图

---

① ［唐］韩愈撰，马其昶校注，马茂元整理：《韩昌黎文集校注》，上海：上海古籍出版社，1986年，第18页。

② ［清］董诰等编：《全唐文》，北京：中华书局，1983年，第5678页。

画壁上的方式登进孔子的庙堂。

二、隋唐时期《孟子》研究重新崛起的原因分析

隋唐时期《孟子》研究重新崛起的原因主要是对抗佛道二教的需要。佛道二教在魏晋南北朝时期兴起，并进入上层社会和国家层面。唐朝历代皇帝出于政治上的需要，将尊佛或尊道推向高峰。

魏晋南北朝时期，"老君当治、李弘应出"的谣言广为流传，成为历次李弘起义的舆论依据。在隋朝末年的农民起义中，许多道教人士利用这一背景为李渊政权制造图谶，如"老子度世，李氏当王"，以证明李渊政权是天命所授。楼观道的道士还拿出道观中的全部钱粮，资助李渊的军队。因此，李唐政权对道教非常有好感。唐代封演编撰的《封氏见闻记》中记载了这样一个故事。唐朝建立后的第三年，有一个叫吉善行的晋州人，说他在羊角山看见一个白衣老人，这个白衣老人让他转告唐天子：我是你的祖宗太上老君，今年天下太平，"唐祚永昌"。李渊听了吉善行的话，非常高兴，命人在羊角山修建兴唐观，在观中立一座彩饰的太上老君像，并且下令全国各地都要修建老君庙，他还亲自到道观中参拜太上老君。武德八年（625），在一次盛大的国学典礼上，李渊正式宣布儒、道、佛的排次为道先、儒次、释末，尊奉道教为国教。

唐太宗时下诏规定道士、女冠在僧尼之前，并尊老子为"祖祢"。此后历代皇帝不断给老子追加封号，唐高宗尊老子为"太上玄元皇帝"；唐玄宗先后尊老子为"大圣祖玄元皇帝""圣祖大道玄元皇帝""大圣祖高上大道金阙玄元皇帝"，并加

封老子的父母为"先天太上皇"和"先天太后"。

高宗时规定，道士、女冠隶属宗正寺。宗正寺是掌管皇族事务的机构。高宗这样做，表明凡是道士都是老子的后代，和李唐皇室是一家人。道士、女冠犯法，依教规处理，不受世俗、法律的约束。全国普建道观，大州三所，中州二所，小州一所。高宗还把道教纳入科举考试，规定明经科加试《老子》策两条，将《道德经》和《孝经》一起规定为上经；进士科要帖经《老子》，时务策中加试《老子》策三条。

道教在玄宗时发展到极盛。玄宗除了追封老子及其父母，还改西京的玄元皇帝庙为太清宫，改东京的玄元皇帝庙为太微宫，将各州的玄元皇帝庙改称紫微宫。朝廷祭祀，必须先朝太清宫。他还亲自制作《霓裳羽衣曲》《紫微八卦舞》，作为祭祀的音乐和舞蹈。玄宗赠庄子为南华真人、文子为通玄真人、列子为冲虚真人、庚桑子为洞灵真人。在玄元皇帝庙中，这四个人和孔子列侍玄元皇帝左右。玄宗在全国掀起学习《道德经》《庄子》《文子》《列子》四经的高潮，还亲自注解《道德经》，经常在宫中召集大臣学习《道德经》。在科举科目中设玄学博士，全国有通老、庄、文、列一经的，经过地方官推荐，玄宗亲自主持道举考试，选拔人才。玄宗还在宫中设立道坛，接受符箓，成为继北魏太武帝之后的第二个道士皇帝。在玄宗的大力提倡下，许多公主、嫔妃和官员的妻子都入道为女真，有的官员也弃官为道士。为了庆祝玄宗入道，当时的宰相李林甫甚至舍宅为观。

佛教来自异域，宣扬佛法高于王法、佛法可以护持王法，提倡轮回转世、佛可以转世等观念。统治者可以利用这些观念来捍卫自己的皇权，或证明自己皇权的合法性。在儒家天人感应哲学遭到冲击和质疑的情况下，佛教填充了这一思想阵地。所以隋唐二代，皇帝都非常重视佛教，佛教的许多宗派都是在皇帝亲手扶植之下建立起来的。

据载，隋文帝出生在冯翊的一个尼姑庵中，由一个名叫智仙的尼姑抚养长大。他当了皇帝之后，充分利用自己的特殊经历，宣扬、扶持佛教。他多次对大臣说，自己当皇帝是由于佛法的护持。在他的支持下，智顗创建了天台宗（法华宗）。

唐太宗贞观三年（629），国家主持组织译经场，历朝相沿，直到宪宗元和六年（811）才终止，前后达182年之久，译出佛教典籍372部、2159卷。译师共有26人，其中最著名的是玄奘。玄奘于贞观年间去天竺求取佛法，历时16年，带回来大量佛教经典。在太宗、高宗的支持下，玄奘共译出经论75部、1335卷，创慈恩宗。

武则天是我国历史上唯一一位女皇帝，女性做皇帝是不符合儒家政治理念的。武则天就利用自己曾经当过尼姑的经历，利用佛经中的内容为自己当皇帝制造舆论。唐代的弥勒信仰中，不仅不排斥女性，而且认为女性还可以在信徒中居于领导的地位。有一部《弥勒为女身经》可佐证；在另一部佛经《大云经》中，曾经两次提到女主。690年，僧人法明将《大云经》献给武则天，并在上表中说，武则天是弥勒佛下生，当代唐为"阎浮提主"。阎浮提国的国王就是一位女王。当年九月，武则天代唐称帝，改年号为天授，改名字为曌，意为日月当空，与《大云经》中"净光天女"异曲同工，表明自己就是经中"当王国土"的"天女"。第二年，武则天就颁令释教在道教之上：

"自今以后，释教宜在道法之上，缁服处黄冠之前。"[①]

唐代的皇帝还多次迎佛骨于宫内。长安附近的凤翔扶风县法门寺有一座佛塔，塔内藏释迦牟尼指骨一节，称为舍利，每三十年开一次塔，把舍利取出，让人瞻仰、参观。据传，开塔则人泰年丰。唐朝皇帝多次把佛骨迎入宫内，亲自供奉，然后再送回塔内。每次迎佛骨，都会在全国范围内掀起一场声势浩大的礼佛狂潮。

尊道崇佛如此狂热，儒家学说受到猛烈冲击。一些儒学之士为了捍卫儒家学说的地位，纷纷起来反对佛教，指出佛教蠹国害民、污染了百姓的精神信仰。最激烈的一次是韩愈的谏迎佛骨。宪宗元和十四年（819）是开塔之年，宪宗派遣宦官持香花迎佛骨于宫内，王公士庶趋之若鹜。时任刑部侍郎的韩愈上《论佛骨表》，表中说："佛本夷狄之人，与中国言语不通，衣服殊制，口不言先王之法言，身不服先王之法服，不知君臣之义，父子之情……况其身死已久，枯朽之骨，凶秽之余，岂宜令入宫禁……乞以此骨付之有司，投诸水火，永绝根本，断天下之疑，绝后代之惑。"大意是佛本来是夷狄之人，言语穿着都与中国不同，最关键的是不知道君臣之义、父子之情，而且佛已经死了，死人的骨头乃凶秽之物，怎么能够进入皇宫呢？请求皇帝命有关部门将此佛骨投入水火，永绝后患。

唐代最有力的反佛是唐武宗的会昌灭佛。武宗对佛教一向没有好感，加之唐代后期由于佛教寺院土地不向国家缴纳赋税，僧侣不服徭役，寺院经济过分扩张，严重损害了国家收入。会

---

① ［清］董诰等编：《全唐文》，北京：中华书局，1983年，第981页。

昌五年（845），武宗下令清查天下寺院及僧侣人数，令长安、洛阳各留寺院四所，僧徒三十人；地方各郡留寺院一所，分为三等，上寺二十人、中寺十人、下寺五人，其余僧尼一律还俗。此次清查，共拆除寺院四千六百所、兰若四万所，没收寺院田地数千万顷，十五万奴婢和二十六万五百僧尼还俗。这次反佛是历次反佛中最彻底的一次。

但是这些政治上的反佛都失败了，韩愈因谏表触怒了宪宗，被贬为潮州刺史。武宗在灭佛一年后去世，继任者宣宗立即全面恢复佛教。一次次的失败促使反佛者思考这样的问题：反佛失败的原因是什么？如何才能彻底地战胜佛教，恢复儒家思想的统治地位？唐代的思想者们没有找到这个问题的答案。但是他们隐约感到，要想战胜佛教，必须从理论上入手。于是韩愈提出了儒家的道统说，和佛教的佛统、道教的道统相抗衡。佛道二教都有自己的哲学体系，这是儒家所缺乏的。先秦儒家的主要关注点是现实的政治和人生，缺乏哲学体系的构建。汉代董仲舒所创建的以天人感应为核心的哲学体系，在汉代后期遭到了质疑和瓦解。这是儒学衰落、佛道兴起的根本原因。从哲学层面战胜佛教，是儒学重振的必要途径。在儒家理论中，《孟子》由于在心性哲学方面有特殊的贡献和地位，于是被唐代的士人们一次次提出来要求列入科举考试的内容，抬高它的地位。当然，唐代士人的认识是模糊的，他们只是从与圣人思想相近的角度提出建议。虽然他们的建议没有被采纳，他们也没有提出可以与佛道相抗衡的理论，但他们的努力为后世的思想家们找到了方向和途径，是后世《孟子》升经和宋明理学的先驱。

魏晋南北朝和隋唐时期
《孟子》研究评说

　　魏晋南北朝和隋唐时期是《孟子》研究由跌至低谷走向转折的一个时期。魏晋南北朝是《孟子》研究的低谷时期，只有一部研究《孟子》的著作。隋唐时期是《孟子》研究的转折时期，这一转折主要体现在四个方面。

　　第一，隋唐时期出现五部研究《孟子》的著作，其中，陆善经的《孟子注》、张镒的《孟子音义》、丁公著的《孟子手音》以注音、训释词义为主，体现了汉代经学以注释为主的特点；林慎思的《续孟子》与刘轲的《翼孟》则试图以阐释、发挥孟子的思想为己任，体现了宋代经学以阐释义理为主的特点，是由汉学向宋学的一个过渡和转折。

　　第二，抬高孟子的政治与学术地位，是宋元时期孟子升格运动的先声。中唐之后，赵匡、杨绾、皮日休相继提出要将《孟子》列入科举考试的内容，甚至将《孟子》和《论语》《孝经》并列，上升到儒家经典的地位；韩愈著《原道》一文，将孟子视为儒家道统的继往开来者。这些建议和倡导虽然没有被政府采纳，但扩大了孟子及其思想的影响，抬高了孟子的政治学术地位，是宋元时期孟子升圣、《孟子》升经的先声。清人赵翼曾如是说："宋人之尊《孟子》，其端发于杨绾、韩愈，其说畅于（皮）日休也。"① 今人徐洪兴先生将这一时期称为"孟子升格运动"的滥觞期。

第三，中唐之后对孟子及其学说的重视是出于对抗佛道二教的需要。韩愈对孟子的推崇，原因之一就是对孟子捍卫儒家思想的认同。孟子生活在诸子并起的战国时代，当时墨子、杨朱思想十分盛行，"天下之言不归杨，则归墨"，孟子认为"杨氏为我，是无君也。墨氏兼爱，是无父也。无父无君，是禽兽也"，这样的社会价值生态给社会造成了严重的危害，"是邪说诬民，充塞仁义也。仁义充塞，则率兽食人，人将相食"。为了捍卫儒家学说的地位，在社会上树立正确的价值观念，孟子挺身而出，决心"正人心，息邪说，距诐行，放淫辞，以承三圣"，表现出强烈的救世情怀。

韩愈所生活的年代，与孟子所生活的年代相似，儒家学说不昌，佛道二教盛行。在韩愈看来，这会给社会造成各方面的危害。韩愈在《原道》中说："古之为民者四，今之为民者六；古之教者处其一，今之教者处其三。""古之为民者四，今之为民者六"是说，中国古代根据社会分工将民划分为士、农、工、商四类，而现在除了这四类，还有佛道两教的教徒。"古之教者处其一，今之教者处其三"是说，古时候不进行生产、进行社会教化的士在四类人中占其一，而今加上佛道二教徒，在六类

---

① ［清］赵翼著，栾保群、吕宗力点校：《陔余丛考》，石家庄：河北人民出版社，1990年，第77页。

人中占其三，结果是"农之家一，而食粟之家六；工之家一，而用器之家六；贾之家一，而资焉之家六；奈之何民不穷且盗也！"佛道教徒不从事生产，也不向国家缴纳赋税徭役，白白地消耗国家财富，增加人民的负担，会引发各种社会危机。

在价值观念上，佛道二教与儒家思想背道而驰。儒家倡导入世，强调三纲五常；佛道二教倡导出世，无父无君，而且大肆贬低儒家学说的地位，"老者曰：'孔子，吾师之弟子也。'佛者曰：'孔子，吾师之弟子也。'为孔子者，习闻其说，乐其诞而自小也，亦曰：'吾师亦尝师之云尔'"①。"老者"指老子，即佛道二教都说孔子是其师祖之徒，后来儒者不知，便信以为真，认为儒家乃佛教之弟子，以讹传讹，实为可惧。普通百姓不明真相，对佛道二教顶礼膜拜，韩愈在《论佛骨表》中描述："然百姓愚冥，易惑难晓……焚顶烧指，百十为群；解衣散钱，自朝至暮；转相仿效，惟恐后时；老少奔波，弃其业次。若不即加禁遏，更历诸寺，必有断臂脔身以为供养者；伤风败俗，传笑四方，非细事也。"

韩愈以孟子学说的继承人自许，以捍卫儒家学说为己任，誓死排斥佛道二教。后人也这样评价他。皮日休说："世世有昌黎先生，则吾以为孟子矣。"② 宋人苏轼说："自汉以来，道术不出于孔氏，而乱天下者多矣。晋以老庄亡，梁以佛亡，莫或正之，五百余年而后得韩愈，学者以愈配孟子，盖庶几焉。"③

---

① ［唐］韩愈撰，马其昶校注，马茂元整理：《韩昌黎文集校注》，上海：上海古籍出版社，1986 年，第 14 页。

② ［唐］皮日休，萧涤非、郑庆笃整理：《皮子文薮》，上海：上海古籍出版社，1981 年，第 22 页。

③ 孔凡礼点校：《苏轼文集》，北京：中华书局，1986 年，第 316 页。

第四，发掘并阐释孟子仁义与心性学说的内容，开宋明理学之先河。如果只是一味从情感和舆论上排佛道，并不能真正达到目的。要彻底推翻佛道二教在政治、社会上的地位，必须从理论上战胜它们。而佛道二教擅长之处，除了生死轮回、神仙道术之外，更重要的是宇宙论和心性论，而这恰恰是儒家所缺乏的。先秦儒家思想中，在哲学层面上有较高造诣的就是孟子。孟子既与孔子思想一脉相承，又在心性论上有出色的论述，于是就成了反佛道人士的理论资源。

韩愈发掘、发展了孟子的仁义思想和人性论。仁义是孟子思想的核心。他认为仁义本指对父母兄长的内在情感，由此推广而至天下百姓。韩愈则直接说："博爱之谓仁，行而宜之之谓义；由是而之焉之谓道，足乎己，无待于外之谓德。仁与义，为定名；道与德，为虚位：故道有君子小人，而德有凶有吉。"① 他不仅将孟子的仁扩大为博爱，而且强调将之付诸实践，即"行而宜之"；不仅吸收了道教的道、德概念并重新解释，还吸收了佛教的吉、凶概念，体现出试图改造佛道观念，并将之纳入儒家思想体系的努力。

对于孟子的性善论，韩愈并不同意，而是提出性三品论和情的概念。孟子认为，恻隐之心、羞恶之心、辞让之心、是非之心是性之端，其外在表现是仁义礼智信，性善是内在和外在相结合。韩愈直接将汉代以来的"五常"，即仁义礼智信，作为性的构成因素，"其所以为性者五：曰仁、曰礼、曰信、曰义、

---

① ［唐］韩愈撰，马其昶校注，马茂元整理：《韩昌黎文集校注》，上海：上海古籍出版社，1986年，第13页。

曰智"。根据五种要素是否齐全和具备，将性分为三品，"上焉者之与五也，主于一行于四；中焉者之于五也，一不少有焉，则少反焉，其于四也混；下焉者之于五也，反于一而悖于四"①，即上品五者具备且足，中品五者具备但不足，下品与五者相反。情的概念是针对佛教情性对立的观念提出来的。佛教认为，情是无明烦恼，必须灭情才能见性成佛。与之不同的是，韩愈提出性情统一说。他认为情是接物而生，包括喜、怒、哀、惧、爱、恶、欲，分三品：上品之情是七者发而中节，不偏不激；中品之情则有过有不及，不能处其中；下品之情则是纵情恣意、无所节制。这与性之三品相对应。

韩愈的性情三品说较之孟子的性善论更加精细，也显示了其吸收、融合佛教性情观的努力，但毕竟筚路蓝缕，略显粗糙。其学生李翱进一步发展了他的理论，提出性善情恶论，性善即"人之性皆善""百姓之性与圣人之性弗差也""桀纣之性犹尧舜之性也"，人人皆性善，大恶之人和大善之人的人性并无差别，所不同的是情对性的干扰程度，在李翱看来，"人之所以惑其性者，情也。喜、怒、哀、惧、爱、恶、欲七者，皆情之所为也。情既昏，性斯匿矣。非性之过也，七者循环而交来，故性不能充也"②，情不断地干扰性，普通人不能抗拒这种干扰，往往陷入七情之中不能自拔，圣人则可以抗拒七情的干扰而表现出性善。为了便于理解，他用水和泥沙来比喻，"水之性清澈，其浑之者沙泥也。方其浑也，性岂遂无有邪？久而不动，沙泥

---

① ［唐］韩愈撰，马其昶校注，马茂元整理：《韩昌黎文集校注》，上海：上海古籍出版社，1986 年，第 20 页。

② ［唐］李翱：《李文公集》（卷二）《复性书上》，钦定四库全书本。

自沉，清明之性，鉴于天地，非自外来也。故其浑也，性本弗失；及其复也，性亦不生"①，性本来如水一般清澈，因为其中混合了泥沙（情）而变得浑浊，不能显示出其本来的清澈面目，但这并不能改变其清澈的本性，只要消灭妄情，泥沙自沉，清澈的本性就恢复了。

　　韩愈、李翱从战胜佛道理论的角度出发，丰富和发展了孟子的心性理论，为宋明理学心性修养理论的形成和发展提供了新方向和新范式，提升了孟子的学术地位，实现了《孟子》研究的理论转向，在《孟子》研究及儒学发展中做出了巨大的贡献。冯友兰先生评价说："宋明道学之基础及轮廓，在唐代已由韩愈、李翱确定矣。"②

---

① ［唐］李翱：《李文公集》（卷二）《复性书中》，钦定四库全书本。
② 冯友兰：《三松堂全集》（第三卷），郑州：河南人民出版社，2001 年，第 258 页。

第五章
飞跃式上升：宋代的《孟子》研究

要想彻底战胜佛道二教，必须重建儒家思想体系，在理论上圆融之、超越之。这是两宋时期思想家们不懈努力、前赴后继要完成的历史使命。相较于先秦原始儒家与汉代董仲舒的儒家思想体系，佛道二教理论的超越之处在于宇宙论与心性论，于是儒家涉及宇宙论、心性论的典籍就成为重建儒家思想体系的重要资源，《周易》《大学》《中庸》《孟子》从众多的儒家典籍中浮现出来，熠熠生辉，显示出巨大的思想价值，引发了研究的热潮。孟子其人其书正式开始了成圣升经的历程，孟子被封为邹国公，配享孔庙，《孟子》一书被列为科举考试的必考内容。这一时期，《孟子》研究呈现出飞跃式上升的态势，出现了《孟子音义》《孟子注疏》《孟子集注》等经典著作。与此同时，非孟、疑孟之声亦不绝于耳，尊孟、翼孟与非孟、疑孟的斗争是贯穿两宋时期《孟子》研究的另一条线索。

宋代孟子其人其书的升格过程

1933 年，周予同先生在《群经概论》中提出孟子"升格运动"的概念，不过只论及《孟子》一书由子升经，指出"《孟子》升列经部的运动，实始于唐而完成于宋"①。过程叙述则极为简略，寥寥数语。一个甲子之后，1993 年徐洪兴先生撰文《唐宋间的孟子升格运动》②，2007 年周淑萍先生著书《两宋孟学研究》③，接续徐先生的论题，进行细致探讨。孟子其人其书在唐宋特别是宋代升格运动的过程逐渐变得清晰起来，大致说来，包括如下四个方面。

第一，道统地位，得以确立。孟子在儒家道统中的地位是唐代的韩愈首先提出来的，理由有二：一、孟子得孔子道之真传；二、孟子力辟杨、墨之说，卫道有功。此说虽然在唐代响应者寥寥，但入宋之后，却得到朝野上下的普遍认同——从北宋的柳开、孙复、石介、欧阳修、张载、王安石、"二程"（程颢和程颐）、王令等，到南宋的杨时、游酢、张九成、余允文、

---

① 周予同：《群经概论》，长沙：岳麓书社，2011 年，第 75 页。
② 徐洪兴：《唐宋间的孟子升格运动》，《中国社会科学》1993 年第 5 期。
③ 周淑萍：《两宋孟学研究》，北京：人民出版社，2007 年。

朱熹、黄幹、蔡模等，无不异口同声，对孟子的道统地位进行肯定。宋初的柳开说，战国时期，杨朱、墨翟之言扬天下，扰乱了人们的思想，圣人之道将要坠落在地，孟子勇敢地站出来，与杨、墨之学进行辩论，极力排除杨、墨之学对人们思想的影响，圣人之道才得以保存、流传下来。诗人王令说，孔子之后，百家学说兴起，可是圣人之道消散。他曾经详细考察孔子之后的各种古书，发现在思想主张上和《论语》一致的，只有《孟子》。"唐宋八大家"之一的欧阳修说，"孔子之后，唯孟轲最知道""孟轲之道愈久弥光"。①

相较于柳开、欧阳修、王令等人的简单推崇，"二程"则从孟子继承道统的可能性上进行论证，他们说，无论是君子还是小人的为政，都是五世即五代人之后影响才逐渐减小或消失。从孔子去世到孟子出生，不过百年的时间，孔子思想的影响尚未消失，他的思想通过弟子曾子、孙子子思得以传承，孟子虽然没有机会直接成为孔子、曾子、子思的门徒，但是也可以通过"私淑于人"而继承孔子之道。

不过，在北宋特别是北宋前期，孟子继承孔子的道统地位却并不是唯一的，而是孔子之后多个道统继承者中的一个。"宋初三先生"之一的孙复认为，在孟子之后，堪称道统传人的还有董仲舒、扬雄、王通、韩愈。他的学生石介把董仲舒排除在外，把荀子列入，说："无孟轲、荀卿、扬雄、文中子（王通）、吏部（韩愈）之力，不能亟复斯文。"② 有的学者甚至认为孟子

① 李逸安点校：《欧阳修全集》，北京：中华书局，2001 年，第 979 页。
② ［宋］石介：《石徂徕集》，上海：上海商务印书馆，1936 年，第 10 页。

的地位尚不如韩愈，如柳开曾说，韩愈之道是纯粹的孔子之道，他的言论、著述远远超过孟子和扬雄。柳开立志要继韩愈之志，曾一度改名为"肩愈"，意谓要与韩愈比肩。石介也认为，在孔子之后的五位道统继承者中，韩愈是最杰出者，说"不知更几千万亿年，复有孔子，不知更几千百数年，复有吏部"①。

随着时间的推移，宋代学者对孟子的研究日益深入，人们逐渐认识到，孟子在继承孔子道统上的确超过其他人。"二程"这样说："孔子没，传孔子之道者，曾子而已。曾子传之子思，子思传之孟子，孟子死，不得其传。"②宋朝末年的真德秀指出，虽然董仲舒、扬雄、韩愈等人都有卫道之功，但是并不具备传道的资格，只有孟子可为"万世之师"。淳祐元年（1241），南宋理宗下诏褒赞朱熹，诏书中称"朕惟孔子之道，自孟轲后不得其传，至我朝周敦颐、张载、程颢、程颐，真见实践，深探圣域，千载绝学，始有指归"③，正式确立了孔子之后、宋代之前孟子道统地位的唯一性。当时的目录学家陈振孙亦说："自韩文公称孔子传之孟轲，轲死，不得其传。天下学者咸曰孔、孟。《孟子》之书，固非荀、扬以降所可同日而语也。"④

第二，受封国公，配享孔庙。北宋仁宗年间，孔子的第35世孙孔道辅非常推崇孟子，他认为"诸儒之有大功于圣门者，无先于孟子"，于是在自己的家庙即孔庙中，设五贤堂，"像而

---

① ［宋］石介：《石徂徕集》，上海：上海商务印书馆，1936年，第84页。

② ［宋］程颢、程颐著，王孝鱼点校：《二程集》，北京：中华书局，1981年，第327页。

③ ［元］脱脱等撰：《宋史》，北京：中华书局，1985年，第821页。

④ ［宋］陈振孙撰，徐小蛮、顾美华点校：《直斋书录解题》，上海：上海古籍出版社，2015年，第72页。

祠之"。五贤即孟子、荀子、扬雄、王通、韩愈。这是继唐代处州刺史李繁之后，孟子再入孔庙。

景祐五年（1038），孔道辅出任兖州知府，孟子故里——邹县（今邹城市）即在兖州。孔道辅说，根据《礼记·祭法》的规定，能抵御大灾的人要受后人祭祀，能抵御大患的人也要受后人祭祀。孟子继孔子之后力辟杨、墨之祸，可谓能够抵御大灾、大患之人，却不被后人祭祀，实在是太不应该。现在孟子故里——邹县就在我的管辖范围之内，"吾当访其墓而表之，新其祠而祀之，以旌其烈"①。于是他命令地方官员查找孟子墓地所在，地方官员在邹县城池东北三十里的四基山找到了孟子墓。孔道辅命人除去墓旁的榛棘、杂草，修建孟庙；第二年孟庙建成后，以孟子门人"公孙、万章之徒"配享，还专门请当时著名的儒家学者孙复为孟庙写了祭文。此事虽然郑重、轰轰烈烈，但毕竟是地方官的个人行为，不代表官方意愿。

宋神宗熙宁、元丰年间，孟子的政治地位得到了极大提高，这得益于主张变法的王安石。王安石一生最推崇的是孟子，认为孔孟之道如日月一般照耀万世，视孟子为千古知己。他写有《孟子》诗一首：

> 沉魄浮魂不可招，遗编一读想风标。
> 何妨举世嫌迂阔，故有斯人慰寂寥。

意思是，你已经逝去不可复生，但一读到你的著作，就想

---

① 转引自徐洪兴：《唐宋间的孟子升格运动》，《中国社会科学》1993 年第 5 期。

到你的风度和品格。就算世上所有的人都觉得我迂阔，那又怎么样呢？还有先生您在安慰我寂寞的心灵。当时，王安石的变法主张遭到元老重臣的反对，被人视为迂阔、不切实际，情形如同孟子说战国齐王、魏王以王道而被认为"迂远而阔于事情"一样。王安石以切身的体会深刻地理解了孟子，他觉得孟子也会深刻地理解他，给他以精神的力量，因而能够力排众议，进行变法。他说"天变不足畏，祖宗不足法，人言不足恤"，表现出如孟子般无所畏惧的大丈夫精神。

正是在王安石的推动之下，熙宁七年（1074），判国子监常秩等人请将孟子、扬雄等人的图像立于朝廷，并赐予爵号。神宗下诏让礼官讨论，礼官们认为不合礼法而未予通过。九年之后，元丰六年（1083）十月，吏部尚书曾孝宽上书说，兖州仙源县邹镇建有孟庙，但是孟子却没有获得朝廷的爵号。神宗于是下诏"封孟轲为邹国公"①，孟子正式获得"国公"的爵号。第二年，晋州州学教授陆长愈上书建议，既然已经封孟子为邹国公，就应该春秋释奠②，并且准许孟子和颜回一起配享孔庙。神宗下诏让太常和礼部官员讨论。太常少卿叶均等人认为，在孔庙中配享从祀的，都是与孔子同时代的人，孟子配享，不合适。礼部官员反驳说，唐太宗贞观二十一年，汉代的伏胜、高堂生，晋代的杜预、范宁等二十一人与颜回共同配享孔庙，为何一定是同时代的人呢？孟子在孔门中的地位应该与颜回并列，却一直没有获得配享的地位，实在是不应该。礼部建议春秋释

---

① ［宋］李焘：《续资治通鉴长编》，北京：中华书局，1985 年，第 8186 页。
② 释奠：古代在学校设置酒食以奠祭先圣、先师的一种典礼。

奠，孟子配享，荀况、扬雄、韩愈按时间先后列从祀于左丘明
等二十一贤人之间。神宗采纳了礼部的意见，下诏"自今春秋
释奠，以邹国公孟轲配食文宣王，设位于兖国公（颜回）之次。
荀况、扬雄、韩愈以世次从祀于二十一贤之间，并封伯爵"①。
国子监及全天下的文宣王庙中皆立邹国公像，冠服与颜回同，
荀况、扬雄、韩愈与二十一贤图画于孔庙之中。至此，孟子正
式配享孔庙，地位与颜回等同，高于荀、扬、韩等人。

　　第三，立于学官，科举必考。唐代中后期，多人上书请求
将《孟子》列入科举考试内容而未果。进入北宋，情况有了变
化。根据南宋叶绍翁的《四朝闻见录》记载，北宋仁宗庆历二
年（1042），科举考试曾涉及《孟子》内容，当年考题共有六
道：其一曰，左氏义崇君父；其二曰，孝何以在德上；其三曰，
王吉贡禹得失孰优；其四曰，经正，则庶民兴；其五曰，有常
德立武事；其六曰，序卦、杂卦何以终不同。其中，第四题
"经正，则庶民兴"出自《尽心下》第 37 章。据说非孟人士李
觏参加了这次考试，他看到这道题，愤愤地说："我无书不读，
就不喜欢读《孟子》。这句话我没见过，一定是《孟子》书中
的话。"说完，他将笔猛地一掷，拂袖而去。

　　此事不见正史记载，是否可信不得而知。神宗年间，王安
石实行变法，科举考试也是改革的领域之一。王安石认为，原
先以诗赋取士的方式，选拔不出真正的人才，不能适应时代的
需求，因而必须进行改革。他改革的重点是撤销"明经"诸科，
代之以经义策论取士。新法规定，考试分四场，第一场考经义，

---

① ［宋］李焘：《续资治通鉴长编》，北京：中华书局，1985 年，第 8291 页。

内容来自《诗》《书》《易》《周礼》《礼记》"五经"，考生任选一经即可；第二场考《论语》《孟子》义，二书必须全考，没有选择余地；第三场考论；第四场考策。《孟子》首次和《论语》并列，成为科举考试的必考内容。

1085年，神宗去世，哲宗即位，哲宗的祖母高氏以太皇太后的身份执政。高太后一向反对王安石变法。在她的支持下，哲宗任用反对变法的保守派大臣司马光、文彦博等人为相，废除王安石变法的内容。这一事件在历史上被称为"元祐更化"。在科举考试方面，罢试律议而重新加入诗赋，却没有罢试王安石特意加入的《孟子》。元祐二年（1087）的科举考试规定，考试进士分四场，第一场试本经义二道，《论语》或《孟子》义一道；第二场，试律赋一首，律诗一首；第三场，试论一首；第四场，试时务策三道。《孟子》作为选考科目，继续留在科举考试之中。两年之后，《孟子》又重新回到科举考试的必选科目之中。元祐四年（1089）的进士科前两场经义考试分别为：第一场，试本经义三道，《论语》义一道；第二场，试本经义三道，《孟子》义一道。从此，《孟子》作为科举考试的必考内容，一直延续到宋朝末年。

由于科举必考，《孟子》一书成为公立学校的主要教材之一，是学子们的必读之书，进而走入千家万户，渗透到社会的各个角落。对《孟子》一书的掌握程度，成为地方官员奖励学子的一个重要衡量标准。宋徽宗大观三年（1109）二月，提举黔南路学事戴安仁上书，阐述他打算在所管辖州郡学生中实行的奖惩办法，希望皇帝能够批准。他在奏疏中如是写道：

　　所管多是新创州郡……新民学生就学，其间亦有秀异，今欲乞立劝沮之法，分为上、中、下三等。上等为能诵《孝经》《论语》《孟子》，及一经略通义理者，特与推恩；中等为能诵《孝经》《论语》《孟子》者，与赐帛及给冠带；下等为能诵《孝经》《论语》或《孟子》者，给与纸、笔、砚、墨之费。①

　　因为戴安仁所管辖州郡多为新设州郡，为了劝民向化，奖励优秀学子、鞭策后进士人，他想出了这一"劝沮之法"。在这一"劝沮之法"中，能诵《孟子》是获得上等和中等的必备条件，下等中《孟子》也是备选科目之一。他的奏疏得到了皇帝的批准。

　　五年后，处于发达地区的扬州也有类似奏疏。徽宗政和四年（1114），新上任的扬州司户高公粹上书礼部，请求为外州军的小学生，置"功课簿籍"，相当于现在的成绩册，其中规定："诸学并分上、中、下三等，能通经为文者为上；日诵本经二百字、《论语》或《孟子》一百字以上为中；若本经一百字，《论语》或《孟子》五十字者为下，仍置历书之。"② 礼部将高公粹的上书转呈皇帝，并建议批准，后皇帝下诏"从之"。高公粹的上书也把诵读《孟子》作为评判学生等次的标准。可见，学习、诵读《孟子》成为天下学子的必备学养。

　　第四，合入"四书"，由子升经。《孟子》进入科举考试，

① 苗书梅等点校：《宋会要辑稿·崇儒》，郑州：河南大学出版社，2001年，第98页。
② 苗书梅等点校：《宋会要辑稿·崇儒》，郑州：河南大学出版社，2001年，第110—111页。

位列"兼经",但真正奠定《孟子》"经"的位置的是"四书"的合集。"四书"指的是《论语》《孟子》《大学》《中庸》。《大学》《中庸》原是《小戴礼记》中的篇章,《大学》主要讲"修身齐家治国平天下"的理论,《中庸》主要阐述以"诚"为核心的修身方法。秦汉以来,这两篇经典一直没有受到人们特别的关注。直到唐代的韩愈、李翱,二人在强调孟子道统地位的同时,也挖掘出了这两篇经典。韩愈认为《大学》所讲的"修身齐家治国平天下",既讲治心,又讲治世,远胜于佛教只治心不治世的理论;李翱的《复性书》则多发挥《中庸》的思想。《大学》《中庸》开始作为独立的经典,进入学者们的视野。

首次将"四书"相提并论的是北宋前期的张载,他说"学者信书,且须信《论语》《孟子》……《礼》虽杂出诸儒,亦若无害义处,如《中庸》《大学》出于圣门,无可疑者"①,并且认为这四者都是阐述孔子"性与天道"的主题。不过,张载没有明确提出"四书"的概念。明确提出"四书"概念,将"四书"并为一体的是程颢、程颐兄弟。《宋史·道学列传》记载,北宋仁宗明道年间,程颢、程颐二兄弟向周敦颐求学,之后扩大学术视野,"表彰《大学》《中庸》二篇,与《语》《孟》并行";清代翟灏在《四书考异》中也引述明代王彝《七经中义》中的话说:"程子见《大学》《中庸》非圣贤不能作,而俱隐《礼记》中,始取以配《论语》《孟子》,而为四书。"

"二程"将《论语》《孟子》的地位抬高到先经的位置。他们认为,"四书"之中,《论语》《孟子》最为重要,是学习儒

---

① [宋]张载著,章锡琛点校:《张载集》,北京:中华书局,1978年,第277页。

家经典的必由之路。有学生问："圣人之经旨，如何能穷得？"
意即如何获得圣人的思想主旨。"二程"回答说：学者需要先读
《论语》《孟子》，把这两部书理解透彻，对圣人的思想主张也
就有了基本的把握，站在这样的制高点上再去读其他经书，就
如同丈尺权衡，长短轻重一目了然，会轻松不少。他们甚至认
为"《论语》《孟子》既治，则六经可不治而明矣"①，《论语》
《孟子》学透了，"六经"不用学也知道其中的思想主张。

　　使"四书"真正成为独立的整体、取得与"五经"相抗衡
地位的是南宋的朱熹。1190 年，朱熹在任漳州知府期间，将
《论语》《孟子》《大学》《中庸》四书结集出版。在朱熹看来，
《大学》中的经一章，是孔子的思想，曾子记录了下来；《大
学》中的传十章，是曾子的思想，曾子门人记录了下来；《中
庸》是"孔门传授心法"，是子思所作并将之传授给孟子。《论
语》《孟子》《大学》《中庸》四书的思想一脉相承，展现了由
孔子而曾子、而子思、而孟子的道统传承过程。

　　为继承这一道统，朱熹穷尽一生之力，为此四书进行注解。
他对《论语》《孟子》用力最勤，"自三十岁便下功夫"，至四
十八岁完成初稿，此后，一直不停修改，六十多岁"仍改犹未
了"。他自豪地说，"某所解《语》《孟》和训诂……字字为咀
嚼过""某《语孟集注》，添一字不得，减一字不得"②。正是因
为朱熹的辛勤努力和极力推崇，儒学由"五经"时代进入"四

---

① ［宋］程颢、程颐著，王孝鱼点校：《二程集》，北京：中华书局，1981 年，第
322 页。

② ［宋］黎靖德编，王星贤点校：《朱子语类》，北京：中华书局，1986 年，第
2799、437 页。

书"时代。宋代之后近七百年的时间，"四书"一直是儒学的主流。此时孟子虽然还没有正式获得"亚圣"的桂冠，但在儒学传承中的地位已经超越颜回、曾子、子思，成为仅次于孔子的儒家学说代表人物。

随着孟学的不断发展，《孟子》升经势所必然。熙宁年间，《孟子》进入科举考试，正式被官方列为经书。南宋高宗赵构亲自抄写《孟子》，令人刻石，与原来的"十二经"合为"十三经"。光宗绍熙年间（1190—1194），刊刻家黄唐把十三经注疏合刊出版。这是《孟子》第一次以经书的身份出版。理宗时，目录学家陈振孙在他的《直斋书录解题》"经录"中，增设"语孟类"。这是《孟子》第一次以经书的身份进入目录学著作。这些标志性的举措，表明《孟子》在儒家经典中的地位已经完全确立，宋代孟子的升格运动已经完成。

宋代《孟子》研究的飞跃式上升

宋代的《孟子》研究，相较于汉唐时期，可以说是一次飞跃式的上升。两宋时代见于著录的《孟子》研究著作有 100 多部，其中见于《宋史·艺文志》和《宋史·艺文志补》的有 28 部，见于《经义考》的有 106 部。① 这些研究著作涉及《孟子》研究的各个方面，有进行音释的，有进行通俗讲解的，有进行注疏的，有进行义理阐发的，还有非孟、疑孟、翼孟的，等等，不一而足。根据这些著作的侧重点，我们将之分为音义类、注疏类和研究发展类，每一类选择一部代表性的著作进行介绍，非孟、疑孟、翼孟类亦会专门介绍。

一、《孟子音义》：一部极具史料价值的音义类著作

音义类的著作以孙奭的《孟子音义》为代表。孙奭是北宋时期的大臣、经学家和教育家，《宋史》中有传。他是博州博平人（今山东省茌平县博平镇），从小聪明好学，通晓各种经书，宋太宗端拱二年（989）参加科举考试，以九经及第。他一生经

---

① 董洪利：《孟子研究》，南京：江苏古籍出版社，1997 年，第 193 页。

历了太宗、真宗、仁宗三朝，历任莒县主簿、大理评事、国子监直讲、兵部侍郎、龙图阁学士、礼部尚书等官职，在中央和地方为官40年左右。但他一生所从事的主要是教育工作。少年时他拜同郡的王彻为师，学习五经，刻苦钻研，成绩优异。老师王彻去世后，有人向他请教经书，他的讲解透彻明白，人人叹服。昔日跟随王彻的数百名学生都主动要求跟从孙奭继续学习，孙奭于是在家乡办起私学，开始了他的教学生涯。

科举及第之后，他被任命为莒县主簿。还未上任，他便向宋太宗上书，要求到国子监做教师，太宗于是任命他为国子监直讲。孙奭讲述经义，总是把经典历史同当时治国安民的实际结合起来，讽喻各级统治者，以前代历史为镜鉴，体恤人民疾苦，以巩固宋王朝的统治。一次，宋太宗到国子监视察，召孙奭讲授《尚书》。孙奭主要讲解《尚书·说命下》中"事不师古，以克永世，匪说攸闻"的道理，即做事不效法古代，而能够使国家长久，这样的事情还没有听说过。太宗听后，感慨良久，说："这是至理名言啊！"真宗时，他被任命为皇族各王府的教师；仁宗时，被征召为翰林侍讲学士，为仁宗讲述经学。每当讲到前世昏君亡国的历史，他一定会反复规劝仁宗，有时仁宗心思不在读书上，孙奭就停止讲读，恭敬地等候，等仁宗回过神来后，孙奭再认真地给仁宗讲解。由于孙奭长期担任教学工作，中央和地方政府中有不少官员都是他的学生，所以孙奭在当时是很有影响的教育家。

孙奭精通儒家各部经典，他一生中除了担任教师、从事教育外，还有一项重要的工作，就是经书的整理与校勘。他参与了宋初儒家十二部经典的整理和校勘，还主持了《孟子》一书的校勘，撰成《孟子音义》一部，是宋初大规模书籍整理、校勘活动的积极参与者和领导者。

唐朝初期，太宗为了统一对儒家经书的解释，命令孔颖达主持《易》《诗》《书》《礼》《春秋左传》五经经义的整理工作，最后撰成《五经正义》，作为官方对经书的标准解释。唐朝后期，安史之乱导致藩镇割据，接着五代十国的乱世，对儒家学说造成很大的冲击。宋朝建立后，儒学重新恢复，但对各部经书的解释又出现了学派划分、注释分歧。为了重新统一对儒家经典的解释，宋太宗端拱年间和宋真宗咸平年间，两次诏令校勘《五经正义》，孙奭因为"博贯九经"都参与其中，纠正经义中错字94个，使五经义疏最终刻版刊行于天下。

儒家经典，汉代以《易》《诗》《书》《仪礼》《春秋左传》为"五经"；唐朝前期，又加上《春秋公羊传》《春秋榖梁传》和《周礼》《礼记》四部，为"九经"；唐朝后期，又加上《论语》《尔雅》《孝经》三部，为"十二经"。宋初勘定《五经正义》之后，其他的七经还没有官方统一的解释。咸平三年（1000），宋真宗命国子监祭酒邢昺主持七经义疏，孙奭参与其中。一年之后，工作完成，真宗非常满意，孙奭也因此进秩一阶。

孙奭十分崇尚孟子的大丈夫气概，喜欢读《孟子》，对宋代之前《孟子》的各种注本都有十分精到的研究。孙奭对唐代的两部音释著作——张镒的《孟子音义》和丁公著的《孟子手音》不甚满意，指出张、丁二人的注释都不够精当，张镒只是析分章句，注释遗漏颇多且粗疏简略；丁公著虽然领会《孟子》的思想主旨，但也不时出现错误。如果不加以校勘，怎么可以通行于世呢？恰巧，大中祥符五年（1012），宋真宗下诏让国子监负责校勘《孟子》，孙奭和他的同事王旭、马龟符、吴易直、冯元等承担了这项工作，以赵岐注版为底本，广泛参考各家注释，删去错误之处，撰成《孟子音义》二卷。

《孟子音义》在形式上模仿唐代陆德明的《经典释文》，以诠释字音为主，间或夹杂字义的解释。该书在章句析分上采用赵岐的方法，把全书分为14卷，每卷标注章数，然后把每章中需要注音的字录出，以双行小注的形式，用反切的方法注音。所注之音，包括赵岐的《孟子题辞》、《孟子篇叙》和《孟子》正文，共1208条。孙奭的《孟子音义》不仅使《孟子》原文的文字得到校正，而且纠正了前人在注解《孟子》音义方面存在的舛误，为人们阅读《孟子》提供了范本和定本。

《孟子音义》是孟学史上的佳作，具有多方面的价值。其一，弥补了《经典释文》的不足，补足"十三经"的音释。陆德明生活于唐代，其《经典释文》囊括了唐代十二经和当时统治者重视的《老子》《庄子》，《孟子》由于当时未列入儒家经典而未被陆德明注释，孙奭的《孟子音义》弥补了这一缺憾，和《经典释文》一起构成了完整的十三经音释。其二，保存了唐代《孟子》研究著作的部分资料，具有很高的史料价值。唐代陆善经的《孟子注》、张镒的《孟子音义》和丁公著的《孟子手音》在后世都亡佚了，而孙奭的《孟子音义》引用了这三部书的不少成果，所以保存了这三部书的许多内容。清人马国翰所辑的这三部书，资料多是出自孙奭的《孟子音义》。其三，保存了赵岐《孟子注》宋代版本的原貌，是研究《孟子》古注和校勘的重要参考资料。其四，保存了《孟子》中许多字的古音，是研究中古时期音韵系统的重要依据。

二、《孟子注疏》：一部真假难辨的十三经注疏本

光宗绍熙年间（1190—1194），刊刻家黄唐把十三经注疏合刊出版，十三部经典终于都有了与之相配套的"注疏"形式的读本，可谓经学史上的一件大事。黄唐所选的《孟子注疏》题名赵岐注、孙奭疏。此后的目录学著作在收录的时候，都将《孟子疏》的作者题为孙奭。如陈振孙《直斋书录解题》卷3著录《孟子正义》十四卷，题"孙奭撰"；马端临《文献通考》卷184《经籍考（十一）》将《孟子音义》和《孟子正义》合为十六卷，并引晁氏曰"皇朝孙奭等采唐张镒、丁公著所撰……大中祥符中书成，上于朝"，引陈氏曰"旧有张镒、丁公著为之音，俱未精当。奭方奉诏校订，撰集《正义》，遂讨论音释，疏其疑滞，备其阙遗"。根据马端临的著录，《孟子正义》（《孟子疏》）与《孟子音义》均为孙奭与其同事在大中祥符年间奉诏完成的。

但同时，对于《孟子疏》的作者是否为孙奭的质疑声不绝于耳，甚至一直占据上风，几成定谳。首开质疑的是南宋的朱熹，黄唐合刊的十三经注疏刚一出版，朱熹便指出："《孟子疏》，乃邵武士人假作。蔡季通识其人。当孔颖达时，未尚《孟子》，只尚《论语》《孝经》尔。其书全不似疏样，不曾解出名物制度，只绕缠赵岐之说耳。"[①] 鉴于朱熹在《孟子》研究上的卓

---

① ［宋］黎靖德编，王星贤点校：《朱子语类》，北京：中华书局，1986年，第443页。

越成就和在学术界的巨大影响，其后的学者如王应麟、何焯、朱绪曾、《四库》馆臣等都纷纷举证质疑，综合起来，理由有三。

第一，和孙奭相关的历史记载，并没有提到孙奭撰《孟子疏》。《四库全书总目提要》指出，《宋史·儒林列传》只提到孙奭受诏与杜镐、舒雅、刑昺、李慕清、崔偓佺等人校定《周礼》《仪礼》《春秋公羊传》《春秋穀梁传》《孝经义疏》《论语义疏》《尔雅义疏》等，根本没有提到《孟子正义》；司马光辑录的宋初从太祖到神宗时的史料集《涑水记闻》记载孙奭定稿的著作有《论语正义》《孝经正义》《尔雅正义》，也没有提到《孟子正义》，所以得出结论，《孟子疏》"其不出奭手，确然可信"①。

第二，《孟子疏》的作者另有其人。即朱熹所说："乃邵武士人假作。蔡季通识其人。"邵武即邵武军，属今福建省；蔡季通是朱熹的学生兼朋友，是建宁府建阳县人，也属福建，因此朱熹说他认识作《孟子疏》的邵武士人。朱熹言之凿凿，好似的确如此，但邵武士人是谁，蔡季通又如何认得他，则不得而知。清人朱绪曾著《开有益斋经说》，卷二引北宋文人吕南公的《灌园集》，《灌园集》中有一篇《读孟子疏》。吕南公在其中说，自从赵岐作《孟子注》，历代士人都以能够钻研透彻赵岐注为学术旨归，但往往因探求不得而苦恼。现在有一"闽老生徐某，老于道德之学，于此书用功良深。今其税驾在郓，余偕诸

---

① ［清］永瑢等撰：《四库全书总目提要》（经部第7册），上海：上海商务印书馆，1935年，第94页。

君相与叩观其说，以庶几无深约之苦，而心得以明，何善如之"①，意思是闵老生徐某精通儒家学说，对《孟子》一书钻研最深，现在他正好在吕南公的家乡停留，吕南公希望学生和自己一起去向闵老生求教，以解赵岐《孟子注》中之疑惑。朱绪曾据此判断，《孟子疏》的作者为"闵老生徐某"，将朱熹所说的"邵武士人"进一步坐实，士人和老生都是读书且不达仕宦之人的通称。

第三，《孟子疏》水平太低，不能和其他十二经的疏相提并论。即朱熹所说："其书全不似疏样，不曾解出名物制度，只绕缠赵岐之说耳。"儒家的经典称"经"，对经的解释称"传"或"注"，对传或注的解释称"疏"。疏这种注释形式在南北朝时期出现，如当时出现的《周易义疏》《尚书义疏》《毛诗义疏》等。唐代孔颖达在各家义疏的基础上撰《五经正义》，进一步完善了疏这种注解体例，成为注疏形式的典范，其主要特点是既解释经文又疏解注文，引证各种资料，对经文和注文中的典章制度、名物故实以及思想义理进行详细的疏解。朱熹以《五经正义》的标准衡量《孟子疏》，觉得《孟子疏》的水平与之相差甚远，不能相提并论。《四库全书总目提要》说，此疏全是"敷衍语气"，如同"乡塾讲章"。历代学者指出《孟子疏》注疏的粗糙之处主要有三。

一是不注出处。《四库全书总目提要》说"岐注好用古事为比，疏多不得其根据"，即对于赵岐《孟子注》中所引用的历史典故等多不明出处，而不在注中注出。例如《离娄下》第6章：

---

① 余嘉锡：《四库提要辨证》，北京：中华书局，2007年，第74页。

孟子曰："非礼之礼，非义之义，大人弗为。"

赵岐注为：

> 若礼而非礼，陈质娶妇而长，拜之也。若义而非义，借交报仇是也。

赵岐用"陈质娶妇而长，拜之也"的典故来说明什么是"非礼之礼"，用"借交报仇"来说明什么是"非义之义"，而《孟子疏》的作者不明白这两个典故的出处，因而不加解释，只是含糊地说：

> 此盖史传之文而云然。

这就使人无法理解赵注的含义，也无法经由疏、注而抵达对经文的确切理解。后来学者考证，"陈质娶妇而长，拜之也"出自董仲舒的《春秋繁露》。《春秋繁露·五行相胜》篇记载，营荡为齐国的司寇，姜太公问他治国的关键是什么。营荡回答说，"任仁义而已""仁者爱人，义者尊老""爱人者，有子不食其力。尊老者，妻长而夫拜之"。太公说，我要用仁义治理齐国，可是你却要用仁义扰乱齐国，我要马上诛杀你，以使齐国安定。这段对话中，营荡的回答乍看起来符合仁义，但实际上违背了父为子纲、夫为妻纲的根本之礼，所以是"非礼之礼"。

"借交报仇"是舍身帮助别人报仇的意思，最早出现于《史记》。《史记·货殖列传》载："其在闾巷少年……借交报仇，篡逐幽隐……实皆为财用耳。"《史记·游侠列传》载："郭解……少时阴贼……以躯借交报仇。"帮助别人是义，但以谋取钱财为目的，帮助别人报仇，就不是义了，乃"非义之义"。

二是注错出处。如朱彝尊在《经义考》卷233《孟子三》"孙氏奭《孟子正义》"条下说："至诠西子，按《史记》云'西施，越之美女，越王勾践以献之吴夫差，大幸之。每入市，人愿见者，先输金钱一文'，考《史记》并无其文，不知何所依据？"《孟子疏》中注西子之事出自《史记》，可是经朱彝尊考证，西子之事并非出于《史记》。

再如《四库全书总目提要》说："今考注以尾生为不虞之誉，以陈不瞻为求全之毁，《疏》亦并称《史记》。尾生事实见《庄子》，陈不瞻事实见《说苑》，皆《史记》所无。"这是说《离娄上》第21章的注疏。

《离娄上》第21章：

> 孟子曰："有不虞之誉，有求全之毁。"

赵岐注为：

> 若尾生，本与妇人期于梁下，不度水之卒至，遂至没溺，而获守信之誉。求全之毁者，陈不瞻将赴君乱，闻金鼓之声，失气而死。可谓欲全其节，而反有怯懦之毁者也。

赵岐用尾生的故事来诠释"不虞之誉"，用陈不瞻的故事来诠释"求全之毁"。《孟子疏》曰：

> 尾生与陈不瞻之事，皆据《史记》之文而言之也，其
> 事烦，故不重述耳。

实际上，尾生之事最早出于《庄子·盗跖》篇，说的是春秋时期一个名叫尾生的男子与一姑娘相约在桥下相会，等了好久，姑娘还没来，可是河里的水开始上涨，痴情的尾生为了不失约，抱住桥柱被水淹死。后来此事就成为坚守信约的代表，这便是"不虞之誉"。

陈不瞻的故事见于刘向的《新序·义勇》篇，说的是春秋时期齐国的大臣崔杼杀了国君齐庄公，国人愤愤不平，陈不瞻是庄公手下的一名小官，听到庄公被杀的消息后，决定要为国君报仇。他慷慨激昂地对手下说："我要前去拼死一搏。"他虽有雄心，但是天生怯懦、胆小如鼠，吃饭的时候，饭不断地往下掉；上车的时候，双手颤抖得扶不住车前的横木。车夫说："敌人还在百里之外呢，您就吓成这样，去了又有什么用呢?"陈不瞻说："为君而死，这是义；缺乏勇气，这是私情。不能以私害义。"于是他驱车直奔崔杼的队伍，可是，刚一听到咚咚的战鼓声和双方将士的喊杀声，陈不瞻就惊骇而死。陈不瞻本来想为君报仇，没想到却落得怯懦的指责，这便是"求全之毁"。

尾生的故事还见于《战国策·燕策》和《史记·苏秦传》，但陈不瞻的故事《史记》却未有记载。《孟子疏》只说其出自《史记》，又不引具体篇目，对读者帮助不大，没有达到疏的目的和效果。

三是释义错误。如清代冯登府的《论孟子疏》中提到"以杞妻为姜女，时代相悬""以羊枣为贰棘，物类未晰"等。杞妻是春秋时期齐国大夫杞梁的妻子，事见《左传·襄公二十三年》。故事说的是杞梁跟随齐庄公攻打莒地，结果被敌人俘虏而死。庄公回到都城，路上遇到了杞梁的妻子，就派人在郊外向她吊唁。她坚持不接受，说："如果杞梁有罪，怎么能够接受国君的吊唁呢？如果杞梁没有罪，我尚有先人留下的房子在，怎么能够在郊外接受国君的吊唁呢？"庄公于是到她的家中吊唁。姜女即孟姜女，是民间传说中的一个人物。秦始皇时期，孟姜女的丈夫范喜良因为长期在外修筑长城而饿死，孟姜女伤心过度，哭崩长城。杞妻为春秋时人，姜女为秦朝时人，二者相距二百多年，岂能误为一人？羊枣是君迁子的果实，长椭圆形，初生的时候是黄色，成熟的时候是黑色，像人体的羊矢穴，俗称"羊矢枣"；贰棘是酸枣树，酸枣为圆形或椭圆形，紫红或紫褐色，与羊枣相似但不同。而且在植物的分类学上，君迁子属柿科，酸枣属枣科，不属于同类。《孟子疏》误将"羊枣"解释为"贰棘"，显然是"物类未晰"。

《孟子疏》是一部伪书，在《四库全书总目提要》中基本定案，但近代以来，亦有提出不同有意见者，如近代的余嘉锡和当代的董洪利、高丁国等学者撰文进行辨析，指出不能否定《孟子疏》的作者是孙奭，主要理由有三。

第一，《孟子疏》的作者并非闽老生徐某，朱熹的学生蔡季通也不可能认识这个人。余嘉锡在《四库提要辨证》中说，吕南公的《读孟子疏》只是说徐某对赵岐《孟子注》"用功良深"，理解得比较透彻，想和学生一起去向他讨教，并没有明确地说

《孟子疏》是徐某所作。根据朱彝尊《经义考》的著录，宋代姓徐的，著有研究《孟子》著作的有三人——徐积作《嗣孟》一篇，徐时动作《孟子说》四十卷，徐存作《孟子解》。徐积是楚州山阳人，徐时动是丰城人，徐存是江山人，都不是闽人，而且徐时动和徐存生活的年代都在吕南公之后，吕南公不可能去向他们请教，所以闽老生徐某并没有著作流传于世，也可能另有其人。朱熹的学生蔡季通也不可能认识他。根据《宋史》记载，吕南公卒于北宋哲宗元祐初年（1086），蔡季通卒于南宋宁宗庆元四年（1198），二者相差一百多年，怎么可能认识呢？虽然如此，余嘉锡仍然持保守的态度说："朱子谓季通识其人，则又似非一人矣。岂朱子记忆之误耶？姑志所疑，以俟再考。"①意思是也可能蔡季通认识的是另外一个人，或者是朱熹记忆有误，很难有确切的判断，姑且存疑吧。

2017 年，顾宏义先生撰文《孙奭〈孟子疏〉真伪新考》②，指出金朝建立后，从1153 年至1176 年，逐步建立起国子监、太学、府学、州学的教育体系；1189 年，金朝政府规定，除了州府推荐和终场举人免试外，其他想入学的学生要经过考试，考试用的教材"凡经，《易》则用王弼、韩康伯注，《书》用孔安国注，《诗》用毛苌注、郑玄笺，《春秋左氏传》用杜预注，《礼记》用孔颖达疏，《周礼》用郑玄注、贾公彦疏，《论语》用何晏集注、邢昺疏，《孟子》用赵岐注、孙奭疏，《孝经》用唐玄宗注……皆自国子监印之，授诸学校。"③ 明确说考试时

---

① 余嘉锡：《四库提要辨证》，北京：中华书局，2007 年，第75 页。
② 顾宏义：《孙奭〈孟子疏〉真伪新考》，《朱子学刊》2017 年第2 辑。
③ ［元］脱脱等撰：《金史》，北京：中华书局，1975 年，第1131—1132 页。

《孟子》用的是赵岐注、孙奭疏。

　　顾宏义先生分析说："因金朝采用孙奭《孟子疏》等作为国子监、州府官学以及科举考试用书，可想而知其不当采用一部新出且又来历颇有不明之著作，而且其他诸经包括《论语》《孝经》之注疏皆出自名家，皆属流传有年之作。因此，此题名孙奭《孟子疏》也应至迟在北宋末之前已在社会上流传，并随着中原、两河之士子入金而为金廷所关注，从而成为其官学教学、科举用书。"而且，曾巩所撰的《隆平集》是记载北宋太祖至英宗五朝史事的纪传体史书，其卷六记载参知政事李至兼掌国子监时，曾推荐孙奭重校《五经》，注文中解释："孙奭，字宗古，即疏《孟子》者。"① 因此，顾宏义先生判断："若无明确之反证史料，则《隆平集》此条注文应可信从，即不能轻易否定孙奭曾疏解《孟子》。"

　　第二，《孟子疏》完全符合注疏体例。仔细体味朱熹所说"其书全不似疏样，不曾解出名物制度，只绕缠赵岐之说耳"这句话，可知朱熹并不是说《孟子疏》在形式上"不似疏样"，而是说疏解的水平较低，没有达到孔颖达《五经正义》的水平。董洪利先生撰文《〈孟子注疏〉与孙奭〈孟子〉学》，指出："从体例上看，《孟子注疏》完全符合'注疏'类著作的规范样式。"② 为了表明这一点，他选取《梁惠王上》"寡人愿安承教"章为例。为行文方便，我们在此节录一部分，以观《孟子注疏》的形式：

---

① ［宋］曾巩撰，王瑞来校证：《隆平集校证》，北京：中华书局，2012 年，第213 页。
② 董洪利：《〈孟子注疏〉与孙奭〈孟子〉学》，《北京大学学报》2006 年第 6 期。

　　梁惠王曰："寡人愿安承教。"（注：愿安意承受孟子之教令。）孟子对曰："杀人以梃与刃，有以异乎？"（注：梃，杖也。）曰："无以异也。"（注：王曰：梃、刃杀人，无以异也。）"以刃与政，有以异乎？"（注：孟子欲以政喻王。）曰："无以异也。"（注：王复曰：梃、刃杀人与政杀人无异也。）……○正义曰：此一段宜与前段合为一章，赵氏分别之。章指言王者为政之道，生民为首，以政杀人，人君之咎，犹以白刃，疾之甚也。"梁惠王曰：寡人愿安承教"者，是惠王愿安意承受孟子之教令也。"孟子对曰：杀人以梃与刃，有以异乎"者，是孟子答惠王，故托此而问惠王，言杀人以杖与刃，有以各异乎？云"乎"者，是又孟子未知惠王以为如何，故疑之也。"曰无以异"者，是惠王答孟子之问，言以杖杀人与刃杀人无以各异，是皆能杀人也。……○注"梃，杖也"。○正义曰：《释文》云："梃，木片也。"○正义曰：《记》云"孔子谓为俑者不仁。"《埤苍》云："木人送葬，设关而能俑跳，故名之曰俑。"……

　　我们看到，《孟子注疏》首先列出《孟子》原文和赵岐注，然后对《孟子》原文的意思进行逐句讲解，最后对赵岐注逐条加以疏通，完全符合"疏"体的规范，而且非常严整。他的讲解虽然没有什么独特、高深之处，但清晰明白，容易读懂，是学习孟子学说极好的入门著作。该书对于赵注的疏通，也并非"不曾解出名物制度"，而是引经据典加以说明，如上引文中对赵注"俑，偶人也"的解释；而且，对赵注中的错误，也有订

正，如《梁惠王下》"为巨室则必使工师求大木"章，赵注说
"二十两为镒"，《注疏》曰"《国语》云二十四两为镒；《礼》
云'朝一镒米'，注亦谓'二十四两'。今注误为二十两"。无
论其订正正确与否，都不是"只绕缠赵岐之说"。

第三，《孟子注疏》中虽然存在注释的粗糙之处，但也不乏
精到的解释，有时甚至堪比名家的注释。如《离娄下》第26章
前两句：

> 孟子曰："天下之言性也，则故而已矣。故者，以利
> 为本。"

这句话解释起来犹为困难，且历来少有好的解释。裘锡圭
先生对《孟子注疏》的注释却称赞有加，他说："朱熹《孟子集
注》等，把这两句当作孟子正面叙述关于性的意见的话，显然
是错误的。……宋人伪托孙奭之名而作的《孟子疏》，向来被讥
为浅陋。但此书对这两句的解释却比赵岐、朱熹、焦循等人都
好。……陆九渊对《孟子》这两句话的解释，跟伪孙奭《疏》
相近，但说得比较简单。"①《孟子注疏》根据孟子"由仁义行，
非行仁义也"的思想，指出人性中包含所有的理，根据人性而
行事，就自然表现为仁义的善性；可是，现实生活中大多数人
并不是由人性而行事，而是外在表现为仁义的善性，并非由内
在的仁义行事，所以将"故"解释为"事"。既然是衡量利弊
之后表现出来的善性，自然是以利为本。这一解释符合孟子的

---

① 裘锡圭：《中国出土古文献十讲》，上海：复旦大学出版社，2004年，第270页。

原意，为读者提供了一条理解这一章的正确思路。

《孟子注疏》是经学史上第一部以"疏"的形式出现的《孟子》注本。宋以前，《孟子》尚未被列为经书，研究者寥寥无几。从西汉起，千余年间，只有赵岐的《孟子注》得以完整保存，具有较大参考价值。此外，几乎无前人研究成果可以参考。而其他经书，特别是传统的五经，可以参考的著作不胜枚举，学术研究积淀之厚重、可供参考的成果之丰富，是《孟子注疏》所无法比拟的。在这样的条件下，完成《孟子注疏》的困难程度可想而知。其有草创之功，粗疏之处亦在所难免。因此，"除非有更为直接的过硬材料，否则只能存疑。以现有的材料为依据，无论说《孟子注疏》是孙奭的作品或不是孙奭的作品，理由都显得不够充分"①。

三、《孟子集注》：理学家研究《孟子》的最高成就

《孟子集注》是朱熹的作品，朱熹是宋代理学的集大成者。理学因其核心概念是"理"而得名，是宋代的儒家学者为对抗佛老而发展儒家学说的一个新阶段。理学以儒家的道德伦理学说为核心，同时又吸收了道家的宇宙生成理论和佛教的思辨哲学，融合儒释道而形成的新学说，因此又称为"宋代新儒学"。之所以称之为"新儒学"，不仅是因为其吸收佛道哲学为儒家的伦理纲常找到了新的哲学依据，而且是因为它从儒家的经典中挖掘出了一些不为传统儒学所注意而又符合宋代时代需求的思想资料——《孟子》就是其中一个重要的思想资源。朱熹的弟

---

① 董洪利：《〈孟子注疏〉与孙奭〈孟子〉学》，《北京大学学报》2006 年第 6 期。

子陈淳曾经作《北溪字义》，列举了理学的 25 个重要范畴：命、性、心、情、才、志、意、仁义礼智信、忠信、忠恕、诚、敬、恭敬、道、理、德、太极、皇极、中和、中庸、礼乐、经权、义利、鬼神、佛老。其中，来自《孟子》的有 17 条：命、性、心、情、才、志、意、仁义礼智信、忠信、诚、敬、恭敬、道、理、德、经权、义利。在儒家哲学中，最早提出"理"这个概念的也是孟子。在《告子上》第 7 章中，孟子说："心之所同然者何也？谓理也，义也。"由此可见，《孟子》对于理学的建构非常重要，《孟子集注》也是朱熹倾注心血最多的著作。

朱熹，生于宋高宗建炎四年（1130），卒于宋宁宗庆元六年（1200），终年 71 岁，南宋时期著名的理学家、思想家、哲学家、教育家和诗人，在《宋史》中有传。朱熹，字元晦，又字仲晦，号晦庵、晦翁、云谷老人、沧州病叟等，别号紫阳，祖籍徽州婺源县（今江西婺源），生于南剑州尤溪（今福建尤溪县），一生中大部分的时间在福建度过，因此他所创立的学派被称为"闽学"。

朱熹 19 岁考中进士，踏上仕途，历任泉州同安主簿、知南康军、提举浙东常平茶盐公事、漳州知府和焕章阁待制兼侍讲等职。从出仕到去世，50 年的时间里，朱熹仅担任过 9 年的地方官、46 天的朝官，其他 40 年的时间都用在了潜心研究学问和收徒讲学上。绍兴二十八年（1158），28 岁的朱熹拜李侗为师。李侗是程颐的三传弟子，他的老师罗从彦师从程门四弟子之一的杨时，朱熹因之得以承袭"二程"之学说。他先后创建寒泉精舍、武夷精舍、竹林精舍，重建白鹿洞书院和岳麓书院，收徒讲学，著书立说，建立了精细严密、思辨性强的理学体系。

　　《孟子集注》是《四书章句集注》的一部分，是朱熹历经四十年精心著述、反复修改而成的著作。30 多岁的时候，朱熹就开始着手收集各家解释孟子的著作、言论，如"二程"、张载、侯仲良、范祖禹、吕希哲、吕大临、谢良佐、游酢、杨时等，汇集成《孟子集义》（初名《孟子精义》），这是为《孟子集注》所做的准备工作。然后，朱熹将各家的解释融会贯通，形成自己对孟子的理解，48 岁时完成《孟子集注》的初稿。之后的 20 多年时间里，朱熹对之反复推敲、加以修改。他在 68 岁时说："某所解《语》《孟》……要人精粗本末，字字为咀嚼过。此书，某自三十岁便下功夫，到而今改犹未了，不是草草看者。"① 《孟子集注》是朱熹研究孟子的最高学术成就，也是宋代理学研究孟子的最高水平。

　　除此之外，朱熹还有一些辅助性的著作，主要有《孟子或问》和《朱子语类》第 51—61 卷。《孟子或问》共 14 卷，是《四书或问》中的一部分，是朱熹为了阐述他注释"四书"的原则，回答人们可能提出的问题而作的。《朱子语类》第 51—61 卷是朱熹在讲授《孟子》或与学生讨论《孟子》时发表的言论，由他的学生记录整理而成。这 10 卷的内容非常丰富，共阐释了《孟子》150 多章的内容。不同于《孟子集注》的惜墨如金，《朱子语类》对《孟子》的重要章节尽量展开来谈，深入、细致，不厌其烦，可以说是对《孟子集注》详尽的补充。

　　这些共同构成朱熹对《孟子》的研究体系。朱熹以《孟

---

① ［宋］黎靖德编，王星贤点校：《朱子语类》，北京：中华书局，1986 年，第 2799 页。

子》为思想资源，构建起自己庞大的理学体系，他对孟子思想的理解也最为深透、到位，同时又将孟子思想进一步深化、精细化，将孟子思想推向一个新的高度。下面从人性论、心性论、认识论等朱熹对孟子思想做出重要推进的方面，论及朱熹的理学思想及其与孟子思想之间的关系。

（一）理气论与性二元论

孟子主张人性善，认为人生而有"四心"，进而有仁义礼智"四德"。至于"四心"从何而来，孟子只是从经验的角度出发，举了一个人看到孩子将要掉进井里的反应来表明"四心"生而有之。但孟子对性何以有恶却不能给出圆满的解释，因而不能从根本上否定性恶，也不能从理论上战胜性恶论。汉代之后又出现了董仲舒的性有善有恶论、韩愈的性三品说等，但都不能完满地解释人性的多样性。

宋代理学家综合以往的人性论观点，提出了性二元论，即人性分天命之性和气质之性。天命之性又叫天地之性、义理之性，是宇宙万物本然之性，在人的身上体现出来就是未出生之前的本性，是纯善之性；气质之性是指万事万物有了形体之后所具有的性，在人的身上表现为出生之后与身体相结合的具体之性，因人而异，有善有恶。

性二元论源自理学家理气二元的宇宙论。宇宙的本源是气，是张载提出来的。他说"太虚即气"，即气是万物的本源，形态各异的万物都是气的不同表现形态，不管是聚而有象的"有"，还是散为无形的"无"，其本质都是气。理即天理，是"二程"兄弟提出的概念，指的是贯穿于自然界和人类社会的共同原则，去除汉代董仲舒儒学中"天"的中间环节，直接视儒家伦理纲常为宇宙本源，用"天人一理"取代"天人合一"。从此，中国哲学中"天"所具有的本体地位被"理"所代替。这也是"二程"最引以为傲的学术贡献："吾学虽有所受，天理二字却是自家体贴出来。"① 但对理气之间的关系，"二程"却没有进行深入的论证，只是强调理为本、气为末，说"理也者，实也，本也"，"阴阳，气也，形而下也。道，太虚也，形而上也"。②

秉承"二程"学术衣钵的朱熹，在继承"二程"理论的基础上，又吸收张载的气论，辩证地看待理气之间的关系，建立了系统的理气二元论。他说："天地之间，有理有气。理也者，形而上之道也，生物之本也。气也者，形而下之器也，生物之具也。是以人物之生，必禀此理然后有性，必秉此气，然后有形。"③ 意思是，天地之间同时存在理和气两种东西，理是形而上的，是产生万物的根本；气是形而下的，是产生万物的载体。人和万物的产生，都是理气结合的结果。虽然理、气如影随形，相伴而生，相互依存，缺一不可，如朱熹所说"天下未有无理之气，亦未有无气之理"④，但二者并非平等的关系，而是有主次之分的——理为主，气为次。理属精神范畴，是生物之本；

---

① ［宋］程颢、程颐著，王孝鱼点校：《二程集》，北京：中华书局，1981年，第424页。
② ［宋］程颢、程颐著，王孝鱼点校：《二程集》，北京：中华书局，1981年，第1177、1180页。
③ ［宋］朱熹：《朱子文集》，上海：上海商务印书馆，1937年，第216页。
④ ［宋］程颢、程颐著，王孝鱼点校：《二程集》，北京：中华书局，1981年，第2页。

气属物质范畴，是生物之具。他说"未有天地之先，毕竟是先有此理"，"有是理便有是气，但理是本"，① 理是第一位的，气是第二位的。

朱熹用理气二元论构建了系统的性二元论。首先，朱熹用禀理全或不全来解释人和动物之间的区别。《离娄下》第 19 章：

> 孟子曰："人之所以异于禽兽者几希，庶民去之，君子存之。"

《孟子集注》的注释为：

> 人物之生，同得天地之理以为性，同得天地之气以为形；其不同者，独人于其闻得形气之正，而能有以全其性，为少异耳。虽曰少异，然人物之所以分，实在于此。

《告子上》第 3 章：

> 告子曰："生之谓性。"
> 孟子曰："生之谓性也，犹白之谓白与？"
> 曰："然。"
> "白羽之白也，犹白雪之白；白雪之白犹白玉之白与？"
> 曰："然。"

---

① ［宋］程颢、程颐著，王孝鱼点校：《二程集》，北京：中华书局，1981 年，第 1、2 页。

"然则犬之性犹牛之性，牛之性犹人之性与？"

《孟子集注》的注释为：

> 性者，人之所得于天之理也；生者，人之所得于天之气也。性，形而上者也；气，形而下者也。人物之生，莫不有是性，亦莫不有是气。然以气言之，则知觉运动，人与物若不异也；以理言之，则仁义礼智之禀，岂物之所得而全哉？此人之性所以无不善，而为万物之灵也。告子不知性之为理，而以所谓气者当之，是以杞柳湍水之喻，食色无善无不善之说，纵横缪戾，纷纭舛错，而此章之误乃其本根。所以然者，盖徒知知觉运动之蠢然者，人与物同；而不知仁义礼智之粹然者，人与物异也。孟子以是折之，其义精矣。

人和动物由于都秉天地之气，所以都有知觉运动、食色之欲，这些自然之性看起来没有什么不同，所以告子主张性无善无不善。在孟子看来，告子不明白人的自然属性和社会属性的区别，将自然之性等同于人性。朱熹则进一步将二者之区别追溯到所秉理气的差别，人能够秉理之全，所以生而具备仁义礼智之德，人性皆善；动物不能秉理之全，所以仁义礼智"四德"偏而不全，如蜂蚁有"君臣之义"、虎狼有"父子之亲"，只是具有"仁"或"义"之德，其他方面的德则不具备，犹如照镜子，中间只有一两点光，其他的地方都是暗的。告子只知人与动物同禀天地之气，却不知所禀天地之理不同，所以得出错误的结论。

其次，朱熹用人所禀之气质不同来解释人与人之间的善恶、贤愚、寿夭之别。孟子主张人性善，但人为什么会有恶行呢？孟子归之于受后天环境的影响。他举例说，丰收之年，少年子弟多懒惰；灾荒之年，少年子弟多强暴。并不是天生的资质不同，是环境使他们变坏的缘故。他以大麦做比喻，播了种，耕了地，如果土地相同、种植的时间相同，便会蓬勃生长，夏至之日都会成熟。即使有所不同，也是由于土地肥瘠、雨露多少、人工勤惰不同。所以一切同类之物，无不大体相同，圣人和普通人在本质上没有什么区别。圣人和普通人唯一的区别在于圣人能够保持天生的善性，不断地滋养它；而普通人做不到这一点，所以善性不断地消失。他以牛山之木为喻，牛山上树木本来非常茂盛，可是人们常常用斧子去砍伐，牛羊也经常去吃掉刚长出的枝条，牛山上的树木很快就变得光秃秃的，不知情的人便以为牛山上没有良材。人性亦然，本来是善的，但是有些人不滋养自己的内心，不断受到外在恶劣环境的影响，善性一点点地消失，如同禽兽，导致人们错误地认为这些人天生就没有善性。

朱熹继承张载气质之性的概念，将人性分为两个部分——天命之性和气质之性。天命之性源自所得天地之理，是纯善的；气质之性源自所得之气，气有清浊之分，所以人有善恶、贤愚、寿夭之分。他说："天地间只是一个道理。性便是理。人之所以有善有不善，只缘气质之禀各有清浊。"[1] 气亦有先天与后天之分，先天之气即人出生时所禀之气。朱熹说："天地之运，万端而无穷，其可见者，日月清明气候和正之时，人生而禀此气，

---

[1]　[宋] 黎靖德编，王星贤点校：《朱子语类》，北京：中华书局，1986 年，第68 页。

则为清明浑厚之气，须做个好人；若是日月昏暗，寒暑反常，皆是天地之戾气，人若禀此气，则为不好底人。"① 意即人生来禀清明和正之气，则是个好人，是善的；禀日月昏暗、寒暑反常之戾气，则不是个好人，是恶的。

后天之气是指人出生之后，受到生活环境的影响，即所禀社会之气不同，善恶便不同了。朱熹说："人所禀之气，虽皆是天地之正气，但衮来衮去，便有昏明厚薄之异。盖气是有形之物。才是有形之物，便自有美有恶也。"一个人在社会上"禀得精英之气，便为圣，为贤，便是得理之全，得理之正。禀得清明者，便英爽；禀得敦厚者，便温和；禀得清高者，便贵；禀得丰厚者，便富；禀得久长者，便寿；禀得衰颓薄浊者，便为愚、不肖，为贫、为贱、为夭"。②

朱熹的人性论，以理气二元论为哲学依据，在继承孟子性善论的基础上进一步深化、细化，用理来解释人性本善，用气来解释人性中的恶，对人性的复杂性和多样性给出了圆满的解释，结束了人性问题长期聚讼纷纭的局面，使之获得暂时的统一。从此之后的数百年间，朱熹的人性论思想以其巨大的影响力支配着思想领域，成为宋代之后正统的人性理论。

（二）天理人欲、道心人心

性二元论表现在人的行为和动机上，就是天理和人欲、道心和人心的区别。"道心"和"人心"的概念出自《尚书·大

---

① ［宋］黎靖德编，王星贤点校：《朱子语类》，北京：中华书局，1986 年，第69 页。
② ［宋］黎靖德编，王星贤点校：《朱子语类》，北京：中华书局，1986 年，第68、77 页。

禹谟》中的"人心惟危，道心惟微；惟精惟一，允执厥中"。这是舜在将帝位传给禹的时候说的一句话，意思是人心变化莫测，道心中正入微，我们要真诚地保持"惟精惟一"之道，不改变自己的理想和目标，使人心与道心相合，执中而行。孟子主张人性善，所以认为仁义礼智是根植于心的。《尽心上》第21章说"君子所性，仁义礼智根于心"，只要将内心中的善发挥出来，就是知性知天，即"尽其心者，知其性也；知其性，则知天矣"。孟子所说的心是道心，而对于根植于人心的好利、好色、好货等行为则只能归于道德层面的解释，而无法抵达哲学的深处。

朱熹从性二元论出发，从人性的角度解释了道心和人心、天理和人欲的根源。他说："夫谓人心之危者，人欲之萌也；道心之微者，天理之奥也。"[①] 道心就是天理，根源于人的天命之性；人心就是人欲，根源于人的气质之性。人只有一个心，道心和人心是同一个心的两个侧面。心认识到天理，受天理支配，就是道心；心觉察到欲望，受欲望支配，就是人心。朱熹认为，道心就是恻隐、羞恶、辞让、是非之心，就是仁义礼智"四德"。他的这一思想是在对《孟子》的注释中阐发的。在《公孙丑上》第6章中，孟子说：

> 由是观之，无恻隐之心，非人也；无羞恶之心，非人也；无辞让之心，非人也；无是非之心，非人也。

---

① ［宋］朱熹：《朱子文集》，上海：上海商务印书馆，1937年，第470页。

朱熹注曰：

> 羞，耻己之不善也。恶，憎人之不善也。辞，解使去
> 己也。让，推以与人也。是，知其善而以为是也。非，知
> 其恶而以为非也。人之所以为心，不外乎是四者，故因论
> 恻隐而悉数之。言人若无此，则不得谓之人，所以明其必
> 有也。

意即恻隐、羞恶、辞让、是非"四心"是人所必有之心，
仁义礼智"四德"也是与生俱来，因为每个人都是秉天理而生。
他在《朱子语类》中说道：

> 天地生物，自是温暖和煦，这个便是仁，所以人物得
> 之，无不有慈爱恻怛之心。
> 人物皆得此理，只缘他上面一个母子如此，所以生物
> 无不肖也。
> 心如界方，一面青，一面赤，一面白，一面黑。青属
> 东方，仁也；赤属南方，礼也；白属西方，义也；黑属北
> 方，智也。①

而人心、人欲源自气质之性，即"利心生于物我之相形，
人欲之私也"②，是人在与外界接触的过程中产生的过度的、自

---

① ［宋］黎靖德编，王星贤点校：《朱子语类》，北京：中华书局，1986 年，第
1280 页。
② ［宋］朱熹：《四书章句集注》，北京：中华书局，第 1983 年，第 202 页。

私的物质或精神追求。在《尽心下》第 35 章中，孟子曰："养心莫善于寡欲。"朱熹注曰："欲，如口鼻耳目四肢之欲，虽人之所不能无，然多所不节，未有不失其本心者，学者所当深戒也。"[①] 意思是耳之好音、目之好色、四肢之好逸，本是人正常的生理需求，每个人都不能避免，但是如果过度追求，便是贪欲。《梁惠王下》第 1—5 章记载了孟子与齐宣王的对话，谈及齐宣王好钟鼓之乐、好苑囿之乐、好勇、好色、好货。朱熹说："好货好色，人情所不免，但齐王专于私己，而不思及民，故孟子欲其与民同之，非欲因其邪心而利道之也。"[②] 意思是好货、好色都是人之常情，但是如果为了满足一己之私，将公共资源据为己有，便是私欲。贪欲和私欲，都是人欲。

在朱熹看来，天理和人欲，表现在外在的行为上没有太大区别；二者的区别在于行为的动机，即是道心还是人心。朱熹对《梁惠王下》第 1—5 章有一个总的注释：

> 愚谓此篇自首章至此，大意皆同。盖钟鼓、苑囿、游观之乐，与夫好勇、好货、好色之心，皆天理之所有，而人情之所不能无者。然天理人欲，同行异情。循理而公于天下者，圣贤之所以尽其性也；纵欲而私于一己者，众人之所以灭其天也。二者之间，不能以发，而其是非得失之归，相去远矣。[③]

---

① ［宋］朱熹：《四书章句集注》，北京：中华书局，第 1983 年，第 374 页。
② ［宋］朱熹撰，朱杰人、严佐之、刘永翔主编：《朱子全书》第 6 册，上海：上海古籍出版社，2002 年，第 929 页。
③ ［宋］朱熹：《四书章句集注》，北京：中华书局，第 1983 年，第 219 页。

意即钟鼓、苑囿、游观之乐与好勇、好货、好色之心，本是天理中就包含的东西，也是人的行为中所必不可少的。但是，如果这些行为的动机是为着天下百姓着想，与民同乐，就是循天理；如果这些行为的动机是为了个人的享乐，满足自己的私欲，而置百姓的生活于不顾，就是纵私欲。天理和人欲之间的毫发之差就在于这样做的动机和目的是为公还是为己。看似相同行为的背后，动机和目的的丝毫之差就导致结果相去甚远："循天理，则不求利而自无不利；徇人欲，则求利未得而害已随之。所谓毫厘之差，千里之谬。"① 圣人和普通人之间的差别在于，圣人能够循天理、公天下而尽其天命之性；普通人只知道纵一己之私欲而灭其天命之性，仅表现为气质之性。

但是气质之性不是一成不变的，改变的途径就是"明天理，灭人欲"，这也是理学所致力的地方。朱熹说："圣贤千言万语，只是教人明天理，灭人欲"；"学者须是革尽人欲，复尽天理，方始是学"；"克得那一分人欲去，便复得这一分天理来"。② 这便需要心的认识和格物致知的涵养功夫。

（三）心统性情与格物致知

在中国思想史上，最早对心进行专门论述的思想家就是孟子。他说："心之官则思，思则得之，不思则不得也。"（11.15）意思是心的功能在于思考，恻隐、羞恶、辞让、是非"四心"

---

① ［宋］朱熹：《四书章句集注》，北京：中华书局，第 1983 年，第 202 页。
② ［宋］黎靖德编，王星贤点校：《朱子语类》，北京：中华书局，1986 年，第 207、225、1047 页。

是人生而有之的，只要充分发挥心的思维功能，向内探索，就能够了解人善良的本性，从而保有善良的本性，就可以成为君子、圣人。

但是在孟子关于心的理论中，心是浑然一体的，没有主体和客体的区别，也没有性和情的区分。朱熹在对《孟子》进行注释的过程中，进一步将心区分为主体和客体、性和情，建立起了系统的心性论。他说：

> 心者，人之知觉主于身而应事物者也。①
> 心者，人之神明，所以具众理而应万事者也。②

在前一句话中，心是认识的主体；在后一句话中，心是认识的客体。作为认识的客体，心兼具性和情两个方面。《公孙丑上》第6章：

> 由是观之，无恻隐之心，非人也；无羞恶之心，非人也；无辞让之心，非人也；无是非之心，非人也。恻隐之心，仁之端也；羞恶之心，义之端也；辞让之心，礼之端也；是非之心，智之端也。

朱熹注曰：

---

① ［宋］朱熹撰，朱杰人、严佐之、刘永翔主编：《朱子全书》（第23册），上海：上海古籍出版社，2002年，第3180页。
② ［宋］朱熹：《四书章句集注》，北京：中华书局，1983年，第349页。

> 恻隐、羞恶、辞让、是非，情也。仁、义、礼、智，性也。心，统性情者也。端，绪也。因其情之发，而性之本然可得而见者，犹有物在中绪见于外也。
>
> 此章所论人之性情，心之体用，本然全具，而各有条理如此。①

在孟子的性善论中，"四心"和"四德"是一体的，"四心"是"四德"的萌芽，"四德"是"四心"的道德表述。朱熹进一步将之区分为性和情，"四德"为性，"四心"为情，二者的关系是根本和表现、体和用的关系。也就是性（"四德"）是根本，情（"四心"）是表现于外的、可以看得见行为、动作的；性隐于情之中，二者统一于心这一认识客体之中，即"心，统性情者也"。

但是性和情亦有不同，性禀天理而纯善，情禀气质而有善有不善。他说：

> 盖谓情可为善，则性无有不善。所谓"四端"者，皆情也。仁是性，恻隐是情。恻隐是仁发出来底端芽，如一个谷种相似，谷之生是性，发为萌芽是情。所谓性，只是那仁义礼智四者而已。四件无不善，发出来则有不善，何故？②
>
> 以性而言，则才与情非有不善也。特气质之禀不齐，

---

① ［宋］朱熹：《四书章句集注》，北京：中华书局，1983 年，第 238 页。
② ［宋］黎靖德编，王星贤点校：《朱子语类》，北京：中华书局，1986 年，第 1380 页。

是以才有所拘，情有所徇，而不能一于义理耳。至于性，则理而已矣，其纯粹至善之德，不以气质之美而加多，不以气质之恶而为有损。①

　　性和情的关系如同谷种和发芽的关系。谷种都具备发出芽、结出谷子的善性，但是发芽、结出谷子的好坏并不完全一样，原因就在于后天所禀气质不同——有的因为所禀气质较好而可以尽其天性，表现为善；有的则因为所禀气质不好，而不能表现为纯善。性是禀天理而来，不受气质好坏的影响，而表现为纯善。

　　作为认识的主体，心具有思维功能，可以认识作为客体的心，可以认识性和情，具体的方法便是格物致知。格物致知是《大学》"正心、诚意、格物、致知、修身、齐家、治国、平天下"八条目中的两条。朱熹对它的解释是："致，推极也。知，犹识也。推极吾之知识，欲其所知无不尽也。格，至也。物，犹事也。穷至事物之理，欲其极处无不到也。"② 意即格物就是穷尽天下之理；致知就是推极我心中固有的知识，而达于无所不知。《尽心上》第1章：

　　　　孟子曰："尽其心者，知其性也。知其性，则知天矣。"

　　朱熹注曰：

---

① ［宋］朱熹撰，朱杰人、严佐之、刘永翔主编：《朱子全书》（第6册），上海：上海古籍出版社，2002年，第982—983页。
② ［宋］朱熹：《四书章句集注》，北京：中华书局，第1983年，第4页。

性则心之所具之理，而天又理之所从以出者也。人有
是心，莫非全体，然不穷理，则有所蔽而无以尽乎此心之
量。故能极其心之全体而无不尽者，必其能穷夫理而无不
知者也。既知其理，则其所从出，亦不外是矣。以《大学》
之序言之，知性则物格之谓，尽心则知至之谓也。

意思是，性是理在人心中的体现，理又是从天所出。人心
中的性包含天理的全部，但是不去认识理，不穷尽对理的认识，
那么心就会有所遮蔽而不能表现出性（天理）的全部。要想心
不被遮蔽，就要去认识天下事物当中所包含的理，一物一物去
格、一理一理去认识，从而穷尽天下之理，即格物。但天下之
事、天下之物、天下之理无穷无尽，如何达到对全理的认识呢？
朱熹说："尽心，就见处说，见理无所不尽，如格物、致知之
意。然心无限量，如何尽得？物有多少，亦如何穷得尽？但到
那贯通处，则才拈来便晓得，是为尽也。"① 意思是，致知就是
要发挥心的认识、思考、推理的功能，将所知之理融会贯通，
由已知领域推至未知领域，从而达到对性之全体（天理）的认
识，进而"存天理，灭人欲"，不断走向善的境界。这也是儒家
道德学说的最终目的。

朱熹在深刻理解《孟子》思想的基础上，阐发己意，构建
理学体系。他能够以非常简洁的语言将孟子的思想阐释到位，

① ［宋］黎靖德编，王星贤点校：《朱子语类》，北京：中华书局，1986 年，第
1425 页。

而他自己的思想也是从孟子的思想中引申、发展而来。正如他所说："大抵圣贤之言，多是略发个萌芽，更在后人推究，演而伸，触而长，然亦须得圣贤本意。不得其意，则从那处推得出来。"[①] 正因为他能够将自己的思想和孟子的思想融会贯通，使二者浑然一体，所以，《孟子集注》读起来十分顺畅，毫无分割拼凑、龃龉抵牾之感。

---

① ［宋］黎靖德编，王星贤点校：《朱子语类》，北京：中华书局，1986 年，第1512 页。

疑孟、非孟与翼孟的斗争

从北宋中期到南宋，在《孟子》研究领域，还存在着长达100多年的疑孟、非孟和翼孟的斗争。疑孟、非孟现象的出现，主要有以下两个原因。

其一，受从北宋中期开始的轰轰烈烈的疑经思潮影响。唐宋之际，生产力、生产方式的进步带来了国家政治制度、经济制度和社会生活的巨大变化，特别是雕版印刷术的发明使得经典传播变得容易——之前较难获得的五经、诸史成为普通士子手边的常用书；加之科举制度的刺激，使研习经史成为热潮。同时，为了应对佛道二教的冲击，儒家思想急需构建新的理论体系，思想家们纷纷超越汉唐注疏，直面经典，希望从经典中获取思想资源和灵感，因而非常重视对经典中蕴含的"圣人之道"的发掘和阐发。从唐朝中期开始，就出现了疑经思潮的涓涓细流，至北宋中期汇为大江大河，一时间疑经、改经蔚然成风。学者们先是批评汉唐经学，对注疏之学的权威性提出怀疑；之后在对儒家传世经典进行研究的同时，也对经典的作者、时代、篇章结构提出怀疑，使得以己意解经甚至改经的现象开始出现。朱熹的《孟子集注》就是这种思潮的一个结晶，不过朱熹是继承、发展孟子思想。还有一些学者对孟子思想提出批评，致使出现疑孟、非孟的现象。

其二，出于对王安石变法的反对。王安石十分推崇孟子，以孟子为千古知己，希望能够成为孟子式的人物。他的弟子陆佃说他"言为《诗》《书》，行则孔孟"[①]。他自己也说："欲传道义心虽壮，学作文章力已穷。他日若能窥孟子，终身何敢望韩公！"[②] 他一生治学，于《孟子》用力最勤，著有《孟子解》十四卷。他主持的变法，将《周礼》《礼记》和《孟子》中论及土地的部分，作为新法的重要依据。正是在他的推动之下，《孟子》被列入科举考试必考之书，孟子受封邹国公、配享孔庙。他被认为是"孟子升格运动"中的第一功臣。[③] 因为王安石推崇孟子，并将《孟子》作为他变法的思想依据之一，所以反对王安石变法的人便通过攻击孟子的方式来表达对王安石及其变法的反对，以达釜底抽薪之效。当时另一位重要的政治家司马光便是代表之一。司马光作《疑孟》，对《孟子》一书提出12 条批评，针对的就是王安石的《孟子解》。对于司马光作《疑孟》的目的，南宋倪公思一语道破。有人问他："司马温公乃著《疑孟》，何也？"他回答说："盖有为也。当时，王安石假孟子大有为之说，欲人主师尊之，变乱法度，是以温公致疑于《孟子》，以为安石之言未可尽信也。"[④]

从北宋至南宋，疑孟、非孟的著作主要有：司马光的《疑

① ［宋］陆佃：《陶山集》，上海：上海商务印书馆，1935 年，第 146 页。
② ［宋］王安石著，唐武标校：《王文公文集》，上海：上海人民出版社，1974 年，第 620 页。
③ 徐洪兴：《唐宋间的孟子升格运动》，《中国社会科学》1993 年第 5 期。
④ ［元］白珽：《湛渊集》（卷二），钦定四库全书本。

孟》、苏轼的《论语说》、李觏的《常语》、陈次公的《述常语》、傅野的《述常语》（陈、傅二人为李觏的弟子）、刘敞的《明舜》、张俞的《论韩愈称孟子功不在禹下》、刘恕的《通鉴外纪》、晁说之的《诋孟》《奏审皇太子读孟子》、郑厚的《艺圃折衷》、李荐的《楚泽丛语》、邵博的《疑孟》等。针对疑孟、非孟思潮，捍卫孟子学说的思想家也纷纷著书立说，对之进行反驳，这样的著作主要有张九成的《孟子传》、余允文的《尊孟辨》和朱熹的《读余隐之〈尊孟辨〉》等。其中余允文的《尊孟辨》最具代表性。

余允文，字隐之，南宋建安人，生活年代比朱熹稍早。他作《尊孟辨》的目的就是为了对李觏、司马光、郑厚等人的非孟言论进行驳斥，捍卫《孟子》的经典地位。他在《自序》中这样说："本朝先正司马温公与夫李君泰伯、郑君叔友，皆一时名儒，意其交臂孟氏，而笃信其书矣。温公则疑而不敢非，泰伯非之而近于诋，叔友诋之而逮乎骂……余惧世之学者随波逐流，荡其心术，仁义之道益泯。于是取三家之说，折以公议而辨之，非敢必人之信，姑以自信而已。"① 意思是，针对司马光等人对《孟子》的批评，余允文害怕青年学子随波逐流，造成不良的社会影响和思想影响，所以主要针对司马光、李觏和郑厚三人的言论，进行批驳，以达到捍卫孔孟仁义之道的目的。

疑孟、非孟和翼孟之间的斗争，主要围绕三个方面进行：王霸论、君臣观和道统论。

---

① 余允文：《尊孟辨自序》，《全宋文》（卷五四二七），上海：上海辞书出版社、合肥：安徽教育出版社，2006 年，第 446—447 页。

第一，王霸论。李觏在《常语》中说：孟子虽然口口声声说继承孔子的学说，但实际上与孔子的学说背道而驰。为什么这么说呢？因为孔子的学说遵循君君臣臣的上下等级，而孟子的学说则认为人人可以做君主。孟子的言论与孙子、吴起的智谋以及苏秦、张仪的诈术一样，虽然来源不同，但是扰乱天下的最终结果却是相同的。李觏为什么会有这样的看法呢？

原来，孔子和孟子关于王政和霸政的看法不同。孔子认为王政和霸政是政治发展的不同阶段，由霸政而王政是一个渐进的过程。他曾说："齐一变，至于鲁；鲁一变，至于道。"① 对于辅助齐桓公称霸天下的管仲，孔子评价甚高，"桓公九合诸侯，不以兵车，管仲之力也。如其仁，如其仁""管仲相桓公，霸诸侯，一匡天下，民到于今受其赐。微管仲，吾其被发左衽矣"。② 可见，孔子是不否定霸政的。

在孟子的政治思想中，霸政和王政则是对立的。他认为王政和霸政的区别在于，王政是"以德行仁"，霸政是"以力假仁"。用武力来征服别人的霸政，别人的服从不是心服口服，而是因为力量不如；只有以德服人，别人的归附才会心悦诚服。根据这一观点，他对"五霸"提出批评说："五霸者，搂诸侯以伐诸侯也。故曰：五霸者，三王之罪人也。五霸，桓公为盛。"③"五霸"是挟持一部分诸侯去讨伐另一部分诸侯，以力相胜，与以德行仁的王政原则相违背，所以"五霸"是三王的罪人，其中桓公的罪行最大。这与孔子对桓公和管仲的评价完全不同。

---

① 杨伯峻译注：《论语译注》，北京：中华书局，1980年，第62页。
② 杨伯峻译注：《论语译注》，北京：中华书局，1980年，第151页。
③ 杨伯峻译注：《孟子译注》，北京：中华书局，2005年，第287页。

李觏正是在这个意义上否定了孟子继承孔子学说。他认为王政和霸政的区别在于统治区域和行使权力范围的大小，而不在于道德本质上的差别。他说："所谓王道，则有之矣，安天下也。所谓霸道，则有之矣，尊京师也。非粹与驳之谓也。"[①] 同时他也认为春秋五霸是可取的，说："五霸率诸侯事天子，孟子劝诸侯为天子。苟有人性者，必知逆顺耳矣。孟子当周显王时，其后尚且百年，而秦并之。呜呼！孟子忍人也，其视周室如无有也。"[②] 意即"五霸"是以尊奉周天子为前提的，可是孟子却劝诸侯称天子，孟子生活在周显王时代，怎么能够视周王室如无有呢？

司马光也持同样的看法。他认为霸者乃是受命于天子的中央重臣，说："合天下而君之之谓王，王者必立三公。三公分天下而治之，曰二伯，一公处乎内，皆王官也。周衰，二伯之职废。齐桓、晋文纠合诸侯以尊天子，天子因命之为侯伯，修旧职也。伯之语转而为霸，霸之名自是兴。"[③] 意思是，天子统一天下，所以称为王。王者立有三公，一公在朝内辅佐天子处理政务；另外二公称伯，在外辅助天子治理天下。后来，周室衰微，二伯无力掌控、治理天下，于是齐桓、晋文崛起，帮助天子治理天下。周天子便任命他们为侯伯，代替二公的职能，伯转为霸，霸的名称就是这样来的。因此，王政和霸政并没有实质性的不同，只不过是程度深浅、功绩大小的区别，即"得之

---

① ［宋］李觏著，王国轩点校：《李觏集》北京：中华书局，1981 年，第 372 页。
② ［宋］余允文：《尊孟辨》，上海：上海商务印书馆，1937 年，第 14 页。
③ ［宋］司马光撰，李文泽、霞绍辉校点：《司马光集》，成都：四川大学出版社，2010 年，第 1513 页。

有深浅，成功有大小耳"①。

　　针对这样的观点，张九成、余允文、朱熹分别做出回应，为孟子辩护。张九成在《孟子传》中说：孟子所说的"王"，并不是王者之位，而是王者之道，也即孟子不是劝说诸侯为天子，而是劝说诸侯行王道。王道的内容就是君臣、父子、夫妇的等级关系，百姓丰衣足食的生活状态和力行孝悌的道德风貌。孟子顺应当时天下统一日益明显的历史趋势，希望尽快拯救人民于水火，而倡导尽量减少人员伤亡和社会破坏的王政，反对"争城以战""杀人盈野"的霸政。学者学习圣贤的学说，一定要将他的思想和言论放在他所处的时代背景下来理解，而不能只取只言片语，做断章取义的理解。

　　余允文也对李觏"孟子劝诸侯为天下"的观点进行批评，说：孟子劝说诸侯行王政，是为了让他们不要用残酷、暴虐的武力方式取得天下，救民于水火之中。即使伊尹、太公和孔子劝说他们的君主，也会是同样的主张。"春秋五霸"实行的仁义，并不是内心中真有仁义，只不过是借助仁义的名义而进行战争；表面上尊奉周王室，实际上都想通过武力征服天下。孟子不忍无辜的百姓死于战争，于是用仁政王道游说诸侯，希望他们以德服人，不要发动战争，怎么能说孟子是劝说诸侯为天子呢？

　　朱熹也对张、余二人的观点表示支持，说："李氏罪孟子劝诸侯为天子，正为不知时措之宜，隐之之辨已得之，但少发明时错之意。"②

---

① ［宋］司马光撰，李文泽、霞绍辉校点：《司马光集》，成都：四川大学出版社，2010 年，第 1513 页。

② ［宋］朱熹撰，朱杰人、严佐之、刘永翔主编：《朱子全书》（第 24 册），上海：上海古籍出版社，2002 年，第 3526 页。

第二，君臣观。孟子以德治和民本思想为基点，提出相对的君臣观。他认为，在某种程度上，君臣之间是相对的关系。他说："君之视臣如手足，则臣视君如腹心；君之视臣如犬马，则臣视君如国人；君之视臣如土芥，则臣视君如寇仇。"（8.3）对于有才能的贤士，君主应该视之为师，孟子本人也是这么做的。

一次，孟子准备去见齐王，齐王恰巧派人来说："齐王生病了，不能亲自来拜见先生。如果先生肯来宫中见我，我可以接见先生。"孟子回应说："不幸得很，我也生病了，不能到宫中去拜见齐王。"第二天，齐王派医生来给孟子看病，孟子却躲到朋友景丑家里去了。景丑不解地问："你本来准备去见齐王的，可是一听到王的召见，反而不去了，这好像不符合礼仪吧？"孟子回答说：天下公认尊贵的东西有三种：爵位、年龄和道德。在朝廷上，尊重爵位；在乡党中，尊重年龄；至于辅佐君主治理天下，自然是以道德最为尊贵。齐王怎么能凭着他的爵位来轻视我的年龄和道德呢？有大作为的君主，一定有他不能召唤的臣子，如果有什么事情想和臣子商量，就亲自到臣子家中请教。君主尊尚道德、施行仁政，如果不这样做，就不值得和他一起做事情。商汤对于伊尹，先向他学习，然后以他为臣，所以能够轻松取得天下；桓公对于管仲，也是先向他学习，然后以他为臣，所以能够轻松称霸诸侯。现在，各个诸侯国拥有的地盘大小相似，行为作风也不相上下，却无人能够称霸诸侯或统一天下，就是因为他们喜欢以听从他的话的人为臣，而不喜欢以能够教导他们的人为臣。商汤对于伊尹、桓公对于管仲，都不敢随意召唤。管仲尚且不可以召唤，况且我这个连管仲都不愿意做的人呢？

对此，司马光提出批评：孔子是圣人，鲁定公、鲁哀公都是末世的昏君，可是他们召见孔子，孔子不等车驾好就赶紧出发；经过国君面前，哪怕是经过国君的座位，都谨慎恭敬。可是，国君召见孟子，孟子不仅不去，反而跑到别人家里去。孟子学的是孔子的学说，他的为臣之道怎么和孔子迥然不同呢？再说，君臣大义是最基本的伦理道德，孟子的德能比得上周公吗？孟子和齐王的年龄之差，能比得上周公和成王的年龄之差吗？成王小的时候，周公背着他朝见诸侯；成王长大后，周公将执政权交给成王，自己做臣子，对待成王就像对待文王、武王一样恭敬。孟子怎么能够批评齐王不尊重他的年龄和道德，而对他慢待呢？

李觏也批评说，孟子生活的时代，天子是周显王，周显王并没有什么恶行，只不过和当时强大的诸侯相比，力量较为薄弱。他不像桀纣那样暴虐，可是齐王和梁王都不听从他的命令，孟子也不愿意去辅佐他。孟子既然想成为佐命大臣，为什么那样骄躁呢？郑厚对于孟子奔走于诸侯之间、劝诸侯行王道统一天下的行为批评道，孟子教齐国、梁国、滕国国君行王道，做汤、武那样的圣王，难道齐、梁、滕这些国君不是天子任命的吗？为何这样目无天子呢？

针对李觏、司马光和郑厚的批评，余允文辩驳说：

孟子将要去朝见齐王，恰巧齐王派人来说自己生病不能出门，希望孟子到宫中去朝见他。仔细琢磨齐王的话，可以知道，齐王根本不知道尊德乐道，觉得自己是万乘之尊的身份，怎么能够在孟子面前屈尊呢？所以称自己生病，想让孟子在他面前屈身事之。孟子知道齐王的意思，也故意称病不去，这是不愿意屈从权势，不是骄傲。身体可以屈服于权势，道可以屈服于权势吗？这和孔子的"君命召，不俟驾而行"是截然不同的。而且，尊重有道德的人、敬重年龄大的人，是自古以来人君所奉行的道，人君所拥有的只是爵位，怎么能够慢待有道德和年龄大的人呢？至于伊尹之于太甲、周公之于成王，都是大臣辅佐幼主，不能够和孟子所说的"达尊"相提并论。

朱熹也说：

孟子将要朝见齐王，齐王称病，孟子也称病不去，我揣摩孟子的意思，应该是这样的："如果我自己愿意去朝见齐王，那是尊重尊贵的人；尊重尊贵的人，是义，有什么不可以去呢？可是，齐王以王的身份召见我，不符合尊重贤人的礼仪。在这样的情况下前去朝见，符合义中的哪一条呢？"这和孔子"君命召，不俟驾而行"的情况是不同的，孟子说得很清楚了，是司马温公没有仔细探究。而且，孟子所说的"达尊"，我认为"达"是通的意思，"爵""德""齿"各有不同的适用情况，要看什么场合。朝廷之上，伊尹、周公以臣的身份事君，不敢以德、齿相尚；至于安定天下、治理百姓，太甲、成王则需要像老师一样对待伊尹和周公。这就是孟子所说的"达尊"的含义。

第三，道统论。基于对孟子王霸论和君臣观的批评，疑孟、非孟者认为孟子并没有继承孔子的学说，而力图将之排除在道统之外。如前文中司马光说："孟子，学孔子者也，其道岂异乎？"李觏、郑厚也有相似言论，如：

彼孟子者，名学孔子，而实背之也，焉得传？敢问何沒想到矛頭會指向我，我嚇一跳，把話吞回去。然後慌忙開口。

「我說的是現在的漣！我的事不重要吧──。」

「沒有不重要。」

「沒有不重要。是誰說過這種話？」

漣打斷我的話似的說。

這麼說的他，眼神認真得可怕。我什麼話都說不出口，嘴開闔幾次後，低下頭。漣也什麼都沒有說。我們之間的氣氛一下子凝重起來。宛如肩上擔著沉默。

「……我之前說過。」

小半晌，他小聲地說。

「妳總是擺出這副表情。」

我慢慢抬起頭，看著他。不知道他到底在講什麼而不爽。

「不要再擺那個表情了。光看見就不愉快。」

「……那個表情，是什麼意思？」

「嘟著嘴、皺著眉，看起來超不滿、超無聊的表情。吶，現在也是。」

我不由得用右手掩住嘴。

我自己知道。我總是鬧彆扭似的，一副自怨自艾的表情。

「不要再這樣了。因為看了不僅心情很差，連周圍的人也會覺得無趣。」

但是，沒辦法啊，我在心裡大喊。

沒辦法啊，因為我就是這種個性這張臉。討厭的話無視我就好了啊。不要看我的臉就好了。

為什麼總喜歡干預我？為什麼不放著我不管？

我的眼神充滿說不出口的話，死死瞪著漣。

「又是這個表情。連我都快染上牢騷病了。」

這話讓我全身的血液一口氣往腦子衝。

「我覺得妳這種人最讓人火大。」

咬著嘴唇，握緊拳頭。

不行了，我受夠了。

「我也最討厭你這種人了！」

我尖叫著轉身就走。

和漣說完話後，我就低著頭一心等待時間流逝，一到放學時間，無視導師喊我的聲音，跑出教室。

我用兩倍快的速度照早上來時的路線返回，跳上電車，在烏浦站下車，到達熟悉的海邊時，才終於停下腳步。然後走到海邊，坐在沙灘上。

為什麼不放著我不管呢？為什麼要跟我說話呢？明明把我當透明人置之不理的話，我就會不打擾任何人的放輕呼吸、降低存在感，成為一個無害的人而保持沉默的啊。刻意對我這種人有興趣而干預，我無法好好回應，就會擺出討厭的態度。拜託，不要管我了。

自己也無法控制的內心尖叫在身體裡逡巡，痛苦得幾乎無法呼吸。

我把臉埋在環抱的膝上，緊緊閉上眼睛，耳邊是沒有刻意去聽的反覆波浪聲響。這樣我的心情才能慢慢平靜下來。

過了很久很久，我緩緩抬頭，眼前是混進夜晚深藍色的夕陽橘天空，還有宛如鏡面般倒映的寬廣海洋。

已經是這個時間了啊。差不多得回去了，到晚餐時間了。

雖然我腦子裡面這麼想，但身體動不了。

在我眼睛看著緩緩沉入地平線的夕陽時，忽然耳邊傳來一陣踏沙的聲音。

我有預感，轉過頭。

「幽靈先生……。」

我不由得小聲開口，今天也穿著白色襯衫的他，略長及肩的頭髮隨風飄揚，噗哧一笑。

「我在妳心裡果然變成幽靈了啊？」

哈哈，他覺得有趣的笑了。

看見他笑臉的瞬間，我的眼淚奪眶而出。淚水滴滴滾落，連自己都嚇到。

「喔唷，怎麼啦怎麼啦？」

他帶著果然很有趣的笑，靜靜看著我哭泣的臉。

「遇到了什麼痛苦的事吧，我懂我懂。」

他沒有說發生了什麼事、聊聊吧這類的話問我原因，只是「嗯、嗯」的點頭。這反而讓我的眼淚更盛。

「好喔——年輕人！哭吧哭吧——！」

他像是為我加油似的對天舉起拳頭。這模樣太好笑，我不由得一邊哭一邊笑。

他用溫柔的眼神，看著又哭又笑的我。

「因為大海會接收妳所有的眼淚……。」

說罷，他在我身旁坐下。他的目光遠眺著逐漸沉入夜色的海面。

這樣啊，是可以哭泣的嗎？我想。就算我在這裡哭，也只有幽靈先生看見。不會為人所知就過去了。不會被外公、外婆、爸爸，還有漣知道。

奇怪的是，當我這麼一想，想哭的衝動反而平息下來。

最後的淚水滑落臉頰後，我用沙啞得可憐的聲音問。

「……幽靈先生的眼淚，也曾被大海接收嗎？」

聞言，他大笑出聲。

「又說我是幽靈了。」

他是真的開心地笑。彷彿這世上只有快樂與幸福似的。

「不過，不好意思，我不是幽靈啊。」

被他湊上來看，我微微低下滿是淚痕的臉。

「那……我稱呼你幽先生。」

谓也？曰：孔子之道，君君臣臣也。孟子之道，人皆可以为君也。[①]（李觏）

　　春秋书王，存周也。孔子曰："如有用我者，吾其为东周乎！"此仲尼之本心也，孟轲非周民乎？履周之地，食周之粟，常有无周之心。学仲尼而叛之者也。[②]（郑厚）

　　这三则批评主要针对的是孟子的王霸论、君臣观和不尊周。翼孟者对于前两则批评的回应已见上文，对于孟子不尊周的批评，翼孟者如是回应：

　　余允文说，孔子周游列国，并不曾劝说诸侯尊周。朱熹说，孔子作《春秋》，以维护衰微的周王室；孟子游说诸侯行王道、施仁政，虽然具体的政治行为不同，但是并不妨碍他们所传的道是相同的。意思是，孔子和孟子的道都是为了天下百姓不受战乱之苦，过上安定富足的生活。张九成说得更为明确：君和民是一体的，君为腹心，民为身体；无论是君道还是臣道，都是以"爱民"为旨归。舜作为臣辅，是如何佐尧的？乃"以民为先"。尧作为君主，如何治民？也是"以民为先"。所以孟子之道与孔子之道无异，不能因为表面的不同而否定其根本的相同。

　　综观疑孟、非孟和翼孟之间关于王霸论、君臣观与道统论的斗争，表面上是对孟子具体思想的争论，实质上是君统和道统之争，是现实主义和理想主义之争，也是时代精神之争。孟

---

① ［宋］余允文：《尊孟辨》，上海：上海商务印书馆，1937 年，第 13 页。
② ［宋］余允文：《尊孟辨》，上海：上海商务印书馆，1937 年，第 27 页。

子生活的时代是士人精神高扬的时代，士人们以天下为己任，怀揣由乱到治的治国良方，希望救民于水火之中，从道不从君，表现出不畏权势的大无畏精神。到了宋代，经过千年的摸索，中央集权体制日益完善，君主的权威也越来越神圣化而不可侵犯。疑孟、非孟者站在君统的角度，从现实主义出发，力图维护君主的权威、维护君臣上下的等级秩序，而对孟子的相关思想和言论提出批评。翼孟者则站在道统的角度，从理想主义出发，希望民众看到孟子思想中超越时空的普适价值。其实，双方最终的目的都是更好地治理国家，现实的政治统治也同时需要这两种思想，可谓殊途同归。

宋代《孟子》研究评说

宋代是《孟子》研究呈现飞跃式发展的一个时期。经过中晚唐时期的力量积聚，宋代的《孟子》研究可谓突飞猛进，全面开花，硕果累累。

其一，孟子其人其书地位不断提升。唐宋间出现了孟子的升格运动和《孟子》的升经运动。中唐时期，韩愈构建儒家道统论，推崇孟子在儒家传承中的地位；李翱等人继之，但声音微弱。进入北宋之后，这一屡弱声音突变为时代的主旋律，北宋初期的思想家，如柳开、孙复、石介、程颐、程颢等人纷纷撰文对孟子的道统地位进行肯定。其理由有二：一、孟子得孔子之道真传；二、孟子力辟杨朱、墨翟之说，捍卫孔子之道有功。"二程"还论证了由孔子而曾子、由曾子而子思、由子思而孟子的承继关系。不过，北宋时期，孟子还只是孔子之后道统继承者之一，与之比肩的还有荀子、董仲舒、扬雄、王通、韩愈等人，但是，经过时间的检验和思想的淬炼，人们发现孟子思想最得孔子思想之精髓，也最契合宋代时代思想的需求，于是孟子及其思想的地位便日益凸显。北宋末年的真德秀指出，只有孟子才可为"万世之师"，其他人则不具备这样的资格。南宋理宗正式以诏书的方式肯定了孟子为孔子之道传承者的唯一性地位。

与之同时，孟子在政治上的地位也日益提升，这得益于在神宗时期主持变法的王安石。王安石十分推崇孟子，并且将孟子思想作为自己变法的理论依据之一。在他的推动之下，孟子于元丰六年（1083）被封为邹国公，次年配享孔庙，地位与颜回同，高于荀、扬、韩等人。《孟子》一书也在神宗年间被列为科举考试的必考内容，与《论语》并列，正式被官方列为经书。南宋高宗赵构亲自抄写《孟子》，并令人刻石，使之与之前的十二经合为十三经——儒家的十三经至此而定。中唐时期的韩愈为了回应佛道二教的冲击，除了标榜《孟子》之外，还从《礼记》中发掘了《大学》《中庸》两部经典，以之作为其思想资源。北宋之后，张载、"二程"等人将"四书"并列，并将之提到先经的地位，即要想读懂"五经"，必须先读"四书"；1190 年，朱熹将《论语》《孟子》《大学》《中庸》四书结集出版，确立了宋代之后儒家经典"四书""五经"的基本格局。

其二，《孟子》研究全面展开。相较于魏晋南北朝和隋唐时期《孟子》研究的冷落，宋代的《孟子》研究可谓门庭若市。两宋时代研究《孟子》的著作，《宋史·艺文志》和《宋史艺文志补》录有 28 部，清人朱彝尊的《经义考》录有 106 部。这一方面得益于孟子地位的提高和统治者的提倡，另一方面也得益于科学技术的进步。北宋庆历年间，毕昇发明了活字印刷，改变了之前只能靠手抄的书籍传播方式，使得书籍可以批量生产，昔日较难获得的五经、诸史成为普通士子手边的常用书；加之科举考试的推波助澜，《孟子》成为各级、各类学校考核学生的重要内容之一，学习、研究《孟子》一时蔚然成风。这些研究《孟子》的著作，涉及音释、注疏、通俗讲解、义理阐发等各个方面。

音释类著作以孙奭的《孟子音义》为代表。这是孙奭奉宋真宗之命，与同事一起完成的。该书模仿唐陆德明的《经典释文》，主要对《孟子》中的字音进行注释，间有字义的解释，补足了十三经的音释，还保存了唐代陆善经、张镒和丁公著等人研究孟子的资料，具有很高的史料和研究价值。

注疏类以《孟子注疏》为代表。该书的作者亦题为孙奭，但该书自出现伊始，作者是否为孙奭便是一个争论不休的话题，否定的声音一直占据上风；直至《四库全书总目提要》荟萃诸家论说，得出结论"其不出奭手，确然可信"，几成定谳。但近代以来，不断有学者提出质疑，指出在没有确凿证据之前，不能轻易否定是孙奭所作。所以，迄今为止，该书的作者仍然是一个千古之谜。该书虽然有粗糙、简略之处，但也不乏精到之处，而且是第一部以"疏"的形式出现的《孟子》注本，补足了十三经的注疏本，南宋刊刻家黄唐首次合刊出版的《十三经注疏》中《孟子》注本即采用此本，沿用至今。

义理阐发以朱熹的《孟子集注》为代表。该书集朱熹毕生之精力而成，在继承孟子思想的基础上有所发展，将儒家思想推向一个新的高度。朱熹是理学家的代表，还有一些非理学家对《孟子》的义理阐发也有可取之处，比如苏辙的《孟子解》。苏辙的《孟子解》是他读孟子的心得体会，全书由 24 篇长短不等的文章组成，阐释他对《孟子》思想的理解，包括对《孟子》的阐释和批评。苏辙对《孟子》的阐释，提出了一些新的

观点，如他对义利观的理解。孟子将义和利对立，但苏辙认为
"圣人躬行仁义而利存，非为利也。惟不为利，故利存。小人以
为不求则弗获也。故求利而民争，民争则反以失之"，意即义利
是统一的，行仁义可以获得利，名利双收；只求利却不能够得
到利，名利俱失。这种义利观显然比孟子的观点更具哲理性，
更高一筹。他对孟子的批评也颇具启发意义，如他对孟子仁政
的批评。孟子说："不仁而得国者，有之矣；不仁而得天下者，
未之有也。"（14.13）苏辙批评说，如果孟子说得对，那么司马
懿和杨坚，都是以不仁的方式取得天下，这怎么解释呢？可见，
得天下与仁或不仁并没有实质性的关系。这一批评让我们看到
纯粹的思想家和现实政治之间的距离，对于我们全面认识孟子
及其思想是有帮助的。

　　除此之外，王应麟的《孟子》研究也值得关注。王应麟是
南宋时期著名的学者，一生著述丰富，《困学纪闻》是其代表
作。这是一部笔记杂考著作，其中第八卷是有关《孟子》的笔
记，内容包括史实考证、材料补充、义理方面的心得体会和词
义文字的辨析等，其中有不少精到的见解。如《离娄下》第
17章：

　　　　孟子曰："言无实不祥。不祥之实，蔽贤者当之。"

　　在《孟子》中，这句话孤零零，没有任何背景材料，很难
理解。赵岐和朱熹都没有能够给予很好的解释，朱熹甚至"疑
或有阙文焉"，怀疑这一章有残缺。王应麟引用了《晏子春秋》
中的一条材料，这句话的所指便一清二楚了。他说："《晏子春

秋》曰，有贤而不知，一不祥；知而不用，二不祥；用而不任，三不祥。《孟子》谓'言无实不祥，不祥之实，蔽贤者当之。'盖古有此言也。"意即有贤不知、知而不用、用而不任，都是不祥，都是蔽贤的表现，所以说"不祥之实，蔽贤者当之"①。《晏子春秋》距孟子生活的时代不远，是孟子的知识背景。赵岐和朱熹因为没有发掘出这一背景知识，而不解孟子之意。王应麟以其渊博的知识和扎实的考证功夫，发现了这一背景，问题便迎刃而解。

王应麟的《孟子》研究虽然篇幅不长，却是综合性的研究，也开了明清时期材料考证和笔记类著作之先河。

其三，《孟子》是理学的重要思想源泉，理学是对《孟子》的继承和发展，二者的思想逻辑相同。正如朱熹弟子陈淳在《北溪字义》中总结的那样，理学的 25 个主要概念范畴中，有 17 个来自《孟子》。《孟子》不仅为理学提供了概念范畴，而且提供了思想逻辑。理学思想的逻辑起点、逻辑终点和逻辑过程都与孟子相同。

就逻辑起点而言，二者都主张人性善。孟子主张人性善，自不待言。理学在孟子人性善的基础上吸收荀子的性恶论，提出天命之性和气质之性的概念，形成系统的性二元论。表面看来，二者迥然不同，但仔细探究就会发现，性二元论的底色是人性善，而不是善恶等同，与孟子人性思想本质相同。对此，几代理学家都有论述，如程颢说："人性是'继之者善'，孟子

---

① ［宋］王应麟著，［清］翁元圻等注，栾保群、田松青、吕宗力校点：《困学纪闻》（卷八），上海：上海古籍出版社，2008 年，第 1014 页。

说的人性善就是这样。'继之者善'就像水要往低处流一样。同样是水，有的流到大海也没有任何污浊，根本就不需要人刻意地去澄清；有的没流出多远，就开始变得浑浊了；有的流出了很远才变得浑浊；浑浊的程度也不一样。但是，不管是清水还是浊水，都是水。所以，人需要时刻澄清自己，勤奋刻苦的人由浊变清就快，懒散怠惰的人由浊变清就慢，一旦变清了，就是最初的纯清的水。这个过程不是用清水把浊水换掉，也不是把浊水从清水中取出来，而是自然变清的过程。水的清纯，就是人性善。所以，善和恶不是人性中对应的两种东西，而是以善为根本的。"

程颐也说："孟子说人性善是对的，人性没有不善的；不善的不是人性，是才，才是人后天因为禀气不同而产生的差别。禀清气者表现为性善的贤人，禀浊气者表现为有恶性的愚人。从本质上讲，性就是理，理自天命而来，是纯善的，上至尧舜、下至路人，都是一样的。"

朱熹说："性就是理，但要以气为载体，因为气有清有浊。浊气少的表现出来就是天理胜，即性善；浊气多的表现出来就是私欲胜，即性恶。但是从性的根源上来讲，是没有不善的。"

就逻辑终点而言，则人人可以为尧舜。《离娄下》第 32 章中，储子问孟子："齐王派人来窥视您，您真有跟别人不同的地方吗？"孟子回答说："我哪有什么地方和别人不同？尧舜也和普通人一样呢！"《告子下》第 2 章中，曹交问孟子："人人都可以成为尧舜那样的人，有这样的话吗？"孟子说："有。尧舜之道，就是孝悌。你穿尧的衣服，说尧说的话，做尧做的事，就是尧。"

在孟子看来，尧舜和普通人没有什么两样，只要按照圣人的言谈举止去做，就可以成为圣人。在朱熹看来，成为圣人并不容易。他说："在我看来，成为圣贤是一件很难的事情。像佛教那样通过一通说教，就有人顿悟，是不可能的事情。原因在于气质的变化非常难，孟子的性善论没有论及人的气质之性，所以认为'人皆可为尧舜'，就好像只要勇往直前，人气质之性的偏差就会马上消失殆尽。其实不然，气禀偏差的危害，要下苦功夫去克服，才能够达到中庸的状态。"

虽然朱熹认为"人皆可为尧舜"不那么容易，但仍然是将之作为理论的终点。他说："圣贤教千言万语，只是教人做人。"一个人只要自觉地培养自身的理性去认识天理、变化气质，最终突破一己之小我的限制，与社会、天地之大我融为一体，就可以达到醇儒的境界，达到真善美统一的圣人之境界。这也是他认为为学者所应该追求的目标。如他说："所谓志者，不是将意气去盖他人，只是直截要学尧舜""学者大要立志，才学便要做圣人，是也"。可见，二者将成为圣人作为人最终目标的逻辑终点是相同的，不同的只是难易程度而已。

就逻辑过程而言，二者都主张通过修身来认识自身的善性，从而达到性善。孟子主张保持善性，"求其放心"，将失去的善性找回来，辅之以反身而诚、尽心知性等修身方法；朱熹主张"存天理，灭人欲"，通过格物致知等方式，认识天理，辅之以居敬、存养、省察、力行等方式，去其气质之偏、物欲之蔽而复其性。虽然他们的具体方法不同，但逻辑相同、路径相同。

其四，疑孟、非孟与翼孟并行。在宋代众多思想家推举孟子、孟子升格、《孟子》升经的时代浪潮中，还有一些不同的声音，即疑孟、非孟的思潮。这一时期出现了一批怀疑、批评甚至辱骂孟子的学者和著作，以李觏、司马光和郑厚为首，他们的批评主要集中在王霸论、君臣观等方面，通过分析孟子与孔子思想的违背之处，指出孟子所传并非孔子之道，从而将孟子排除在道统之外。对此，以余允文、张九成、朱熹为首的翼孟派给予针锋相对的辩驳、回击，捍卫了孟子的道统地位。疑孟、非孟与翼孟之争，表面看起来是对孟子是否继承儒家道统之争，实质是道统与君统的政治路线之争，是理想主义和现实主义的人生态度之争，亦是时代精神之争。

第六章
发展与转向：元明时期的《孟子》研究

元明时期的《孟子》研究呈现出两条路线。第一条路线继续沿着宋代理学的思想，继承并发展孟子的思想。南宋理学内部有两个分支，一是以朱熹为代表的理学，一是以陆九渊为代表的心学。朱学主张"性即理"，陆学主张"心即理"；朱学主张"格物致知"，陆学主张"发明本心"。明代王阳明在承袭陆九渊心学理论的基础上，提出"致良知"的理论和具体实践方法，不仅丰富了孟子"良知"概念的内涵，而且将孟子的"良知"概念拓展到实践层面。第二条路线是围绕"四书"学而出现的大量《孟子》研究著作。自从朱熹的《四书章句集注》成为科举考试的标准，围绕着这部书，知识界出现了大量的注释性著作。这些著作包括义理类、考据类、词典类、汇编类和资料类。由于这些著作的主要作用是应考，必须遵循朱注标准，不敢越雷池一步，因而少有学术新见，陈陈相因，互相抄袭，思想界呈现出一片死寂的局面。当然，也有部分学者无视功名，志在弘扬道统、发扬朱学，潜心研究朱熹《四书章句集注》，写出了《孟子集注考证》《读四书丛说》等学术名著。

元明时期孟子其人其书地位的变化

北宋神宗熙宁年间，在王安石的推动之下，《孟子》和《论语》并列，成为科举考试的必考内容，完成了孟子升经的运动。王安石和他的儿子王雱作的《孟子解》成为《孟子》注释的标准、学术的正宗。但王安石父子的《孟子解》非常粗糙，有不少牵强附会的说法，还有很多自相矛盾之处。王安石是借《孟子》帮助推行新法，随着变法的失败，王安石父子的《孟子解》日益遭到学者的批评。进入南宋，经过几代学者的前赴后继，理学构建起了庞大的理论体系。1190年，朱熹《四书章句集注》的刊行，标志着理学的成熟。统治者注意到理学巨大的思想价值，正式确立了理学的正宗地位。宝庆三年（1227），宋理宗下诏，不仅全面肯定朱熹的《四书章句集注》，而且明确表示自己信奉理学，特赠朱熹太师，追封其为信国公。由此，朱熹的《四书章句集注》成为官学的教科书。

南宋后期，蒙古军队南侵，攻占德安府（今湖北安陆），把当地的学者赵复带到北方，让他在燕京（今北京）的太极书院讲授程朱理学。赵复自称是朱熹的私淑弟子，经过他的传播，北方出现了一批有影响的理学人物，如许衡、郝经、刘因等。

元朝统一中国后，一度废止科举，至元仁宗时恢复。元仁宗皇庆二年（1313），行科举诏颁布，规定每三年开科考试一次。元朝根据民族和征服地区的先后，将全国人口划分为四个等级：第一等级是蒙古人，是"国族"；第二等级是色目人，主要指最早被蒙古征服的西域人；第三等级为汉人，指淮河以北原金国境内的汉、契丹、女真等族以及较晚被征服的四川、云南等地的人；第四等级为南人，指最后被蒙古征服的原南宋境内的人。对不同等级的人，采用不同的考试办法，具体如下。

蒙古、色目人考两场。第一场经问五条，以"四书"内容设问，用朱熹的《四书章句集注》。第二场考策一道，以时务出题。

汉人、南人考三场。第一场明经、经疑二问，从"四书"内出题，用朱熹的《四书章句集注》。经义一道，各治一经。第二场考古赋诏诰章表内科一道。第三场考策一道，以经史时务出题。

这一科举方法于元仁宗延祐二年（1315）正式推行。无论是蒙古人、色目人还是汉人、南人都要考"四书"，并以朱熹的《四书章句集注》为准。元代以"四书"设科取士，意味着朱熹理学在思想领域统治地位的正式确立。《四书全书总目提要》说："《论语》《孟子》，旧各为帙；《大学》《中庸》，旧《礼记》之二篇。其编为'四书'，自宋淳熙始，其悬为令甲，则自元延祐复科举始，古来无是名也。"[1] 元代甚至把"四书"当作一部独立的经书来看待，朱熹的四传弟子邱葵的《周礼补亡·序》中说，元代以"六经"取士。这"六经"指的是《诗》《书》《礼》《易》《春秋》和"四书"。

---

① ［清］永瑢等撰：《四库全书总目提要》（第7册），上海：上海商务印书馆，1935年，第92页。

明代沿袭元代的科举制度，并且发展出了八股取士的制度。"八股"即科举文章有固定的格式，分为八个部分——破题、承题、起讲、入题、起股、中股、后股、束股；后四个部分每个部分有两股排比、对偶的文字，合起来共八股；题目一律出自"四书""五经"的原文；八股文还要模仿孔孟的口气说话。因此，八股文也被称为"四书文"。

随着"四书"与《四书章句集注》地位的提高，孟子的地位在元代也更上一个台阶。至顺元年（1330），元文宗下旨加封孟子为邹国亚圣公——现今山东邹城的孟庙中还保留着这块圣旨碑。"亚圣"之名从东汉赵岐时提出，至此正式获得官方认可。孟子的父母也随着孟子地位的提高而受封。早在元仁宗延祐三年（1316），孟子父亲就被封为邾国公，母亲被封为邾国宣献夫人，孟庙中也保留着《圣诏褒崇孟父孟母封号之碑》。到了至顺年间，元文宗又改封孟父为聊国公，孟母为聊国宣献夫人。

可是，在接下来的明代，关于孟子地位的沉浮，却有一段令人啼笑皆非的故事。明太祖朱元璋在打天下的时候，非常重视儒家思想，特别是孟子的仁政思想。一次他看到孟子像，就问身边的人："孟子何说为要？"身边的人回答说："孟子以仁义为主。"朱元璋听后十分感慨，说如果当年有贤明之主能够采纳、实施孟子的仁政学说，早就统一天下了。他深知民心向背对于政权的重要性，在打天下的过程中，十分重视安民、恤民，经常告诫部队要"克城以武，戡乱以仁"；即位之初，把恢复和发展生产作为基本方针，多次告诫地方官员"天下始定，民财力俱困，要在休养安息"[1]；洪武元年（1368），他以太牢之礼

---

① ［清］张廷玉等撰：《明史》，北京：中华书局，1974 年，第 7、19 页。

于国学中祭祀孔子，并遣专使到曲阜祭孔。

戏剧性的变化发生在洪武五年（1372）。这一年朱元璋读《孟子》，当读到"民为贵，社稷次之，君为轻""君之视臣如手足，则臣视君如腹心；君之视臣如犬马，则臣视君如国人；君之视臣如土芥，则臣视君如寇仇"这样的语句时，勃然大怒，认为这样的话"非人臣所宜言"，并且说："使此老在今日，宁得免乎！"恰巧这年京师（今江苏南京）的文庙落成，朱元璋下令取消孟子配享文庙的资格，并且下诏不允许大臣就此事进谏，"有谏者以大不敬论"，乱箭射死。可是，有一个名叫钱唐的大臣并不害怕，并且表示愿意为信仰而献身，说"臣为孟轲死，死有余荣"[①]，迎着箭雨冒死进谏。这一大无畏的英勇行为感动了朱元璋，朱元璋感觉自己做得不够妥当，于是一面派人为钱唐治伤，一面又恢复了孟子配享文庙的地位。

虽然孟子配享文庙的地位恢复了，但是《孟子》书中的一些言论仍然令朱元璋如鲠在喉、如芒在背，怎么办呢？有一个名叫刘三吾的翰林院学士，想出了一个办法，把《孟子》中不利于君主专制统治、思想较为激进、"词气抑扬太过"的言论删去，出了一本《孟子节文》。这一办法甚得朱元璋的欢心。朱元璋于洪武二十七年（1394）下诏将《孟子节文》作为钦定教材，颁发给各级学校，并规定凡所删内容不得作为科举考试的内容。《孟子节文》共删去 85 条内容，几乎将《孟子》一书中的思想精华全部阉割掉了，因而备受时人及后人的诟病。

不过，这一措施仅施行了 17 年的时间。明成祖永乐九年

---

① ［清］张廷玉等撰：《明史》，北京：中华书局，1974 年，第 3982 页。

(1411)，《孟子节文》失去效力，完整的《孟子》又成为科举考试的权威定本。《孟子》全文之所以能够重新回归，原因有二：一是《孟子》思想深入人心，人们普遍反对《孟子节文》；二是明朝的统治已经非常稳定，《孟子》中不利于君主专制的内容对政权不再构成威胁。

　　经历这一小小的波折之后，孟子的地位又得到了提高。明世宗嘉靖九年（1530），朝臣就孔子祀典问题进行了一场讨论。大学士张璁说，叔梁纥是孔子的父亲，颜路、曾点、孔鲤分别是颜回、曾参和子思的父亲，这四个人是长辈，可是却在孔庙两边的庑廊中配享，显得不合适；建议另立一殿，祭祀叔梁纥，以颜路、曾点、孔鲤三人配享。礼部大臣建议，在孔子庙中以颜回、曾参、子思和孟子配享；配合孔子"至圣"的称号，这四人分别称"复圣""宗圣""述圣"和"亚圣"。于是，孟子邹国公的爵号被去掉，直接被尊奉为"亚圣"。孟子从公爵升为圣人，地位又升了一个台阶。礼部大臣还建议，以孟子的先祖孟孙氏配享叔梁纥，形成四人配享的格局。他们的建议得到明世宗的认可，"命悉如议行"[①]。

　　孟子的后代也因孟子而得到不少恩惠。洪武元年（1368），明太祖下诏，以孟子的五十四代孙孟思谅奉祀孟子，世世代代免除赋役。景泰三年（1452），明代宗授给孟子第五十六代孙孟希文翰林院五经博士的职位，子孙可以世袭，并赐予孟子嫡系子孙"屈法蠲免"的特权，即如果孟子的嫡系子孙犯了罪，可以不予追究。

---

① ［清］张廷玉等撰：《明史》，北京：中华书局，1974 年，第 1300 页。

《孟子》心性论与陆王心学

元明时期孟学研究呈现出两条路线：第一条路线是沿着宋代理学的思路，继承并发展孟子的思想；第二条路线是围绕官方的"四书"学，对朱熹的《孟子集注》进行训诂、诠释，并拓展至对孟子本人及其家世的资料收集和研究。

第一条路线以王阳明对孟子良知说的继承与发展为主。南宋理学内部有两个主要分支，一是以朱熹为代表的理学，一是以陆九渊为代表的心学。王阳明继承、发展了陆九渊的心学，二人学说并称"陆王心学"。与朱熹"性即理"的命题相对，陆王提出"心即理"的命题，从此理学内部歧为两支。陆王心学在核心概念和命题的逻辑思路上都直承《孟子》的心性论，并根据时代的需求将之发展到更高的阶段。下面分述之。

陆九渊（1139—1193），字子静，号存斋，江西抚州金溪人，晚年在贵溪应天山收徒讲学。应天山形状似象，陆九渊将之改名为"象山"，故陆九渊又被称为"象山先生"。他一生著述不多，书信、语录、记序等被后人整理后集为《象山先生全集》，共36卷；1980年中华书局出版排印本，更名为《陆九渊集》。

陆九渊是宋明时期心学的开创者，他从小就表现出好学深思的特点，10 岁左右便对程颐的学说产生怀疑，进而笃志圣学，终创心学思想体系，成为与朱熹并驾齐驱的思想家。朱熹曾说："南渡以来，八字着脚，理会着实工夫者，惟某与陆子静二人而已。"①

陆九渊一生勤奋，常常四更天便起来读书，遍览儒家经典及前辈、当代学者的学说、著作。关于其学术渊源，历来众说纷纭，有人认为源自"二程"的程颢，有人认为源自谢良佐，还有人认为源自禅学，但陆九渊本人则认为源自《孟子》。他的学生詹子南曾经问他："先生之学亦有所受乎？"陆九渊回答说："因读《孟子》而自得之。"②

陆九渊首先从道统的角度确定了孟子的地位，认为孔子之后，"传夫子之道者，乃在曾子……故自曾子传之子思，子思传之孟子，乃得其传者，外此则不可以言道"③。孟子之后的 1500 年中，尽管儒者甚众，但都不能传夫子之道，圣人言论沦为儒家学者装点门面、谋求功利的工具。他说："姬周之衰此道不行，孟子之没此道不明。千有五百余年之间，格言至训熟烂于浮文外饰，功利之习泛滥于天下。"④ 及至赵宋，虽然伊洛诸贤精心钻研儒家经典，致力于儒家学说的传承与发展，儒学一时大兴，学术上的成就远远超过了汉唐时期，但是由于处于草创阶段，并没有真正光大儒家之道。他说："至伊洛诸公，得千载

① ［宋］陆九渊著，钟哲点校：《陆九渊集》，北京：中华书局，1980 年，第 507 页。
② ［宋］陆九渊著，钟哲点校：《陆九渊集》，北京：中华书局，1980 年，第 471 页。
③ ［宋］陆九渊著，钟哲点校：《陆九渊集》，北京：中华书局，1980 年，第 14—15 页。
④ ［宋］陆九渊著，钟哲点校：《陆九渊集》，北京：中华书局，1980 年，第 158 页。

不传之学，但草创未为光明，到今日若不大段光明，更干当甚事？"只有到他这里，才真正承接和光明了孟子之后中断了 1500 年的不传之学。他在给路彦彬的信中说："窃不自揆，区区之学，自谓孟子之后至是而始一明也。"①

1. 本心

陆九渊心学体系的核心概念是"本心"，这一概念就源自《孟子》。《告子上》第 10 章云：

> 孟子曰："生亦我所欲，所欲甚于生者，故不为苟得也；死亦我所恶，所恶有甚于死者，故患有所不辟也。如使人之所欲莫甚于生，则凡可以得生者，何不用也？使人之所恶莫甚于死者，则凡可以辟患者，何不为也？……此之谓失其本心。"

意思是，生命是我喜欢的，但还有比生命更让我喜欢的东西，所以我不会苟且偷生；死亡是我讨厌的，但还有比死亡更令我讨厌的东西，所以我不会躲避祸害。这就是舍生取义。可是有的人最喜欢的莫过于生命，所以一切可以苟且偷生的事情，都会去做；最讨厌的是死亡，所以一切可以避免祸害的事情，都会去做。这就是失去了本心。

在孟子的思想体系中，本心即是人与生俱来的"四心""四端"。陆九渊的本心概念直承孟子而来，二者的基本内涵完全一

---

① ［宋］陆九渊著，钟哲点校：《陆九渊集》，北京：中华书局，1980 年，第 504—508 页。

致。《陆九渊集》卷36《年谱》中记载了这样一件事。南宋孝宗乾道八年（1172），杨简做富阳簿，陆九渊路过这里，杨简向他请教说："何为本心？"

陆九渊回答说："恻隐，仁之端也；羞恶，义之端也；辞让，礼之端也；是非，智之端也。此皆是本心。"

杨简不解地问："这我小时候就知道，可是到底什么是本心呢？"

杨简如此问了几次，陆九渊始终不改他的回答。杨简不解其中奥妙。这时正好有卖扇子的人来打官司，杨简审问一番过后，判定是非曲直。卖扇子的人离去后，杨简又问陆九渊同样的问题。陆九渊说："听你刚才判定诉讼，是者知其为是，非者知其为非，此即你的本心。"意思是，对的你知道是对的，错的你知道是错的，这就是你的本心。杨简恍然大悟，随即行弟子礼。

陆九渊在给曾宅之的信中，也说到自己的本心概念。

> 孟子曰："所不虑而知者，其良知也；所不学而能者，其良能也。"此天知所与我者，我固有之，非由外铄我也。故曰："万物皆备于我，反身而诚，乐莫大焉。"此吾之本心也。①

从中我们可以看出，陆九渊的本心概念直承孟子而来，皆指"四心"与"四端"，即人内在固有的道德观念和所应遵守

---

① ［宋］陆九渊著，钟哲点校：《陆九渊集》，北京：中华书局，1980年，第5页。

的道德准则。所不同的是，陆九渊还把以"四心""四端"为标准判断生活中是非曲直的道德实践也纳入本心概念之中，使他的本心概念更具有能动性和实践性，体现出知行合一的倾向。

2. 心即理

对于本心和性、天、理等概念的关系，孟子所言不多。《孟子》一书直接的表述有两处：

> 孟子曰："尽其心者，知其性也。知其性，则知天矣。存其心，养其性，所以事天也。"（13.1）
> 孟子曰："心之所同然者何也？谓理也，义也。圣人先得我心之所同然耳。故理义之悦我心，犹刍豢之悦我口。"（11.7）

从孟子的表述中，我们可以看出，孟子的心与性、天具有内在的一致性，孟子的心与理、义具有内容上的等同性，具体如何，则没有更多论述。陆九渊沿着这一逻辑思路，进一步丰富、发展了本心与性、宇宙、理之间的关系，形成了自己独特的心学理论体系。

陆九渊在探索心与理的关系时，借助了宇宙、吾心的概念和"宇宙便是吾心，吾心即是宇宙"的命题。陆九渊在幼年时期，便对宇宙是否有限的问题产生了浓厚的兴趣。二十多岁的时候，他在古书上看到"宇宙"二字的解释为"四方上下曰宇，往古来今曰宙"，犹如醍醐灌顶，猛然醒悟，兴奋地说："原来宇宙是无穷的。人和天地万物都在无穷中呀！"既然宇宙是无穷的，那么作为认识主体的吾心的认识对象也是无穷的，吾心可以超越一切人、事、物的限制，去感知无穷无尽的宇宙。因此他说，"宇宙便是吾心，吾心即是宇宙"；"宇宙内事乃己分内事，己分内事乃宇宙内事"。①

不过，陆九渊所要认识的宇宙，并非天文学或物理学意义上的宇宙，而是存在于宇宙万事万物之中的理。"理"是宋代理学中最重要、最核心的概念，其基本内涵是儒家的道德意识和道德原则，是普遍存在于万事万物之中的。既然宇宙是无限的、超越时空的，那么作为普遍存在于万事万物中的理，自然也是无限的、超越时空的。所以陆九渊说：

> 塞宇宙一理耳，学者之所以学，欲明此理耳。此理之大，岂有限量？程明道所谓有憾于天地，则大于天地者矣，谓此理也。
>
> 此理塞宇宙，天地鬼神，且不能违异，况于人乎？
>
> 此理在宇宙间，未尝有所隐遁，天地之所以为天地者，顺此理而无私焉耳。人与天地并立而为三极，安得自私而不顺此理哉？②

超越时空的、无限的理不仅是"吾心"所要认识的对象，也是古往今来每个人都需要认识的对象。"吾心"的概念便随着"理"的概念的引入而过渡到具有道德本体意义的"本心"的概念，随着时空的展开而过渡到具有普遍意义、人人皆同的

---

① ［宋］陆九渊著，钟哲点校：《陆九渊集》，北京：中华书局，1980年，第483页。
② ［宋］陆九渊著，钟哲点校：《陆九渊集》，北京：中华书局，1980年，第161、147、142页。

"心"的概念。因此陆九渊说："宇宙便是吾心，吾心即是宇宙。千万世之前，有圣人出焉，同此心同此理也。千万世之后，有圣人出焉，同此心同此理也。东南西北海有圣人出焉，同此心同此理也。"① 朱陆鹅湖之会之前，陆九渊的哥哥陆九龄作诗一首，前两句是"孩提知爱长知钦，古圣相传只此心"，以表示对陆九渊的支持。可是陆九渊看了之后，并不赞同。原因是陆九龄所说"古圣相传只此心"，是把"心"看作外在的客观存在，古圣只是相传而已。在陆九渊看来，心是超越时空的，古往今来、四方四海中每个人的心直接同一，心的共同认识对象便是理。

理是心的认识对象，理通过心的认知而融于心，心、理逐渐相融，合二为一。此心本然含具此理，此理是此心固有之理，"心即理"。这是陆九渊心学体系中最重要的命题，他不止一次地强调：

> 人心至灵，此理至明，人皆有是心，心皆具是理。
> 四端者，即此心也；天之所以与我者，即此心也。人皆有是心，心皆具是理，心即理也。
> 盖心，一心也，理，一理也，至当归一，精义无二，此心此理，实不容有二。②

对于朱熹刻意区分心、性、才、情等概念，陆九渊不以为

---

① ［宋］陆九渊著，钟哲点校：《陆九渊集》，北京：中华书局，1980年，第273页。
② ［宋］陆九渊著，钟哲点校：《陆九渊集》，北京：中华书局，1980年，第273、149、4—5页。

然，认为这几个概念的含义是相同的，无须区分；如果非要区分心和性，"则在天者为性，在人者为心"①，实则心、性本无不同。在陆九渊的思想体系中，心、性、天、理诸概念在超越时空的无限意义上取得了统一，他将孟子心、性、天、理之间内在的统一性具体化、清晰化，丰富和发展了孟子的心性论，将之推向一个新的高度。

3. 发明本心

对于如何保有本心，自觉地践行儒家的道德意识和准则，孟子提出了存心、养心、求放心、寡欲等方法，主张通过认识主体内在的修养达到完善的道德境界。陆九渊继承了孟子的存心修养理论，他说"人孰无心，道不外索，患在戕贼之耳、放失之耳。古人教人，不过存心、养心、求放心……此乃为学之门，进德之地"②，并将自己书斋的名称改为"存斋"。

宋明理学中，对于"理"的理解和认识主要有两种方式。一种是从具体到普遍，主张一一认识万事万物中的理，当这样的认识积累到一定程度之后，发现其中的相通之处，从而抽象出存在于具体之理中的普遍之理，即宇宙中最高之理。这种方式以朱熹为代表，主张格物致知。另一种是从普遍到具体，认为具体事物中的理是宇宙最高之理的具体表现，认识了宇宙最高之理，再根据这一最高之理去观察存在于具体事物中的具体之理，就会事半功倍，因而主张通过直观的方式去把握宇宙最高之理。这种方式在南宋以陆九渊为代表，主张发明本心。这

---

① ［宋］陆九渊著，钟哲点校：《陆九渊集》，北京：中华书局，1980 年，第444 页。
② ［宋］陆九渊著，钟哲点校：《陆九渊集》，北京：中华书局，1980 年，第64 页。

也是朱陆理学和心学的根本分歧之一。

陆九渊的发明本心认识论是在继承孟子存心修养理论的基础上，进一步将之细化、具体化，从而丰富、发展了孟子的存心理论。具体而言，有辨志、格物、剥落和涵养四种方法。

首先是辨志。辨志是确立志向的方向，是义，还是利？是世俗的私见，还是发明本心？是要做自己的精神主宰，还是做世俗的随波逐流者？陆九渊说：

> 必有大疑大惧，深思痛省，决去世俗之习，如弃秽恶，如避寇仇，则此心之灵自有其仁，自有其智，自有其勇，私意俗习，如见晛之雪，虽欲存之而不可得，此乃谓之知至，乃谓之先立乎其大者。[①]

意思是，只有去除私意俗习，心灵中本有的仁、智、勇等才能迸发出来，才能达到对理的认识，才能发现自己的本心。此处的"先立乎其大者"就是指人具有道德意义的本心。只有本心成为人的精神主宰，人的情绪、情感、一言一行才会自然而恰当，随心所欲不逾矩。正如他所说：

> 收拾精神，自作主宰。万物皆备于我，有何欠缺。当恻隐时自然恻隐，当羞恶时自然羞恶，当宽裕温柔时自然宽裕温柔，当发强刚毅时自然发强刚毅。[②]

---

① ［宋］陆九渊著，钟哲点校：《陆九渊集》，北京：中华书局，1980年，第196页。
② ［宋］陆九渊著，钟哲点校：《陆九渊集》，北京：中华书局，1980年，第455—456页。

其次是格物和剥落。让本心做精神的主宰，是一种理想的状态。现实生活中的人往往达不到这种状态，陆九渊认为主要原因有两个，一个是蔽于物欲，一个是蔽于意见。他说：

> 愚不肖者之蔽在于物欲，贤者智者之蔽在于意见，高下污洁虽不同，其为蔽理溺心而不得其正，则一也。①

愚者和不肖者因为追求物欲而丧失了本心，贤者和智者因为觉得自己的意见高明而丧失了本心。无论哪一种情况，在丧失本心这一点上是相同的，都是人心生病的表现。如何医治呢？陆九渊认为，对于前者，需要用剥落的方法。他说：

> 人心有病，须是剥落。剥落得一番，即一番清明，后随起来，又剥落，又清明，须是剥落得净尽方是。②

意思是，将人心中的私欲、物欲一次次、一层层剥落，私欲、物欲剥落净尽时，本心便自然显露出来了。对于后者，需要用格物的方法，《陆九渊集·语录》中记载了陆九渊和学生李伯敏之间的一段对话：

> 先生云："古之欲明明德于天下者……先致其知；致知

---

① [宋] 陆九渊著，钟哲点校：《陆九渊集》，北京：中华书局，1980 年，第 11 页。
② [宋] 陆九渊著，钟哲点校：《陆九渊集》，北京：中华书局，1980 年，第 458 页。

在格物。格物是下手处。"

伯敏云："如何样格物？"

先生云："研究物理。"

伯敏云："天下万物不胜其繁，如何尽研究得？"

先生云："万物皆备于我，只要明理。"①

从这段对话中，我们可以看出陆九渊所说的格物与朱熹所说的不同。朱熹主张格一切事物；陆九渊主张格心，即研究心中之理，直接体认本心。从这一点出发，陆九渊主张读书"只看古注，圣人之言自明白"，不主张看后人的传、注，认为那只会增加负担，只有减轻精神上的负担，才能直接与古人、圣人沟通，直达本心。

最后是涵养。涵养即涵养本心，保持本心自立自主、适意灵活的状态。最初，本心可能只是涓涓细流，但只要保持它、涵养它，自然会成为大江大河，放之四海而不竭。《离娄下》第18 章云：

孟子曰："源泉混混，不舍昼夜，盈科而后进，放乎四海。有本者如是"。

陆九渊进一步发挥道：

涓涓之流，积成江河。泉源方动，虽只有涓涓之微，

----

① ［宋］陆九渊著，钟哲点校：《陆九渊集》，北京：中华书局，1980 年，第440 页。

去江河尚远，却有成江河之理。若能混混，不舍昼夜，如
今虽未盈科，将来自盈科；如今虽未放乎四海，将来自放
乎四海；如今虽未会其有极，归其有极，将来自会其有极，
归其有极。①

由上可知，陆九渊的本心概念、心即理的命题和发明本心
的认识论都直接承袭了孟子的概念和逻辑思路，并进一步将之
具体化和细致化，可谓一脉相承。所以他的后继者王阳明说：
"陆氏之学，孟氏之学也。"

王阳明，即王守仁（1472—1529），明代中期人，字伯安，
浙江余姚人，因曾经在越城外会稽山的阳明洞中修道，自号阳
明子，当时的人称他为"阳明先生"。王阳明一生波澜壮阔，少
年时跟随父亲寓居京师，还到过塞外，跟胡人学习骑射，之后
学习兵法、辞章，因而文武兼备。他28岁考中进士，先后任过
刑部主事、庐陵知县、吏部员外郎、南京太仆寺少卿、鸿胪寺
正卿等职。明武宗正德十四年（1519），王阳明在福建任职，宁
王朱宸濠发动叛乱。王阳明采用疑兵之计，联合吉安、临江、
袁州、赣州等地的军队，在鄱阳湖大败叛军，生擒朱宸濠。明
世宗嘉靖六年（1527），王阳明奉命征剿广西思恩、田州的叛
乱，率领湖广士兵平定叛乱，叛军首领投降。王阳明因军功被
封为新建伯，是明代凭借军功封爵的三位文臣之一，死后被追
赠为新建侯，谥号文成。因此弟子辑录他的著作，题名为《王
文成公全集》；现被整理出版，更名为《王阳明全集》。王阳明

---

① ［宋］陆九渊著，钟哲点校：《陆九渊集》，北京：中华书局，1980年，第398页。

能够创建心学体系，成为中国儒学史上伟大的思想家之一，与他富有传奇色彩的人生经历有着密不可分的关系。

王阳明从小便立志读书，学做圣贤。在私塾读书时，他曾经问老师，什么是天下第一等事？老师回答说，读书考取功名。王阳明对此不以为然，说，读书考取功名并不是天下第一等事，读书学做圣贤才是天下第一等事。18岁那年，王阳明路过广信，听当时的理学家娄谅讲解朱熹的格物致知之学，非常高兴，回去之后，遍读朱熹的著作。为了实践朱熹格物致知的认识论，他以竹子为对象，希望能够格竹子之理。经过七天七夜的努力，王阳明毫无所获，人却累得病倒了。这一经历使他认识到，朱熹的格物致知只能增加知识，却不能够达到对理的认识。从此，他对朱熹的格物致知学说产生了怀疑。

28岁那年，王阳明考中进士，任刑部主事，因为得罪了当时的宦官刘瑾而被贬到贵州龙场驿做驿丞。当时的龙场还是未开化的地区，在这既安静又困难的环境中，王阳明结合自己多年来的经历，日夜反省。一天半夜里，他顿悟了，认为心才是感应万事万物的根本，不需要去格物，说"圣人之道，吾性自足，向之求理于事物者误也"。

龙场之悟，成为王阳明与朱熹理学彻底决裂、建立自己心学体系的契机。他提出"心外无理"的命题，认为心中本有理，外在事物中的理和心中本有的理是同一的，也可以说，外在事物的理是心所赋予的。格物不是去格天下之物，而是如孟子"大人格君心"之格，"只在身心上做，决然以圣人为人人可到，便自有担当了"①。

他和弟子徐爱的对话很好地体现了这一观点。《传习录》记载如下。

爱问："要达到至善的境界，只求之于心，恐怕不能穷尽天下事物的道理。"

先生说："心即理也。难道天下还有心外之事、心外之理吗?"

爱说："事父需要孝，事君需要忠，交友需要信，治民需要仁，这中间有许多的理，都需要一一搞明白。"

先生叹了口气说："你这种看法的弊病由来已久，哪里是一句话所能讲明白的。就拿你所问的来说吧，事父需要孝，难道要从父的身上去求孝的道理? 事君需要忠，难道要从君主的身上去求忠的道理? 交友、治民，难道要从朋友、人民的身上去求信、求仁的道理? 一切都在自己的心中。心就是理。只要自己的心不被私欲所遮蔽，就是天理，不需要从外界增添一分。拿自己纯乎天理的心，表现在事父上就是孝，表现在事君上就是忠，表现在交友、治民上就是友和仁。只要在去除人欲、存乎天理上下功夫便是了。"

在"心即理"上，王阳明和陆九渊殊途同归。陆九渊的心与理在宇宙之理的无限性上得到统一;王阳明的心与理直接同一，显得更加简易和直接。即便这样，如果到此为止，王阳明也没有高出陆九渊的地方。晚年的王阳明，经历了平定朱宸濠

---

① [明] 王守仁撰，吴光、钱明、董平、姚延福编校:《王阳明全集》，上海:上海古籍出版社，1992 年，第 120 页。

之乱和思田之乱，提出致良知理论，才在儒家思想史上形成自己独特的理论体系。

从理论渊源上讲，致良知理论直承孟子而来。致良知包括良知和致良知两个方面。"良知"概念源自《尽心上》第15章：

> 孟子曰："人之所不学而能者，其良能也；所不虑而知者，其良知也。孩提之童无不知爱其亲者，及其长也，无不知敬其兄也。"

在孟子看来，良知就是人天生就具有的仁、义品德。王阳明最初也是在这个意义上继承这一概念的，他说：

> 心自然会知：见父自然知孝，见兄自然知弟，见孺子入井自然知恻隐，此便是良知不假外求。①

晚年，随着阅历的增加和理论体系的成熟，他的"良知"概念逐渐含摄了心与理，涵盖广泛，成为他心学理论体系中最为重要的概念。对于良知理论的形成，他曾说："某于'良知'之说，从百死千难中得来，非是容易见得到此。"② 具体而言，晚年王阳明的"良知"概念包括如下三个方面的含义。

第一，良知是天理在心中的自然显现。在王阳明的理论中，

---

① ［明］王守仁撰，吴光、钱明、董平、姚延福编校：《王阳明全集》，上海：上海古籍出版社，1992年，第6页。
② ［明］王守仁撰，吴光、钱明、董平、姚延福编校：《王阳明全集》，上海：上海古籍出版社，1992年，第1575页。

心、性、理是同一的、一体的，良知便是这个同一体的体现。他说："知是理之灵处。就其主宰处说，便谓之心，就其禀赋处说，便谓之性。孩提之童无不知爱其亲，无不知敬其兄，只是这个灵不能为私欲遮隔，充拓得尽，便完完是他本体。便与天地合德。"① 只要良知能完全显现，便是贯穿于天地之间的理，即"良知即是天理"。

第二，良知是是非之心。是非之心本是孟子提出的"四心"之一，王阳明将之等同于良知。他说："是非之心，不虑而知，不学而能，所谓良知也。良知之在人心，无间于圣愚，天下古今之所同也。"② 是非之心，人皆有之，古今、贤愚皆同。具体而言，是非之心包括两个方面：一、是是非非的价值观念，即肯定善的、否定恶的；二、知是知非的价值判断，即以良知作为价值判断的标准。他说："你那一点良知，是你自家的准则。你意念所到之处，对的便知道是对的，错的便知道是错的，一点也隐瞒不得。良知是完完全全的，无论对错，都根据良知来判断，自然不会错。这良知便是你的明师。"

第三，良知具有监察的作用。人的思想动机，如果符合天理，良知自然会知道；如果是私欲私意，良知自然也会分辨得出来，"盖思之是非邪正，良知无有不自知者"③。以七情为例，七情顺其自然而行，本身并没有善恶，便是良知的正常表现；

---

① ［明］王守仁撰，吴光、钱明、董平、姚延福编校：《王阳明全集》，上海：上海古籍出版社，1992年，第34页。
② ［明］王守仁撰，吴光、钱明、董平、姚延福编校：《王阳明全集》，上海：上海古籍出版社，1992年，第79页。
③ ［明］王守仁撰，吴光、钱明、董平、姚延福编校：《王阳明全集》，上海：上海古籍出版社，1992年，第72页。

但如果七情有所执着，便是被私欲所左右，良知便被私欲给遮蔽了。这时，良知便会发挥监察的作用，即"良知亦自会觉，觉即蔽去，复其体矣"①。良知可以勘破其中的执着，去除这份执着，还良知以清明。

王阳明的良知含摄了心、性与天理，含摄了价值、判断与监察等多种功能，虽然在"人生而有之"和"仁义"的基本含义上和孟子一致，但所包含的内容已经远远超过孟子。

"致良知"是《大学》"致知"概念和孟子"良知"概念的糅合。有时，特别是王阳明晚年所说的"致知"就是致良知。致良知主要有两层含义。

第一，"致"为到达的意思，"致良知"就是去除私意私欲的遮蔽，到达良知的境界。对此，他多有论述，试举两例：

> 孩提之童无不知爱其亲，无不知敬其兄，只是这个灵不能为私欲遮隔，充拓得尽，便完完是他本体。②

> 人心是天渊。心之本体无所不该，原是一个天。只为私欲障碍，则天之本体失了。心之理无穷尽，原是一个渊。只为私欲窒塞，则渊之本体失了。如今念念致良知，将此障碍窒塞一起去尽，则本体已复，便是天渊了。③

---

① ［明］王守仁撰，吴光、钱明、董平、姚延福编校：《王阳明全集》，上海：上海古籍出版社，1992 年，第 111 页。
② ［明］王守仁撰，吴光、钱明、董平、姚延福编校：《王阳明全集》，上海：上海古籍出版社，1992 年，第 34 页。
③ ［明］王守仁撰，吴光、钱明、董平、姚延福编校：《王阳明全集》，上海：上海古籍出版社，1992 年，第 95—96 页。

在这个意义上，王阳明和陆九渊的修养论相同，但不及陆九渊细致。

第二，"致"为实践的意思，"致良知"就是将良知用于具体事事物物的实践中。他说：

> 所谓致知格物者，致吾心之良知于事事物物也。吾心之良知，即所谓天理也，致吾心之天理于事事物物，则事事物物皆得其理矣。[①]

意思是，致知格物就是将心中的良知用于生活中的事事物物、一言一行、一举一动之中。良知就是天理，将良知用于生活中的事事物物，那么事事物物就都能够显现出它的理了，人们的一言一行、一举一动也都符合理了。这与朱熹的格物致知反向而行，是王阳明的独创，将孟子的良知概念从扩充义拓展到了实践层面，发展了孟子的良知理论。

---

① ［明］王守仁撰，吴光、钱明、董平、姚延福编校：《王阳明全集》，上海：上海古籍出版社，1992 年，第 45 页。

"四书"学下的《孟子》研究

围绕官方"四书"学的孟子研究，成果蔚为大观，堪称显学。根据内容，可以将之分为五类：义理类、考据类、词典类、汇编类和资料类。

义理类以阐释孟子的思想为主，以金履祥的《孟子集注考证》、许谦的《读四书丛说》、袁俊翁的《四书疑节》和蔡清的《四书蒙引》为代表。金履祥是朱熹的三传弟子，许谦是金履祥的学生，他们都是朱熹学派的传人，但是他们没有墨守朱熹的学说，而是力求在朱熹学说的基础上有所发展——主要表现在对朱熹《孟子集注》的解说和补充上。金履祥认为自己所作的《孟子集注考证》是为朱熹《孟子集注》所作的疏。他在该书的"跋"中说自己写作的目的有二：一是对朱注中的疑难问题进行阐释，二是对朱熹忽略的地方进行补充说明。他有许多独到的见解，以对孟子"仁之实，事亲是也"的解释为例：

> 文公尝与吕成公言：实字有对名而言者，谓名实之实；有对理而言者，谓事实之实；有对华而言者，谓华实之实。盖仁之实不过事亲，义之实则是从兄，推广之，爱人利物，

忠君弟长，乃是仁义之华采。履祥按：此实当作文实之实。
事亲从兄者，仁义之实，而推之仁民利物，忠君弟长，则
皆仁义之文。①

"实"有很多相对义，有名实之实、理实之实、华实之实
等。朱熹认为，孟子所说的"仁之实"的"实"是华实之实，
即仁的本质是事亲，作为仁的扩展的爱人利物、忠君悌长只不
过是附在仁上的装饰，是华采，是外在于仁的。金履祥则认为，
孟子所说的"实"是文实的实，即爱人利物、忠君悌长是由内
在的仁而表现出来的纹路、纹理，是仁本身的一部分，是内在
的。金履祥的解释与朱熹不同，但更接近孟子的本意。

许谦的《读四书丛说》是他整理自己读"四书"的笔记。
其中《读孟子丛说》有200多条，里面有不少观点，发前人所
未发，颇具启发性。例如，他对《梁惠王上》中孟子说天下
"定于一"的解释是：孟子所说的"一"，含义是统一天下为一
个整体，就像秦汉时期的社会那样，而不是像夏商周时代的封
邦建国，这是孟子看到当时天下发展的必然趋势而做出的判断。
从上古时期有君长开始，实行的都是封邦建国之制。黄帝时有
万国，夏禹时亦有万国，等到商汤时期还有三千多个国，到孟
子的时候，相互之间能够争雄的，只剩下七个国了，其他的都
不值一提。从万国到合并为七国，哪里是一朝一夕的事？历史
的趋势是合，而不是分，最终一定是统一为一个完整的国，天
下实行郡县制。到了秦汉，孟子"定于一"的话应验了，但是

---

① ［元］金履祥：《孟子集注考证》，北京：中华书局，1991年，第38页。

秦朝的统治者残酷嗜杀，天下虽然统一了，却不得安定，到了汉代才真正实现了"定于一"。许谦的解释站在后世的立场上重新理解孟子的话，既符合当时历史发展的趋势，也符合孟子思想的实际，超越了前辈学者对这句话的解释，在今天看来，也颇具启发意义。

袁俊翁的《四书疑节》是"四书疑"的删节本。经疑是元代科举考试的一种形式，以问答的方式出现。经疑的形式源自朱熹的《四书或问》。《四书或问》主要是解释疑问，阐发《四书章句集注》中的注释。"四书疑"是元明时期专门为应付科举考试而作的一类著作的名称。《四书疑节》应是这类书的经典问题汇编，全书共 12 卷，其中 3 卷是《孟子疑节》，还有《孟子》和《论语》《中庸》《大学》相比较的内容，共 90 余条。作为备考之书，该书在名物训诂和思想义理的解释上与朱熹完全一致，不敢越雷池一步，甚至错误也如出一辙。唯一能给人以启发的是书中提出的问题，特别是将《孟子》和其他著作相比较时，会提出一些新鲜的问题，对于研究孔孟思想的异同、儒家思想观念的发展颇为有益，对《孟子》思想中一些自相矛盾的地方也有所揭示，如"'九一''什一'之税何不同?""孟子曰：'言语必信。'又曰：'大人者言不必信。'何欤?"

蔡清的《四书蒙引》是明代的一部以讲义理为主的著作。这部书虽然也是为科举考试而作，以朱学为宗，但是深得宋人学风之真谛，所讲义理深刻透彻，有不少精辟独到的见解。试举一例：

《滕文公上》第 1 章有"孟子道性善，言必称尧舜"之语。对其中"性善"一词，朱熹引程颐的解释为："性即理也。天下之理，原其所自，未有不善。喜怒哀乐未发，何尝不善。发而中节，既无往而不善；发不中节，然后为不善。"① 意思是，性就是理，天下之理，从根源上说，没有不善的。喜怒哀乐没有从心中发出的时候，哪有不善的；从心中发出来而符合礼节，也没有不善的。只有发出来而不符合礼节的，才是不善的。

蔡清认为朱熹的解释不够确切，他说："仁义二字从何来？从善字来也，性有仁义，所以为善。孟子论道理，只以仁义二字该之。"② 意思是，孟子所说的"道"和"理"都是以仁义为核心，性善也是以仁义为核心，而仁义是就人和人之间的关系而言，来自人内心的亲情，所以"性即理"中的"理"不是天下的普遍之理，而是人内心之理。

考据类是以考证《孟子》中的字音、字义、词义为主，对思想义理则不涉及。具有代表性的著作有赵惪的《四书笺义》和史伯璿的《四书管窥》。

赵惪是宋皇族的后裔，入元后隐居浙江东湖，闭门读书。《四书笺义》是他为《四书集注》所作的疏。该书的写作缘由是，赵惪在读《四书章句集注》的时候，产生了很多疑惑，而不能得到解答；对于学生提出的问题，有时也答不上来，比如一次学生问他《大学》中的"王宫之学"指的是什么，他"矍然未知所对"。于是他发愤读书，广览经史之作、古人注疏，用功20余年，撰成此书。书中引述各种典籍120多种，天文地理、名物训诂、典章制度等各个方面，无不涉及。

---

① ［宋］朱熹：《四书章句集注》，北京：中华书局，1983 年，第 251 页。
② ［明］蔡清：《四书蒙引》（卷十一），钦定四库全书本。

赵惪在"自序"中说，他的主要工作是"因其言以求其所本，考其异以订所疑"。"因其言以求其所本"就是对朱熹《四书章句集注》乃至《孟子》书中所提及的名物制度、历史事实和所引书籍，探究本源，指出出处。如《公孙丑上》第 7 章有"仁者如射"，赵惪指出"本于《礼记·射义》"；《离娄上》第 1 章有"故曰为高必因丘陵，为下必因川泽"，赵惪指出"出自《礼记·礼器》，所以有'故曰'二字"；等等。

"考其异以订所疑"是对《孟子》及朱注中的疑难问题进行考订，或者对朱注中未涉及的字词进行补充注释。如《滕文公上》第 2 章有"今也不幸至于大故"，朱注为"大故，大丧也"。《四书笺义》为：

> 《周礼·大宗伯》："国有大故。"郑注："故谓凶灾也。"又《乐记》："先王有大事。"郑注："大事谓死丧也。"愚按大故即大事之义。又《曲礼》"君子非有大故"注，《周礼》每云国有大故，皆据寇戎灾祸，然则亦不专指大丧而言也。

赵惪引用《周礼》《乐记》《曲礼》中的经文及郑玄的注释，指出"大故"的意思是"大事"，包括"大丧"，但不专指"大丧"。他既指出了朱注的出处，又考证了"大故"的其他含义，丰富了朱熹的注文。

再如《离娄上》第 1 章中，孟子引用《诗经》中"天之方蹶，无然泄泄"两句，并解释"泄泄"的意思是"泄泄犹沓沓也"。朱熹注释说："沓沓，即泄泄之意，盖孟子时人语如此。"

意思是，"沓沓"和"泄泄"的意思一样，都是孟子生活的时代人们常用的词语，但具体是什么意思，并没有解释清楚。赵歧补充道：

> 《说文》云，沓沓，语多也。象多言之人口出涎沫。然《诗传》以为怠缓之意，方得诗旨。

意思是，根据《说文》的解释，"沓沓"是话多的意思，比喻人口吐飞沫地讲话；但是根据《诗传》的解释，在《诗经》中为怠缓的意思。

对于朱注中或《孟子》中的矛盾或错误之处，赵歧也给予纠正。如《滕文公上》第4章记孟子与农家代表人物许行的对话，朱熹注"史迁所谓农家者流"，即农家就是司马迁所说的农家者流。赵歧纠正说，《史记》中只论六家之旨要，并没有提到纵横家、杂家和农家。再如《公孙丑下》第7章中，孟子说"中古棺七寸"，赵歧指出，记述丧礼的《檀弓》和《丧大记》中都没有"棺七寸"的记载，而且孟子认为天子和庶人的棺材厚薄一样，与《丧大记》中君民有别的思想也不一致。

由于材料丰富、考证详细，此书弥补了朱熹《四书章句集注》在训诂考据方面的不足，省却了读者检索资料的麻烦，是朱熹《四书章句集注》很好的辅助读物，二者可以配合起来阅读。

史伯璿的《四书管窥》也是一部以考证为主的著作，对《孟子》和《四书章句集注》中所涉及的名物制度、历史事实以及天文、地理、历学、算术等各方面都有所考证。《四书管窥》的特点是将朱注和其他相关注释著作进行对比，指出异同，考订辨析。具体体例是，在每章下先录朱熹注文，然后再录其他学者的注释，最后以"按"字开头表达自己的观点，具有一定的参考价值，对于研究元代的学术论争和门户之见也有一定的史料价值。

词典类是对"四书"中所涉及的史实、人物、典章等进行资料汇总，内容包括人物传记、典章制度、天文地理、动物植物、礼器、乐器、兵器、生产用具和日用杂品等，是为了应付科举考试而编的参考资料，便于查找。这类著作非常多，比较流行的有蔡清的《四书图史合考》、薛应旂的《四书人物考》、钟惺的《诠次四书翼考》、陈禹谟的《四书名物考》、陈仁锡的《四书人物备考》、徐邦佐的《四书经学考》等。这些著作引用书籍很多，但很不严谨，对引文不加核对，对分歧之处也不加考证，相互之间存在严重的抄袭现象。对于当时参加科举考试的士子来说，这些著作是较好的参考资料，但不具备学术价值。

汇编类以明代官修的《四书大全》为代表。永乐十二年（1414），明成祖朱棣下诏，命令翰林院学士胡广等人负责编纂《五经大全》《四书大全》和《性理大全》，目的是进一步推广程朱理学，统一意识形态，加强思想统治。朱棣在三书的"总序"中说，道是人们日常生活中的伦常，圣人还未出现的时候，道存在于天地之间；圣人出现之后，道就在圣人的言论中；圣人去世之后，道就存在于"六经"之中。"六经"就是治理天下的大法，凡是和"六经"相符、能够发扬"六经"之旨的都收入此书之内，和"六经"之旨相悖的著作都摒弃在外。

从永乐十二年（1414）十一月至永乐十三年（1415）九月，

三部"大全"历时 10 个月编成。编纂期间，政府专门在皇宫的东华门外设立书馆，为编纂人员供给餐费、纸张、笔墨和材料费等，耗费了大量的人力、物力和财力。编成之日，三部"大全"作为科举考试的权威标准而立于学官，推行全国。由于当时科举考试以"四书"为重，《五经大全》被束之高阁，《四书大全》成为士子手头必读之书。研究、考订、疏讲"四书"的各类参考书和著作，浩如烟海，都以《四书大全》为版本依据，不敢脱离它的观点而有所创新和突破。《四书大全》成为明清两代思想界的标准答案、统一声音，成为禁锢人们思想的枷锁。

虽然《四书大全》影响巨大，但是编纂水平极差，由于编纂时间较短，加之是集体编写，不可能在体例、思想等方面有所创新，基本上是抄袭倪士毅的《四书辑释》。《四书辑释》是元代理学家倪士毅收集、整理、汇编南宋以来理学著作而成的，《四书大全》只是在其基础上稍加增删，整体质量还不如《四书辑释》，所以后世学者对其鄙夷不屑，如顾炎武说其"仅取已成之书抄誊一过，上欺朝廷，下诳士子……上下相蒙，以饕禄利……经学之废，实自此始"①。

随着注解"四书"的泛滥，一些学者厌倦了人云亦云，将目光和精力转向研究孟子身世、家世等方面，因此当时出现了一些围绕孟子本人的资料类著作，这类著作以陈士元的《孟子杂记》和历明清两代完成的《三迁志》为代表。

陈士元是明代嘉靖年间进士，官至滦州知州。他自述与孟

---

① ［清］顾炎武著，［清］黄汝成集释，秦克诚点校：《日知录集释》，长沙：岳麓书社，1994 年，第 650 页。

子有某种神秘的渊源与联系，曾经历两件神奇的事情。第一件发生在他出生时。在他出生前一天的晚上，他的父亲做了一个梦，梦见一位老翁穿袍带冠来到他的家中，自称齐国的卿相孟轲。第二天早上，他的父亲把这个梦说给他的祖父听，刚说完，家人来报告说，孩子出生了，于是祖父就给他取小名为孟卿，以应父亲之梦。陈士元的字里行间，透露出孟轲再世的自豪。第二件发生在他任滦州知州期间。一次，他到孔庙中祭祀，当拜祭到孟子神位时，神位突然向前倒下，主持礼仪的人赶紧上前将他扶起，不料袖子碰到旁边的蜡烛和酒杯，蜡烛熄灭、酒杯坠地，当时他便感觉事情不妙。果然，十天之后，朝廷让他免官归乡。

由于自认和孟子之间有某种神秘联系，陈士元闭门读书20余年，满怀对孟子的景仰之情，写成《孟子杂记》一书。《孟子杂记》共4卷，每卷涉及不同的方面：第一卷辑录孟子的生平家世，包括系源、邑里、名字、孟母、孟妻、胄嗣、受业、七篇、生卒、补传10个条目；第二卷是对《孟子》书中所引《诗》《书》《礼》等书和历史事实的考证以及对《孟子》佚文的考证，包括稽书、准诗、揆礼、征事、逸文5个条目；第三卷是对他书中所引《孟子》与《孟子》一书原文的异同比较和对《孟子》中的方言、人名的考证，包括校引、方言、辨名3个条目；第四卷是对《孟子》字词、语法及不同注解的考证，包括字词、字脱、断句、注异、评辞5个条目。

陈士元治学严谨、务实，博采众家之说而又不盲从，对前人观点细加辨析，即使对他所崇拜的朱熹也不盲目附和，对孟子生平事迹等的考证、辨析多有精彩之处。例如，对于孟子的授业之师，汉代以来主要有三种观点：一、孟子师事子思，二、孟子以子思之子子上为师，三、孟子以子思之门人为师。陈士元充分引述司马迁《史记》、《孔丛子》、赵岐《孟子题辞》和李翱《复性书》中的观点，细加辨析，最后认同第三种观点，即"则谓孟子受业于子思之门人也，亦宜"①。该书对于促进《孟子》的传播发挥了积极的作用。

《三迁志》以记载孟氏家族、后世统治者对孟子的加封、表彰和历代知识分子对孟子的评价为主，是一部关于孟子的档案资料。该书历明清两代、经由五次编纂而成。第一任编纂者是明朝嘉靖年间的史鹗。史鹗在担任沂州道佥事期间，曾经游孟林、孟庙，对孟子十分景仰。当他得知孟子还没有单独志书的时候，就命令教官费增，从各种典籍中收集与孟子有关的资料，编成一书，取名《三迁志》。之所以取名《三迁志》，是因为史鹗认为孟子之所以能够取得学术上的成就、获得"亚圣"的称号，得益于孟母的培养。

第二任编纂者是明万历年间的胡继先等人。胡继先在孟子家乡邹县任县令的时候，邀请当地士人潘榛和周希孔，重新编定《三迁志》，并改名为《孟志》。此书在史鹗本的基础上，增加了不少内容，初现今本《三迁志》的雏形。

第三任编纂者是明天启年间的吕元善、吕兆祥父子。吕元善因感史鹗《三迁志》和胡继先《孟志》体例混乱，决定对其进行修订。不幸的是，白莲教起义发生，孟子后裔孟承光和吕元善都遇难，孟氏家志也毁于战乱，编纂工作中断。战乱之后，

---

① ［明］陈士元：《孟子杂记》，上海：上海商务印书馆，1937年，第7页。

吕元善之子吕兆祥整理其父遗稿，并将之出版，再次更名为《三迁志》。

第四任编纂者是清雍正年间孟子的第六十五代孙孟衍泰。该版本重新绘制了书中所有的图，增加了清代以来的内容，删去了一些有损孟氏家族形象的负面记载，确定了只扬不抑的编纂基调。经过四次编写后，《三迁志》共12卷，目录如下。

第一卷：灵毓、像图。

第二卷：祖德、母教、师授。

第三卷：年表。

第四卷：佚文、赞注、崇习。

第五卷：爵享、弟子、礼仪、恩赏。

第六卷：宗系。

第七卷：闻达。

第八卷：庙记。

第九卷：墓记。

第十卷：祭谒。

第十一卷：题咏。

第十二卷：古迹、杂录。

该书资料丰富，有些是实录原文，具有很高的史料价值。如第一卷记载孟庙和孟子墓的地理位置、周围环境等情况，包括六幅地图、三幅画像和孟子庙中三十幅祭器的图像。第四卷中，"佚文"部分收集散见于唐代之前著作中的《孟子》资料，"赞注"部分记载宋之前历代名儒对孟子的评价及《孟子》古注的目录，"崇习"部分记载历代统治者对《孟子》的推崇。第五卷记载孟子及其弟子在后世被推崇和所受封爵等情况，还有统治者对孟氏子孙的优待，如蠲免赋税、赐五经博士之类。第八卷中，"庙记"部分记载宋仁宗以后历代山东地方官吏增修孟庙、孟母祠和子思书院的情况和碑记。

也有些部分为了抬高孟子而进行一些不实的考证。如关于孟子的授业之师，直接采取了"授业于子思"的观点；为了与孟子在年代上衔接，对子思的生卒年重新进行考证，将子思的年龄延长了40岁——由史籍记载的62岁延长到100多岁。再如第六卷的"宗系"部分清晰展现从孟子到康熙年间60多代的世系，显然不够可靠，特别是时代较为久远的世系，缺乏史料的支撑。还有些部分为了彰显孟氏家族，将一些不是孟氏家族的资料也收纳进来。如第七卷的"闻达"与后附的"列女"部分，将历史上有一些名气的孟姓人士，如三国时期的孟达，唐代的孟浩然、孟郊等，全当作孟子子孙看待，显然与事实不符。

元明时期《孟子》研究评说

元明时期的《孟子》研究呈现出如下四个特点。

一是程朱理学获得官学地位。北宋欧阳修的《归田录》记载了这样一件事。宋太祖赵匡胤幸临相国寺，到佛前烧香，他问寺中方丈赞宁："拜还是不拜？"赞宁回答说："不拜。"太祖问为什么，赞宁说："现在佛不拜过去佛。"太祖笑着点了点头，此后皇帝不礼拜佛像成为定制。这件事情具有里程碑式的意义，它标志着自魏晋南北朝以来佛教与儒学鼎立局面的结束，佛教终于屈居于儒学之下，儒学重新成为国家的统治思想。这是政治上的胜利，但儒学还没有完成理论上的胜利。从北宋周敦颐开始，历经张载、"二程"等人，直至南宋的朱熹，才最终在理论上完成对佛道二教的融合，儒学以理学的面目出现，进入一个新的发展阶段。《孟子》作为儒家的重要著作也完成了升经的过程，相关的研究也全面展开。

但终两宋之世，理学并没有获得官学的地位。元朝的建立者蒙古人在征服中原和南宋的过程中，不断接触儒学，汉化程度日益加深。1235 年，蒙古军队攻占江西德安，理学家赵复被俘至北方。当时蒙古大汗窝阔台的养子杨惟中将他释放，并为他在燕京建立太极书院，让他在书院中讲授程朱理学。当时的士人姚枢、许衡、郝经、刘因等前往求学，程朱理学随着这些师生的学术活动而在北方广为传布。忽必烈在统一中国的过程中，虽然重用汉人，但并未采用科举考试的人才选拔制度，导致他所选用的四任宰相都所用非人——他们怙势卖官、非反即贪，四任宰相有三人被忽必烈亲自下令处死，一人被百姓刺杀；中下级官员中错选的更不在少数。杂乱无序的选人制度给其后的成宗朝、武宗朝和仁宗朝初期造成了极大的政治混乱。

仁宗早年以儒士李孟为师，对儒学认识颇为深刻，深知儒术握持纲常有助于维护君主专制统治。他看到了程朱理学对于统治天下的意义，也看到了理学的社会教化功能。他即位之后，苦于选法太乱，人才难得，于是整饬国子学，以"宋儒周敦颐、程颢、颢弟颐、张载、邵雍、司马光、朱熹、张栻、吕祖谦及故中书左丞许衡从祀孔庙廷"①，确立程朱理学在国家中的地位。在他即位的第四年，他下诏以科举考试的方式选拔人才，规定考试以程朱学派所注的"四书""五经"为考试内容。仁宗在位期间共进行了两次科举考试，选出进士106人，将科举制度化。他说："朕所愿者，安百姓以图至治，然匪用儒士，何以致此。设科取士，庶几得真儒之用，而治道可兴也。"② 整个元代共开科16次，总计录取进士1000多人，为元朝选拔了很多人才。③

明朝继续沿用元朝的科举考试制度。为进一步推广程朱理

---

① ［明］宋濂等撰：《元史》，北京：中华书局，1976年，第557页。
② ［明］宋濂等撰：《元史》，北京：中华书局，1976年，第558页。
③ 孙建平：《元代理学官学化初探》，湖南大学硕士论文，2003年，第18页。

学、统一意识形态、加强思想统治，明成祖朱棣命人汇编三部"大全"，作为通行天下的教材和参考。其中《四书大全》影响最大，程朱理学成为明代乃至清代官学的正宗。

二是《孟子》研究继续沿着心学路线发展。这是理学内部发展的继续，程朱理学汲取并发展了《孟子》的性善论，在认识论上则更多地吸收了《中庸》的思想。与朱熹同时代的陆九渊，在认识论上则继承并发展了《孟子》的存心、养心理论。首先，他继承了《孟子》的本心概念，认为本心就是孟子所说的恻隐之心、羞恶之心、辞让之心、是非之心之"四心"和仁义礼智之"四端"；其次，他提出"心即理"的命题，借由宇宙的无限性、理的无限性和心的认识能力的无限性，而将心与理统一起来，将孟子心、性、天、命之间的内在关系清晰化、一致化；最后，他在孟子存心、养心论的基础上提出发明本心的认识论，具体为辨志、格物、剥落和涵养四种方法。

明代的王阳明在陆九渊心学理论的基础上，进一步挖掘孟子的良知思想，并提出"致良知"的认识与实践方法。他认为良知"不学而能""不虑而知"，就是天理在人心中的自然显现；"致良知"就是要将遮蔽良知的私意、私欲去除，还良知以本来面目，还需要将良知运用于具体事物的实践中，达到知行合一的境界。

在程朱理学一统天下的元明时期，为什么《孟子》研究还能够沿着心学的路线继承、发展？原因有三。

第一，程朱理学所提倡的格物致知，要求去格万事万物中的理，累积到一定程度之后，达到对事物之理贯通的认识。这种认识方法烦琐、支离，且不一定能够达到对理的贯通性认识。

陆王提出"心即理"，要求直接去体认内心之理，显得简易直接。

第二，陆王心学提倡知行合一，王阳明更是提出"一念发动即行"的思想。王阳明说，现在人的学问，把知和行看作两件事。心中有一个念头，虽然不善，但因为没有表现为外在的行动，所以就不去禁止。他所说的"知行合一"，就是要让人知道，一个念头产生之时就是行动了。产生不善念头的时候，就需要把这个念头给克服掉、去除掉，彻根彻底，不要让不善的念头潜藏在心中。明代社会经济发达，注重功利、虚伪装饰、言行不一的社会风气盛行，心学的知行合一有助于匡正这样的社会风气，树立道德的主宰地位，使儒家价值观念占据人们的思想和头脑。

第三，对打破思想界的沉闷局面有一定的作用。元明时期，程朱理学确立了官学地位，在科举制度的指挥棒下，全国上下统一为一个声音，虽然与"四书"相关的著作层出不穷，但都不敢越程朱思想之雷池一步。明初思想家薛瑄曾经说，朱熹已经把天下的道理讲清楚、讲明白了，其他人只要遵行就可以了，不需要再进行研究、思考了。整个思想界呈现出沉闷、死寂的局面，让人感到压抑。王阳明的出现、心学的流行，在客观上打破了思想界的僵化局面，犹如一股清流注入明代社会，让人耳目一新，也彰显了孟子思想穿越时空的影响力和价值。

三是附属于"四书"学的《孟子》研究著作大量出现。自从朱熹的《四书章句集注》被列入科举考试的标准教材，围绕这部书，知识界出现了大量的注释性著作。《孟子》作为"四书"之一，此时蜗居于"四书"学之下，《孟子》研究的著作基本上以"四书"研究"孟子卷"的面目出现。这些著作包括义理类、考据类、词典类和汇编类，大多为帮助士子准备科举考试之用，因而毫无学术新见，陈陈相因，互相抄袭。出现这种现象的原因是国家规定科举考试必须按照朱熹的标准答案，如果与标准答案不一致，将会导致科举考试的失败，因而人人自危，朱熹发展儒学的标志性著作反而成了桎梏人们思想的工具。

当然，在这些"四书"学研究者中，也有部分不热衷功名，志在弘扬道统、发扬朱学的学者。如朱熹的三传弟子金履祥，他年轻时就立下宏愿，不走科举之路，以潜心研究朱学为己任，博览群书，将所学、所思全部融会于"四书"之中。他所作的《孟子集注考证》对朱熹的《孟子集注》多有阐发和补充，是元明时期《孟子》研究中难得的一部有创见的著作。黄宗羲在《宋元学案》中评价他的著作"发朱子所未发""其明道之心，亦欲如朱子耳"。① 金履祥的弟子许谦也不走仕宦之途，终生以治学授徒为业。他的《读四书丛说》中有不少独到的见解。他的好友吴师道为他的书作序说，欲通"四书"之旨者，必读朱子之书；欲读朱子之书者，必由许君之说。这些学者与著作犹如一股清流，在朱注标准一统天下的沉闷环境中，让人倍感清新。

四是出现了以孟子本人为核心的资料类著作。由于孟子本人地位的提高和《孟子》在科举考试中地位的确立，一些人开

---

① ［清］黄宗羲原著，［清］全祖望补修，陈金生、梁运华点校：《宋元学案》，北京：中华书局，1986 年，第 2738 页。

始将关注的目光转向孟子本身。因为《史记》对于孟子身世的记载较为简单，人们对他的了解还不够多，于是从明清时期开始，一些地方官员和孟氏后人开始编撰关于孟子本人资料的著作。这些著作以《三迁志》为代表。《三迁志》历经明清两代、四次编撰才最终完成。该书分 12 卷，内容涉及孟子的生平事迹、历代统治者对孟子的推崇、孟子所获封爵的情况，以及历代文人对孟子的评价、赞颂孟子的诗文碑刻等，开创了孟子研究的新领域，也是元明时期孟子研究中令人耳目一新的著作。

第七章

鼎盛与总结：清代的《孟子》研究

　　清代的《孟子》研究是《孟子》学术史研究的鼎盛时期。一方面，"四书"学仍然占据主要地位。根据学者的统计，清代单纯研究《孟子》的著作有 500 种左右，而"四书"学中研究《孟子》的著作却达千种以上，是前者的两倍之多。① 这些研究与元明时期"四书"学中的《孟子》研究一样，围绕科举考试的指挥棒，人云亦云，照搬照抄，毫无思想创见，学术价值普遍不高。另一方面，纯学术的《孟子》研究广泛、深入，百花齐放，成果卓著。首先，在研究人数和成果数量上远超前代。其次，在研究广度和深度上也远超前代。再次，无论在考据还是在义理上，都取得了卓越的成就，出现了诸多经典名篇、名著。最后，出现《孟子》研究的集大成之作——《孟子正义》。该书是著名经学家焦循穷一生之精力、学识所作，是迄今为止研究《孟子》不可回避的一部力作。

---

① 刘瑾辉：《清代〈孟子〉学研究》，北京：社会科学文献出版社，2007 年，第 40 页。

清代考据之风的兴起
及其对《孟子》研究的影响

梁启超先生在《清代学术概论》中说："其在我国自秦以后，确能成为时代思潮者，则汉之经学，隋唐之佛学，宋及明之理学，清之考证学，四者而已。"他将清代的考据学与汉代的经学、隋唐的佛学、宋明时期的理学并列，视之为清代学术的主流。为什么清代学术一改宋明时期深究义理的特点，而钻入故纸堆中，以考证、训诂为主要特色呢？究其原因，在于学术自身发展的特点与政治氛围的影响。具体而言，主要有以下四点。

一、明末心学流于空疏

宋明陆王心学主张"心即理""心外无物""心外无理"，人只要去发掘内心中的理，无须外求；在修养上主张"顿悟"。明中叶之后，王阳明心学盛行于世，追随者众，在流行、流传的同时也发生着流变，分化出多个学派，其中泰州学派在社会上最为流行。泰州学派的开创者是王阳明的弟子王艮。王艮开启了阳明心学的大众化之路，主张"百姓日用即是道"。他认为，圣人和百姓的区别在于，圣人明确地意识到在日常生活中的道，从而悟道、践行道；百姓则把日常生活当作本分，日用而不知，无思无不通。有朋友对此不解，问王艮："什么是无思无不通？"王艮便叫他仆人的名字，仆人应声而至；让仆人去端茶，仆人便端着茶杯过来。那朋友问是怎么回事？王艮说："刚才仆人事先并不知道我叫他，我一叫他，他便答应，这就是'无思无不通'。"朋友恍然大悟说，这么说天下都是圣人了。王艮说："只是日用而不知。有的时候懒了、困了，听见却假装没有听见，便是失去了本心。"

明代中后期，城市手工业急剧发展，海外贸易扩大，城市经济空前发展，商业繁荣，市民文化十分活跃。随着印刷术的普及发展，文化教育平民化逐渐成为潮流。王艮的心学顺应了这一时代趋势，他用自己有限的儒学修养将儒学简化为人人可学的简易之学，吸引了大批喜欢通俗儒学的下层民众，牧童樵竖、钓老渔翁、市井少年、公门健将、行商坐贾、织妇耕夫、窃屦名儒、衣冠大盗等社会各阶层人士都喜欢他的学说。他的弟子中有佣工林春、樵夫朱恕，再传弟子中有陶匠韩贞、田夫夏廷美等。

王艮的主张亦迎合了市场和商业发展所张扬的个人主义和自然主义。他的后学何心隐提出"性乘于欲"的观点，说："性而味，性而色，性而声，性而安佚，性也。乘乎其欲者也。而命则为之御焉。"[1] 意思是，声、色、性、味、安佚都是人性。人性因人的欲望而起，又通过人的肉体表现出来。人的肉体即

---

[1]　容肇祖整理：《何心隐集》，北京：中华书局，1960 年，第 40 页。

是"命",命是性的承载者、发生地,即"御"。所以命所承载的性,是人现实欲望的性,这些性是天然合理的。何心隐对性、命的阐释突破了理学天命之性为道德之性的界限,也突破了王阳明良知即性的界限,将之引向率性而为、放荡不羁、蔑视礼法之路。

阳明心学主张顿悟,本有禅学成分;其后人混迹于僧道之间,将之进一步发挥。管志宁主张儒学不妨碍佛教、佛教亦不妨碍儒学,倡导三教合一;赵起元、周汝登等人力图将正统禅宗与儒家学说融合。在泰州学派的影响下,明朝末年的士大夫"流于禅者十九矣",在禅学的掩盖下,张扬个人主义,随欲而性,"束书不观","空谈心性",甚至在国家和民族危难之际,仍然熟视无睹,高谈阔论,毫不作为,心学流弊至此而极。王夫之对之痛加斥责:王氏之徒"废实学,崇空疏,蔑规矩,恣狂荡,以无善无恶尽心意知之用,而趋入于无忌惮之域"①。顾炎武更是将之上升到明朝灭亡的原因之一,认为明末的心学空谈甚于西晋的清谈,导致"神州荡覆,宗社丘墟"。

二、清初的文化高压政策

清朝作为少数民族建立的王朝,建立前后,遭到来自汉族各阶层的反对。如顾炎武的母亲,在南京被攻占时决心殉国,临死前对顾炎武说:"我即使是一个妇人,身受圣恩,与国俱亡,那也是一种大义。你不是他国的臣子,不辜负世代国恩浩荡,不忘记先祖的遗训,我就可以长眠地下了。"母亲生前常用

---

① [明]王夫之:《礼记章句》,长沙:岳麓书社,2011年,第1468页。

岳飞、文天祥、方孝孺等民族英雄的事迹来教育顾炎武。母亲死后，顾炎武积极投身于反清复明的活动，并以精卫填海的精神自比，说"我愿平东海，身沉志不改，大海无平期，我心无绝时"，终生不与清政府合作。再如著名的历史地理学家顾祖禹，明亡之后，随父亲隐居。父亲认为，明朝灭亡的一个重要原因是对于山川形势、关河险隘的无知和不得要领，临终前叮嘱顾祖禹围绕反清复明的目的撰写一部全国性的军事地理著作。顾祖禹遵从父亲遗言，用30多年时间完成历史地理巨著《读史方舆纪要》。梁启超对这部书的写作目的洞若观火，评论说"其著述本意，盖将以为民族光复之用"①。在写作期间，一旦有机会，顾祖禹便放下笔杆，投身到反清复明的军事斗争中，终生不受清政府的一官半职。

　　面对汉族人特别是汉族士人的反对，清政府采取了文化高压政策，大兴文字狱。文字狱起自顺治时期，乾隆时期达到顶峰。据初步统计，顺治年间有 7 起，康熙年间有近 20 起，雍正年间有 20 余起，乾隆年间有 130 余起。② 文字狱大致可以分为如下三种类型。

　　1. 因编写史书而兴。著名的案件有庄廷鑨案件。顺治年间，浙江乌程南浔镇富户庄廷鑨，因病导致双目失明，想学习历史上的史学家左丘明，编写一部史书。但是他没有史学才能，而且缺乏史料来源，于是通过多方探寻，购买了明天启大学士朱

---

① 梁启超著，夏晓虹、陆胤校：《中国近三百年学术史》，北京：商务印书馆，2011 年，第 377 页。
② 李畅然：《清代〈孟子〉学史大纲》，北京：北京大学出版社，2011 年，第 87—103 页。

国祯的明史遗稿，又延揽江南有志于编写明史的才子十六人，在朱国祯遗稿的基础上进行增补。书中仍然尊奉明朝国号，不承认清朝的正统，直呼努尔哈赤为"奴酋"、清兵为"建夷"。书成之后，请李令皙作序，刊刻出版。书出版之后，被归安县县令吴之荣告发，清廷下令彻查。当时庄廷鑨已死，被剖棺焚尸。他的弟弟庄廷钺，为书作序的李令皙，参与编写的十六位才子，参与刻书的书店老板、刻字工、印刷工等人，全部被处死，且祸及全族。

2. 因注经论史而兴。著名的案件有谢济世注《大学》和陆生楠《通鉴论》案。雍正年间，谢济世注《大学》不用朱子《四书章句集注》，而用古本《大学》，被王锡保举报，原因是"毁谤程朱"。雍正帝看后，认为谢济世不仅"毁谤程朱"，而且借对"见贤不能举"的注释，大谈人君用人之道，抒发怨望、诽谤之情，对君主不满之心昭然若揭。陆生楠著《通鉴论》17篇，被人告发，理由是"非议朝政""抗愤不平之语甚多"。雍正帝对此非常重视，亲自从《通鉴论》中找出8条，逐条进行批驳，大骂陆生楠"狂肆逆恶"，为"天下所不容"，将其处死。对此，有人评论说："以论前史而获罪者，自陆生楠之狱始。自兹以往，非惟时事不敢议论，即陈古经世之书，亦不敢读矣。"①

3. 因诗赋文章而兴。此类案件最多。吟诗作赋写文章是文人士大夫的日常生活，可是一不小心甚至在毫无觉察的情况下，就可能冒犯清廷，招来杀身之祸。如胡中藻诗案是乾隆年间一

---

① 张书才、杜景华主编：《清代文字狱案》，北京：紫禁城出版社，1991年，第44页。

次较大的文字狱。胡中藻写有《坚磨生诗钞》，乾隆十八年
（1753），有人告密，说他的诗中有"一世无日月""一把心肠
论浊清"的句子。乾隆帝大怒，认为"日月"合写为明朝的
"明"字，是有意恢复明朝，在国号"清"前居然用"浊"字
来形容，更是心存污蔑，最后认定胡中藻有反清思想而将其斩
首。再如，徐述夔的诗中有"大明天子重相见，且把壶儿搁半
边""明朝期振翮，一举去清都"的句子，徐述夔父子被戮；沈
德潜《咏黑牡丹》有"夺朱非正色，异种也称王"句，沈德潜
被剖棺戮尸。

　　清代前中期的文字狱，不仅是文人士大夫的一次精神浩劫，
而且是一次文化浩劫。伴随着对士大夫的迫害，还有查禁书籍
的诏令。乾隆年间公开下达禁书谕，查禁书写明末清初史事的
史书、前朝及当朝有民族思想意识的书籍、某些无意触犯专制权
威或指陈时政的著述。据学者统计，乾隆年间共禁毁书籍3100多
种、151000多部，销毁书版80000块以上——数量与《四库全
书》相当。当时所禁毁的书，今天仅能见到1500种。[1]

　　在这样的文化高压政策下，文人士大夫不敢随意议论、过
问世事，只好将有限的精力投入到故纸堆中。对此，梁启超先
生如是说："其后文字狱频兴，学者渐惴惴不自保，凡学术之触
时讳者，不敢相讲习。然英俊之士，其聪明才力，终不能无所
用也；诠释故训，究索名物，真所谓'于世无患与人无争'。"[2]

---

[1]　李畅然：《清代〈孟子〉学史大纲》，北京：北京大学出版社，2011年，第102—
　　103页。
[2]　梁启超著，夏晓虹点校：《清代学术概论》，北京：中国人民大学出版社，2004
　　年，第156页。

三、学术发展的内在需求

针对明末心学流于空虚的弊病，儒学内部的一些有识之士从学术上对之进行矫正，主要从两个方面入手。

1. 从空谈心性转向经世致用。以黄宗羲、顾炎武、王夫之等人为代表。黄宗羲说，仁是天心，义是天地万事万物的秩序，仁义是治国、平天下的根本之道。可是后世的儒者，把仁义的功用与仁义当作两回事，当国家变乱之时，不能用自己所学竭力拯救，而是坐谈空论、陆沉鱼烂、全身远害，这样的学术于事无补。他通过对孟子王霸之道的阐释来说明这一点。他认为，王道是由仁义行，霸道是行仁义。王道之君以仁义善心来考虑民众的现实生活疾苦，实施爱民、惠民的政策，一切顺任仁义之心自然流行；霸道之君以一己之私为出发点，考虑的是自己的声名权势，虽然在行为和事功上极力模仿王道，但看似相同，实则背离，"譬之草木，王者是生意所发，霸者是剪彩作花耳"①。

顾炎武认为，做学问的当务之急在于探索"国家治乱之源，生民根本之计"。他的《天下郡国利病书》，首先关注的就是土地兼并和赋税不均的社会现象，并探索造成这种现象的原因，表达要求进行社会改革的愿望。《日知录》的写作目的，也在于"意在拨乱涤污，法古用夏。启多闻于来学，待一治于后王"②。王夫之著《读通鉴论》，主张以史为鉴，通过深入思考、总结历

---

① ［清］黄宗羲：《孟子师说》，《黄宗羲全集》（第一册），杭州：浙江古籍出版社，2005年，第51页。

② ［清］顾炎武撰，华东师范大学古籍研究所整理：《顾炎武全集》（第二十一册），上海：上海古籍出版社，2011年，第203页。

代王朝盛衰的经验、教训，来为现实服务；在运用的过程中，还要结合现实，对历史经验进行变通，才能找到一条能够切实解决现实问题的革新之路。他通过对历史和现实的思考，对关乎国计民生的赋役、礼制、刑名等问题进行了深入的探讨，旨在"去危即安、兴利除害"。

2. 倡导经学，主张用音韵、训诂的方式解读经书。与心学空谈心性不同，儒学内部的有识之士提出"道在经中"的主张，力图将理学纳入经学的范畴。钱谦益说，汉代的儒者讲经，现在的儒者讲道。圣人之道就在圣人的经书之中，离开经书而单纯讲道，是脱离了道的根本。费密提出"从古经旧注发明吾道"的命题，说从西周到现在，两千多年来，先王的教化已经随着历史而湮灭，治理国家、天下的教化之道有赖于儒家的经书而世代流传，舍弃儒家的经书就是舍弃圣人之道。方以智进一步明确说"夫子之教，始于《诗》《书》，终于《礼》《乐》"，主张"藏理学于经学"。顾炎武也提出"理学，经学也"的观点，将经学视为儒学的正统；认为后世的理学者不钻研"五经"，而沉迷于所谓理学家的语录，本质上是禅学，而不是儒学；提出从音韵、文字的角度研究经书，"读九经自考文始，考文自知音始"，开创了清代考据之学的先河。

为了进一步瓦解理学的根基，学者们还掀起了考经辨伪的思潮，对宋明以来推崇的经书及注疏进行反思，从考据出发指出其讹误之处，甚至直指其为伪书。《周易》是理学的重要思想资源之一，宋儒用图学的方式来理解《周易》，例如刘牧以河图洛书、周敦颐以太极图、邵雍以伏羲八卦图（又称"先天图"）、朱熹用大小二横图来解《周易》。对此，黄宗羲、黄宗炎、毛奇龄、朱彝尊、胡渭等人纷纷著书、撰文进行批判。黄宗羲作《易学象数论》、黄宗炎作《图学辨惑》，指出河图洛书是地理书，和画卦无关，先天横图、先天方位图都不是《周易》中本来所有的内容，是后人比附《周易》的产物，是宋儒受到道家的影响而伪造的。朱彝尊、毛奇龄也指出河图洛书、先天图、太极图的道家性质。胡渭博采众家，撰《易图明辨》，对宋儒以图解《易》提出系统批判，指出《易》本无图，无须区分先天图、后天图，河图洛书根本不是《周易》的主旨，宋儒所作诸图都不是圣人之《易》，因此主张宋儒之图《易》应该与圣人之《易》分道扬镳，"离之则双美，合之则两伤"①。

对于朱熹所注"四书"，毛奇龄把"四书"本文与朱注对比，归纳出32类、数百处错误，全面否定了《四书章句集注》。特别是对于朱熹从《礼记》中抽取出来的《大学》《中庸》，学者们纷纷考辨其伪。姚际恒经多方考证，认为《中庸》的文字多抄袭《孟子》，其遣词造句、所涉制度都不是春秋时期的风格；从义理上来分析，《中庸》也与孔子的儒学宗旨不符，却与佛老思想相契合。陈确考辨《大学》之伪，认为《大学》非先秦作品，根本不是孔子、曾子所作，"其言似圣而其旨实窜于禅""必为禅学无疑"②。

儒学内部对理学的批判，经世致用本是宗旨，音韵训诂、考辨校勘本是方法，可是随着清朝文化专制主义的日益加强，二者的地位发生了转换，议论时事、拯救时弊的经世致用思想

---

① ［清］胡渭辑著：《易图明辨·题辞》，上海：上海商务印书馆，1935 年，第 1 页。
② ［清］陈确：《陈确集》，北京：中华书局，1979 年，第 552、573 页。

逐渐沉寂，而作为方法的朴实考证却成了清代学术的主角。

四、清代经济发展为学术繁荣提供了外在条件

自清军 1644 年入关定鼎北京，清朝历经顺治、康熙、雍正、乾隆几代皇帝的励精图治，包括整顿吏治、发展经济、平定内乱、收复台湾，形成了规模空前的康乾盛世。据《清实录》的记载和学者研究，清初人口约 7000 万[1]，康熙末年突破 1 亿，乾隆末年突破 3 亿；耕地面积，雍正年间达 7.8 亿亩，乾隆年间突破 10 亿亩；顺治年间财政收入入不敷出，康熙末年年收入盈余 1000 万两，乾隆时国库存银达 8000 万两。自康熙时期开始，清廷逐步推行普免政策，康熙二十年（1681）之后的 40 年时间内，几乎每隔 10 年即开启一次轮免全国地丁钱粮，并于康熙五十一年（1712）宣布，自是之后，滋生人丁，永不加赋；乾隆年间，普免地丁五次、漕粮三次。[2] 国家府库充盈，人民安居乐业，手工业、商业繁荣，整个社会呈现出一片欣欣向荣、蒸蒸日上的景象。

经济的繁荣、社会的发展，为文化事业的发展奠定了雄厚的物质基础。自康熙帝始，历代皇帝都非常重视文化事业。康熙帝在科举考试中设博学鸿儒科，延揽学问丰富、学识渊博的学者，还在紫禁城乾清宫的西南角设南书房，作为自己和翰林院大臣们研讨学问、吟诗作画的地方——入选的翰林院学士被称为"南书房行走"，时人皆以入选为荣。康雍乾时期，国家支

---

[1] 程贤敏：《论清代人口增长率及"过剩问题"》，《中国史研究》1982 年第 3 期。
[2] 李光伟：《清代普免制度的形成及其得失》，《历史研究》2021 年第 4 期。

持、重臣主持编写了《古今图书集成》、《四库全书》、"清三通"等大型类书。《古今图书集成》是康熙帝的第三子胤祉奉康熙帝之命与侍读陈梦雷等共同主持编纂的一部大型类书，开始于康熙四十年（1701），完成于雍正六年（1728），历时两朝28年。康熙帝钦赐书名，雍正帝亲自写序。该书内容宏富，共1亿6千万字，分为6汇编、32典、6117部，从天文地理到百家考工，无所不包，图文并茂，是一部古代文献资料的百科全书。《四库全书》全称《钦定四库全书》，由乾隆帝亲自主持，纪昀等360多位官员、学者编撰，3800多人抄写，耗时13年完成，因全书分经、史、子、集四个部分，故称"四库"。全书共收录图书3462种、36000余册，约8亿字，是有史以来最宏大的文化工程，是对中国古典文化的一次最系统、最全面的总结。书编好之后，乾隆命人抄写了7部，分别藏于紫禁城内的文渊阁、沈阳的文溯阁、圆明园的文源阁、河北承德避署山庄的文津阁、扬州文汇阁、镇江的文宗阁和杭州的文澜阁，供全国各地的学者阅览，为学者们提供了读书治学的资料、工具书，所以有人形象地将《四库全书》比喻成"汉学家的大本营"。

由于中央政府的提倡，一些地方官员，特别是坐镇一方的封疆大吏也都开始热心提倡学术，创办书院，主持编纂书籍，支持学者们著书立说；甚至一些大商人也召集文人学者，出资编纂、汇刻各种书籍。一时间，搜书、编书、校书、刻书、藏书蔚然成风，形成了浓厚的学术风气。清代的考据学正是在这样的学术氛围中形成、发展并走向鼎盛的。

清代的考据学在吸收前人成果的基础上，通过训诂笺释、版本鉴定、文字校勘、辨伪辑佚等方法和手段，对两千多年来流传下来的文化典籍，进行了大规模的、全面系统的整理和总结，在经学、小学、历史、地理、金石、考古，以及工具书、丛书、类书的研究和编纂方面，都留下了可资借鉴的成果。梁启超的《中国近三百年学术史》，用一半以上的篇幅，综述"清代学者整理旧学之总成绩"，分"经学、小学及音韵学""校注古籍、辑佚书、辨伪书""史学、方志学、地理及谱牒学""历算学及其他科学、乐曲学"等四个部分，详细、具体地总结了清代学者在整理古籍方面的成绩和贡献。

孟子作为儒家的重要经典之一和科举考试的必考科目之一，也备受统治者、士子和学子的关注。清代《孟子》的研究著作颇为可观。有学者统计，清代寓于"四书"学研究中的《孟子》研究著作有千种以上，《孟子》研究的专著有 240 种，寓于其他文集中的专论有 114 种，有关《孟子》研究著作的序、跋 44 种。在 240 种《孟子》研究专著中，义理类有 94 种，考据类有 146 种；114 种专论中，义理类有 49 种，考据类有 65 种。考据类占 60%，与清代考据学占主流的学术思潮相一致。① 我们对于清代《孟子》学研究主要成果的介绍也主要从义理和考据两个方面来进行。

---

① 此处主要数据参考了刘瑾辉《清代〈孟子〉学研究》，北京：社会科学文献出版社，2007 年，第 10—39 页。

义理类研究的代表作及特点

我们借鉴梁启超在《清代学术概论》中对清代学术的划分，将清代学术分为三个时期，顺治、康熙、雍正时期为前期，乾隆、嘉庆时期为中期，道光、咸丰、同治、光绪时期为后期。进一步观察清代《孟子》义理类著作在这三个时期的分布，我们发现，前期义理类专著和专论共有 34 种，占 69%；中期共有 41 种，占 28%；后期共有 68 种，占 42%。① 也就是说，清代《孟子》研究义理类成果呈现出这样的特点：前期占据主流地位，中期在文化高压政策下迅速消沉，后期由于时势需要而有所回升。我们分别以黄宗羲的《孟子师说》、戴震的《孟子字义疏证》和康有为的《孟子微》作为前、中、后三期的代表作品，以窥清代义理类研究著作的特点。

一、黄宗羲的《孟子师说》

黄宗羲，明末清初重要的思想家、史学家与经学家，与顾炎武、王夫之并称"三大进步思想家"，生于明万历三十八年

---

① 此处的数据根据刘瑾辉《清代〈孟子〉学研究》第一章第二节的统计计算得来。

（1610），卒于清康熙三十四年（1695），浙江余姚人，字太冲，号南雷。清军入关之后，黄宗羲积极参加南明政权的抗清斗争，曾任监察御史兼兵部职方司主事，兵败之后，回归故里，因曾经在四明山梨洲村上庠庙授徒讲学而被称为"梨洲先生"。他多次拒绝清廷的延请，潜心著述，撰成《明夷待访录》《明儒学案》等经典著作。

《孟子师说》中的"师"指的是黄宗羲的业师刘宗周。刘宗周的学术源于王阳明心学，但又不被王学所束缚，不与王学末流同流合污。他以王学为出发点，又对王学有重要的修正。黄宗羲继承了刘宗周对王学的质疑和批判精神，撰写了《孟子师说》。他在该书的"题辞"中说，先师刘子研究《大学》作《统义》，研究《中庸》作《慎独义》，研究《论语》作《学案》，都体现了其学术宗旨。"四书"之中，只有《孟子》一书，没有专门的著述。他潜心研读《刘子遗书》多年，对于先师的思想深有体会，因而将其思想表述出来，撰写了《孟子师说》。

虽然黄宗羲本人说《孟子师说》是在表述老师的思想，但实际上是在继承老师思想的基础上，阐述自己的思想主张。黄宗羲的《孟子师说》体现出两个显著的特征：一是经世致用的现实主义倾向，对元明以来空谈性理、固守朱子之学的僵化学风和王学末流空疏之风进行批判；二是建立自己的哲学体系，从理论上质疑宋明理学。下面分述之。

1. 经世致用的现实主义倾向。黄宗羲密切关注现实，对《孟子》思想的解说，多结合历史、现实的情况，道出事情的真相，以抨击时弊、指斥空谈。他说："人的学习，没有什么比树立远大的志向更重要的了，树立远大的志向继而努力就可能成为豪杰，不树立远大的志向就只能是庸碌无为的凡人。凡人是跟随在豪杰之后的，如草上之风，没有自己的立场与主张。我对此十分感慨，洛学程子、闽学朱子的门下，碌碌无为、毫无创见的学子，只是在重复老师的问答传注，依葫芦画瓢，依靠老师的名声来抬高自己，这样的人都是凡人。所以，我读宋人的文集，遇到此类的著作便不想看。无奈的是，世人并非人人皆有头脑，容易被欺骗，不敢提出质疑，理学就这样日益变得肤浅了。"

《滕文公上》第 3 章中，孟子谈到三代的税赋，说"夏后氏五十而贡，殷人七十而助，周人百亩而彻，其实皆什一也"，并认为贡法是最差的一种税收方式，原因是贡法是取丰年和灾年的平均数，每年按照这个数目征收，致使灾荒之年百姓衣食无着、流离失所。黄宗羲看到此处，联系现实与历史，有感而发，说："现在的两税法，就是贡法。对百姓造成的苦难，就不必说了。什一之税，尚且只是解民于倒悬，何况如今的重税呢！浙东之田是盐碱地，属下下田，一亩的收入不过八斗米，价值八钱，可是要征收银米火耗二钱多，是十取其三。三吴的田地优良，可是各种银米征收，大概有十之五六，还不包括力役。上古时期的田地是国家授予，税收尚且只有十分之一；现在的田地是百姓自有，可是税收却高达近五成，今天的百姓太不幸了。秦废井田、开阡陌，是税收的第一次大变革；唐代实行两税法，改征收谷物、布匹等实物为征钱，是第二次大变革；明代以来，又改征钱为征银——国家所征收的并不是百姓田里所产出的，黄河以北，年丰谷贱，百姓仍然不免流离——这是第三次变革。

经过这三次变革，百姓几乎无法生存了啊！"

《离娄下》第 3 章中，孟子对齐宣王说："君之视臣如手足，则臣之视君如腹心；君之视臣如犬马，则臣视君如国人；君之视臣如土芥，则臣视君如寇仇。"此语历代被视为君臣之道的法则。然而，黄宗羲却认为孟子的主张只是理论上的，从历史上来考察，也存在许多君视臣如土芥可是臣视君如腹心的情况，如黄道周、成德等真正的君子，也存在许多君视之如手足可是臣却视君如寇仇的，如陈演、马士英之类的小人。黄宗羲一针见血地道出君臣关系的实质。

《离娄下》第 13 章中，孟子曰："养生者不足以当大事，惟送死可以当大事。"对丧事的重视是儒家一贯的主张，孔子弟子曾子曾说"慎终追远，民德归厚矣"，荀子也说"厚其生而薄其死，是敬其有知而慢其无知也，是奸人之道而倍叛之心也"。赵岐、朱熹注《孟子》，都采用相同的观点。黄宗羲提出质疑，说："作为人子，承欢父母膝下，就是最大的事，没有什么事情比这还重要。当父母去世之时，对父母的赡养也就结束了，养生无憾，可称当大事。即使送死无憾，可是养生有憾，仍然不足以称可以当大事。"

黄宗羲对孟子思想的阐释，站在历史、现实和人性的角度，进行冷静、理智的思考，无论是对赵注、朱注还是孟子本人，都大胆地提出自己的质疑和见解，体现出经世致用的现实主义精神。

2. 构建气一元论，从理论上质疑理学。以朱熹为代表的宋明理学是建立在理气二元论基础上的，由此派生出天地之性与气质之性、心统性情、道心人心、天理人欲等概念，主张理先气后、性先情后、道心支配人心、存天理灭人欲等。黄宗羲坚决反对朱熹的二元论和理先气后的观点，主张气一元论，他说：

> 天地间只有一气充周，生人生物……流行而不失其序，是即理也。
>
> 四时行，百物生，其间主宰谓之天。所谓主宰者，纯是一团虚灵之气，流行于人物。①

意思是，天地之间充满了气，人和万物都是由气而产生的，气流行的秩序称为理。理和气都是人造出来的概念，就浮沉、升降的角度而言，称为气；就浮沉、升降的规则而言，称为理。理和气是同一事物的两个名称，而不是两个事物合为一体。理是气之理，无气则无理，理不离气，气是第一位的，理是第二位的。

黄宗羲还从气一元论派生出"心即气"的命题和心一元论的观点。他在解释孟子养浩然之气的理论时，说"人禀是气以生心""心即气也"。理是看不到的，只能通过气的运动变化来体现；性也是看不见的，只能通过心的起伏变化来体现。离开气而要求"明心见性"，不知道他所明的是什么心、见的是什么性。这与朱熹的"性即理"和王阳明的"心即理"截然不同。

关于性与情的关系，朱熹认为情出于性。对于孟子所说的"四端"，朱熹解释说，恻隐、羞恶、辞让、是非，是情，仁、

---

① ［清］黄宗羲：《孟子师说》，《黄宗羲全集》（第一册），杭州：浙江古籍出版社，2005年，第60、123页。

义、礼、智，是性；情因性而发，就像物体在内而端绪在外一样。黄宗羲则说，孟子的话说得非常简洁、明白，正是因为有恻隐、羞恶、辞让、是非之情，才有仁义礼智"四德"之名的出现，离开情便无从见性，仁义礼智是后起之名，所以说仁义礼智根于心。离开恻隐、羞恶、辞让、是非"四心"，便没有仁义礼智之名。所以说情、性二字不可分，是心的一体两面，犹如理、气之一体两面。在黄宗羲看来，程朱理学离开"四端"而求人性，强调"一旦豁然贯通"，如同佛教的"有物先天地，无形本寂寥，能为万象主，不逐四时凋"一样，陷入唯心主义的泥潭，而混淆了儒佛的界限。

二、戴震的《孟子字义疏证》

戴震，字东原，安徽休宁人，生于雍正二年（1724），卒于乾隆四十二年（1777），清代中期著名的思想家和考据学家。他39岁那年考中举人，之后6次参加会试都没有考中。1773年，51岁的戴震被《四库全书》的总主编纪昀推荐，参与《四库全书》历算、地理方面的书籍编修。乾隆帝赐其同进士出身，授其翰林院庶吉士。

戴震学识广博，于经学、天文、历算、地理、音韵、名物、训诂、典章制度等无所不通，著述宏富，有10多种，校订古籍20多部。《孟子字义疏证》是他的代表作，是他一生思想的结晶。该书从酝酿到成书，耗时10多年之久，于1777年初最终修订完成，是他的绝笔之作——该书封笔三个月后，戴震去世。

《孟子字义疏证》共有三卷、八目、四十四条，具体为：上卷性十五条，中卷天道四条、性九条，下卷才三条、道四条、仁义礼智二条、诚二条、权五条。从条目的名称可以看出，戴震的《孟子字义疏证》不同于其他的《孟子》注释之作，不是对《孟子》进行逐章、逐句的注释，而是以阐释核心概念的方式展开，抓住孟子思想中性、道、才、诚等核心概念，设出条目，以问答的方式对这些概念进行界定、辨析和多角度阐释。戴震在阐释概念的过程中，解说孟子思想，批判程朱理学，建立起自己的哲学思想架构。对于为何这样做，戴震说："经之至者道也，所以明道者其辞也，所以成辞者字也。必由字以通其辞，由辞以通其道。"① 此处的"字"是核心概念，"辞"是具体的表达，即经书中的道是通过核心概念的阐释、连接而表达出来的，所以研究经书要从"字"入手。

　　戴震作《孟子字义疏证》的主要目的，是对宋明理学进行批判。他在给学生段玉裁写的信中说道，他平生最重要的论述，就是《孟子字义疏证》，"此正人心之要"，现在无论正道还是邪说，都把自己的主张说成理，来祸害百姓，所以"《疏证》不得不作"。他在给另外一位朋友的信中说，程朱理学把佛教中的学说引入儒家思想，"合天与心为一，合理与神识为一"，将佛教概念改头换面，迁移到儒家经典的解释中，犹如子孙没有见过祖先的音容笑貌，有人把别人祖先的音容笑貌展示给他们看，子孙由于无知，误把别人的祖先当作自己的祖先，久而久之，就会被异族思想同化。为矫正这样的思想弊端，"不得已而有《疏证》之作也"。

---

① ［清］段玉裁注，杨应芹订补：《东原年谱订补》，收录于《戴震全书》（第六册），合肥：黄山书社，1995 年，第 651—652 页。

　　与黄宗羲一样，戴震也不同意程朱理学将"理"作为宇宙本源，"理先气后""理主宰气"的观点，而是主张气是宇宙的本源，提出"气本论"，从根本上否定程朱理学的理论基础。他说：

　　　　人物之生，分于阴阳气化。

　　　　在气化分言之曰阴阳，曰五行；又分之，则阴阳五行杂糅万变。是以及其流行，不特品类不同，而一类之中又复不同。

　　　　气化生人生物之后，各以类滋生久矣；然类之区别，千古如是也，循其故而已矣。①

　　在戴震看来，宇宙的本源是原始之气，原始之气首先分化为阴阳二气，阴阳二气相互作用、杂糅、摩荡，从而产生人类与世间万物，人类与世间万物由于种数太多，自然分出不同的种类，不同的种类中又分出不同的小类，如此生生不息，形成大千世界。

　　在理与气的关系上，戴震反对程朱理学将理作为外在于万事万物的独立存在，而是主张"理在气中"，认为理在阴阳五行的运行之中、在"天地、人物、事为"的存在之中，并非单独的存在，离气无理、离物无理。根据原始之气—阴阳之气—人与万物—种类区分的宇宙化生理论，戴震提出了"分理"的概

---

① ［清］戴震：《孟子私淑录》，《戴震全书》（第六册），合肥：黄山书社，1995年，第37、40页。

念，认为不同种类中的人、物存在不同的理，说"理者，察之而几微必区以别之名也，是故谓之分理；在物之质，曰肌理，曰腠理，曰文理；得其分则有条而不紊，谓之条理"①，即理是人们观察事物到非常细致的程度而一定能对事物加以区分的名称，所以理是存在于具体人、事、物之中的，并非独立的永恒存在。

在此基础上，戴震直接揭露程朱理本论的佛老学本质，说程朱理学将理作为气的主宰，就像佛道把神作为气的主宰一样；程朱理学认为理能生气，就像佛道认为神能生气一样；程朱理学认为人或物不能禀天地之全理是因为禀了不好的气，没有人欲的蔽塞就可以恢复天地之理，就像佛道认为神由于不受物欲之累而能拥有一切神力一样。他认为，程朱理学只不过是将佛道中神的概念换成理，把佛道理论、概念直接搬到儒学之中，并非从儒学内部产生的。

接着，戴震进一步从"形而上""形而下"的角度论述理气关系。《易·系辞上》中有"形而上者谓之道，形而下者谓之器"之说。朱熹认为形而上之道是理，形而下之器是气，形而下的气是由形而上之道决定的，理先气后，理产生气。戴震经过一系列详细考证之后，指出《易·系辞上》的这句话并不是用形而上、形而下来说明道和器的，而是相反，是用道和器来说明形而上与形而下的。形而上是阴阳之气还没有形成具体物质之前的气化状态，形而下是阴阳之气杂糅、摩荡之后所形成

---

① ［清］戴震著，何文光整理：《孟子字义疏证》，北京：中华书局，1982年，第1页。

的各种具体事物。宇宙的化生是从形而上到形而下的过程，因此宇宙的本源是气，理是由气产生的，气先理后。

在理与欲的关系上，戴震反对程朱理学将天理与人欲对立、"存天理，灭人欲"的主张，提出理在欲中、理欲统一的观点。戴震认为，人生而有欲，人作为血肉之躯，怀生畏死、趋利避害、声色臭味都是人正常的、自然的欲望，具有必然性和合理性。理的基本功能是对人的情欲进行疏导和调节。他说，"天理者，节其欲而不穷人欲也。是故欲不可穷，非不可有；有而节之，使无过情，无不及情"[1]，即人可以有正常、合理的欲望，但是不可以无穷尽地发展和满足欲望，人欲需要节制在合理的范围内，理的作用就在于此。理的外在表现就是礼，就是维护社会秩序的各种规章制度。

如何来衡量理是否将欲控制在合理的范围内呢？戴震提出"心之同然"的概念，"凡一人以为然，天下万世皆曰'是不可易也'，此之谓同然"[2]，即一个人认为这样，且天下所有人、不同时代的人都认为是这样的，才是"心之同然"。理不是满足一个人的欲望，而是满足天下人所共同认可的欲望。所有天下人共有欲望的平衡，才是理的理想境界。这也就是戴震所说的"心之所同然始谓之理，谓之义"，圣人"体民之情，遂民之欲""通天下之情，遂天下之欲"。[3]

---

① ［清］戴震著，何文光整理：《孟子字义疏证》，北京：中华书局，1982 年，第11 页。

② ［清］戴震著，何文光整理：《孟子字义疏证》，北京：中华书局，1982 年，第3 页。

③ ［清］戴震著，何文光整理：《孟子字义疏证》，北京：中华书局，1982 年，第54 页。

三、康有为的《孟子微》

康有为，字广厦，号长素，晚清著名的思想家、政治家和教育家。1858 年出生于广东南海的一个名门望族，祖上世代为官，理学传家。康有为从小受到家学的熏陶，5 岁能诵唐诗数百首，6 岁开始学习《大学》《中庸》《论语》和朱熹所著《孝经》，20 岁时跟随当地名儒朱次琦攻读《周礼》《仪礼》《尔雅》《说文》《水经注》诸书以及《楚辞》《汉书》《文选》等，传统儒学和文史功底深厚。身处"三千年未有之大变局"的晚清时期，年轻的康有为并没有沉溺于书斋。列强的坚船利炮、政治的风云变幻、政局的动荡不安，都让他时刻关心时事，心系国家安危。从 1879 年起，康有为开始接触西方思想文化，他游历香港，阅读《海国图志》《瀛环志略》等书，收集了大量介绍资本主义各国政治制度和自然科学的书刊，对西方的政治思想和政治制度有较为深入、系统的了解，初步形成融合中西的政治思想体系。

1888 年，中法战争后，法国强迫清政府签订了一系列不平等条约，中国西南门户洞开，法国侵略势力长驱直入云南、广西等地。这一年，康有为正好到北京参加顺天乡试。面对如此的险恶形势，他第一次上书光绪帝，痛陈祖国危亡，要求变法维新，但因受阻而未能送达光绪帝。1895 年，清政府在中日甲午战争中失败，被迫与日本签订丧权辱国的《马关条约》。康有为正在北京参加会试，他联合 18 省的应试举人 1300 多人，联名上书，请求拒和、迁都、练兵、变法，在政治、经济、文化等方面提出具体的改革措施。这就是著名的"公车上书"。结果上书被拒绝代呈，光绪帝又没有看到。幸运的是，这次会试中，康有为考中进士，被授予工部主事的职位。他接连两次上书，再次阐述变法的理由、步骤和主张，得到光绪帝的赏识。1898年6月11日，光绪帝下诏宣布变法，史称"戊戌变法"。康有为与谭嗣同全力策划新政，提出君主立宪制，希望按照西方资本主义国家的模式改良中国的国家制度和社会制度，以期挽救民族危亡。戊戌变法的主张触动了清廷顽固派的利益，9月21日，慈禧太后发动政变，囚禁光绪帝，通缉康有为。康有为被迫逃亡海外。

逃亡期间，康有为完成《礼运注》《中庸注》《孟子微》《大学注》《论语注》《大同书》等著作，系统地表述了自己的政治思想。其中，《大同书》是康有为政治理想的集中体现。他依据《春秋》公羊学中的"三世说"和《礼记·礼运》中的小康、大同社会之别，将人类历史的发展分为三个阶段：第一阶段为"据乱世"；第二阶段为"升平世"，即小康社会；第三阶段为"太平世"，即大同社会。康有为描述的"大同社会"，经济上实行财产公有制、计划经济和按劳分配；社会上人人平等，没有国家、没有阶级、没有家庭；政治上实行民主管理。显然，康有为吸收了西方政治理论中自由、平等、民主的基本原则，构建了一个乌托邦式的理想社会。

《孟子微》的写作目的是为大同社会提供理论依据和前提。"微"即微言大义，《孟子微》即《孟子》书中所体现的微言大义。在康有为看来，《孟子》一书是最能体现自由、平等、民主等西方政治基本原则的。他在《孟子微·序》中说："举中国之百亿万群书，莫如《孟子》矣。传孔子《春秋》之奥说，明太平大同之微言，发平等同民之公理，著隶天独立之伟义，以拯普天生民于卑下钳制之中，莫如孟子矣！"康有为将自己的政治理想和西方现代政治学的理念融入对《孟子》的解说之中，以明其微言大义，主要体现在如下四个方面。

1. 借孟子"定于一"阐释无国别的大同世界。《梁惠王上》第6章中，梁襄王问孟子："天下恶于定？"孟子回答说："定于一。"康有为阐释说，孟子的话深切著明，可以作为万世的法则。人类社会就是一个不断兼并的过程。就中国而言，大禹的时候有万国，商汤的时候有三千国，周武王的时候有一千七百国，春秋的时候只剩下二百多国，到孟子生活的年代兼并为七国，最后都兼并于秦。汉代的时候，兼并了陇、蜀、粤、闽、交趾，通西域三十六国；元代时，又"奄有印度，波斯天方西伯利部而一亚洲"。就西方而言，从亚历山大兼并希腊十二国时起，埃及、波斯、罗马先后统一，成为大国。通观中西历史，都是由小国兼并为大国，所以，将来地球一定会统一，"无复分别国土，乃为定于一大一统之征，然后太平大同之效乃至也"①。

2. 以西方之民主思想释孟子之民本思想。《梁惠王下》第7章中，孟子告诉齐宣王选拔人才的方法："左右皆曰贤，未可也；诸大夫皆曰贤，未可也；国人皆曰贤，然后察之；见贤焉，然后用之。"反之，如果杀一个人，也要这样征求国人的意见。对此，康有为解释说，孟子所说的就是今天的立宪制、君民共主法，左右就是行政官和元老顾问官，诸大夫就是上议院，国

---

① 康有为著，楼宇烈整理：《孟子微（礼运注　中庸注）》，北京：中华书局，1987年，第78页。

人共同议政就是下议院，国家一切的政治法律都要由下议院和百姓共同商议决定。

最能体现孟子民本思想的是《尽心下》第 14 章。孟子曰："民为贵，社稷次之，君为轻。是故得乎丘民而为天子，得乎天子为诸侯，得乎诸侯为大夫。诸侯危社稷，则变置。牺牲既成，粢盛既洁，祭祀以时，然而旱干水溢，则变置社稷。"康有为解释说，这是孟子所立的民主之制、太平之法。国家由民众聚集而成，天生民众而希望民众安居乐业，民众聚集在一起共同商议公共安全的事情，所以国家的一切礼乐政法都是为了民众。但是民众太多，不可能人人都参与国家管理，君就是代替民众进行国家管理的人。君是民众推举出来，且为民所用的。民犹如店铺的主人，君犹如店主所聘用的经理。民是主人，君是客人；民是主人，君是仆人。民贵而君贱，显而易见。民众共同信赖的人，就推选出来做民之主，如美国、法国之总统；总统可以任命百官，百官可以任命众多的僚佐。这就是"得乎丘民而为天子，得乎天子为诸侯，得乎诸侯为大夫"的含义。现今的法国、美国、瑞士和南美各国都已经实行了，近乎大同之世，天下为公，选贤与能。这些孟子早已阐述过了。

3. 以西方之政治平等释传统儒学之道德平等。《告子下》第 2 章中，曹交问孟子："人人都可以做尧舜，有这样的话吗？"孟子回答说："有的。"康有为解释说，人人性善，尧舜也是性善的，所以尧舜与人人平等、相同。人人当自立，人人都平等，乃是太平大同之世的表现。孟子明白这个道理，所以在这里特意表明。《滕文公下》第 5 章记载，商汤为一童子复仇而征葛国。康有为解释说："盖人人皆天所生，无分贵贱，生命平等，人身平等，故不为匹夫兴师者，据乱之义也，为一童子复仇，平世之理也。"①

《离娄下》第2章中，孟子有"君子平其政"之语。康有为解释说，"平政"就是行人人平等之政，人生而平等。所以孔子患不均；《大学》说"平天下"，不说"治天下"；《春秋》、孟子说"平世"，不说"治世"。这些论述都是以"平"为首要之义。

《尽心上》第4章中，孟子说："万物皆备于我矣，反身而诚，乐莫大焉。强恕而行，求仁莫近焉。"康有为解释说，每个人的性灵中都包含了天地间的所有，都可以作圣作神、生天生地，可是普通人不明白这一点，所以孟子特意揭示这一秘密，以告天下之学子。人人独立、人人平等、人人自主、人人不相侵犯、人人交相亲爱，这是人类的公理，是进化至太平大同之世所必需的。所以，这一章乃"孟子指人证圣之法，太平之方，内圣外王之道尽于是矣，学者宜尽心焉"②。

4. 寓西方之自由思想于孟子对民本思想的解释之中。《离娄上》第9章中，孟子曰："得天下有道，得其民斯得天下矣；得其民有道，得其心斯得民矣；得其心有道，所欲与之聚之，所恶勿施尔也。"康有为解释说，把一切有利于民众的都聚集起来，把博物院、动物园、远方之物、古今珍异都集中到都邑之中，凡是让民众高兴的就给他、让民众自由的就给他；把一切

---

① 康有为著，楼宇烈整理：《孟子微（礼运注中庸注）》，北京：中华书局，1987年，第96页。

② 康有为著，楼宇烈整理：《孟子微（礼运注中庸注）》，北京：中华书局，1987年，第23页。

束缚压抑的制度、重税严刑的措施、宫室道路之损坏，这些凡是让民众厌恶的都去除，民众怎么会不归心呢？要把去除民众束缚、给予民众自由作为得民心、行民主之政的重要举措。

显而易见，康有为对孟子的解释，并不是追寻孟子思想的本义，而是借孟子之大旗为自己的学说张目，托古言志，将西方近代的民主政治思想融入孟子思想，为自己改良政治的主张寻找依据。

清代《孟子》研究的义理类著作，呈现出三个明显的特点。一是经世致用，著作者从现实出发，或抨击时政，或矫正时弊，或主张改良。二是批判理学，从学理上批判宋明理学的唯心主义，建立唯物主义思想体系；在社会道德上批判宋明理学"以理杀人"的真实面目。三是托古言志，将自己的思想寓于对《孟子》一书的阐释之中，借先圣之言为自己说话。

考据类研究的代表作及特点

和义理类相对，清代《孟子》研究的考据类著作和专论，顺治、康熙和雍正时期共 15 种，占 31%；乾隆、嘉庆时期共 104 种，占 72%；道光、咸丰、同治、光绪时期共 92 种，占 58%。[①] 可见，从乾嘉时期开始，清代已经完成学术转型——以考据为主，进入梁启超所说的"时代思潮"之中。在这一时代思潮中，涌现出一大批考据类的著名学者和《孟子》研究的考据类名著。下面就清代《孟子》研究的考据类重要著作、关注的主要问题及特点进行简要的介绍。

一、清代《孟子》考据类重要著作简介

清代《孟子》的考据类著作，最重要的有朱彝尊的《孟子弟子考》，阎若璩的《孟子生卒年月考》《四书释地·孟子》，周广业的《孟子四考》，崔述的《孟子事实录》，翟灏的《四书考异》，张宗泰的《孟子七篇诸国年表》，焦循的《孟子正义》，宋翔凤的《孟子赵注补正》，等等。其中焦循的《孟子正义》

[①] 此处的数据据刘瑾辉《清代〈孟子〉学研究》第一章第二节的统计计算得来。

是清代研究《孟子》的集大成之作，我们将在后文专门介绍。限于篇幅，我们选取典章制度类考证的代表作《四书释地·孟子》、逸文版本考证类的代表作《孟子四考》和孟子生平事迹类考证的代表作《孟子事实录》进行简要介绍。

1. 阎若璩的《四书释地·孟子》

阎若璩，清代前期著名的朴学大师，字百诗，号潜丘，生于明崇祯九年（1636），卒于清康熙四十三年（1704），祖籍山西太原，侨居江苏淮安府山阳县。阎若璩出生于书香世家，从小便立志博览群书，并将"一物不知，以为深耻；遭人而问，少有宁日"作为自己的座右铭，很快成为当时学界的知名人物。康熙十七年（1678），诏征博学鸿儒科，阎若璩前往京师赴试，但未被录取，于是寓居京师。内阁大学士徐乾学钦佩他的学问，邀请他参加《大清一统志》的编纂。在此期间，他结识了精通地理学的顾祖禹、黄仪等人，对地理学产生了浓厚的兴趣，于"古今沿革，考索寻究，不遗余力"。所以，阎若璩不仅精通经史，而且在地理学方面造诣颇深，"凡山川、形势、州郡沿革，了若指掌"。清代初期，许多解读"四书"的学者，不明地理，以致造成许多经义理解的错误。阎若璩有鉴于此，乃作《四书释地》，以校正前人对古地名的错误理解。

《四书释地》是《四书释地》《四书释地续》《四书释地又续》《四书释地三续》四本著作的合称，共 7 卷、426 条考证，其中关于《孟子》的考证有 140 多条。阎若璩的考证精审、细密，往往能得出既出人意料又合乎情理的结论，其中最有名的是关于"嬴"这个地名的考证。《公孙丑下》第 7 章：

孟子自齐葬于鲁，反于齐，止于嬴。

充虞请曰："前日不知虞之不肖，使虞敦匠事。严，虞不敢请。今愿窃有请也；木若以美然。"

曰："古者棺椁无度……君子不以天下俭其亲。"

孟子父亲早逝，母亲随孟子在齐，去世后，孟子将母亲归葬鲁国。归葬后，孟子返回齐国的途中，在嬴这个地方停留。弟子充虞负责孟母丧事的棺椁监制，觉得孟子为母亲准备的棺椁太好了，这时候趁机问孟子："承蒙您不嫌弃我，前些日子让我负责棺椁的监制工作，当时忙于丧事，虽有疑问，但不敢请教。现在才敢请教，棺椁似乎太好了。"然后孟子做了一番解释。

许多研究《孟子》的学者根据字面的意思，认为既然充虞治孟母棺椁之事在"前日"，那么孟子从葬母到返齐的时间一定很短，在母亲去世后不久便急着继续出任齐卿，不符合孟子一贯提倡的"三年丧"之礼。对此，阎若璩从三个方面进行考证。

首先，他指出，孟子返齐不是继续出任齐卿，而是答谢齐君的赠襚之礼。按照《丧礼》的规定，"三日，成服，杖，拜君命及众宾，不拜棺中之赐"，即父母去世后，由于过度悲伤，三天后才能穿好衣服，答谢前来吊唁的宾客，还没有时间答谢给予赠襚之礼者。孟子在齐国为卿，母亲去世后，齐君以卿礼赠襚，孟子归葬母亲于鲁三个月之后，返回齐国是为了答谢齐君的赠襚之礼。

其次，孟子止于嬴是在嬴这个地方住宿停留，不是在这里答谢齐君。有学者认为，礼制中规定"衰绖不入公门"，"大夫、士去国，逾竟，为坛位，乡国而哭"。即有丧服在身的人是不能入公门的，大夫要离开国境后，在国境边上设坛，面向国都所在方向而哭，这是丧礼的规定。孟子就是根据这一礼制，越过鲁国，在齐国边境的嬴设坛位感谢齐君，礼毕之后再返回鲁国。阎若璩考证说，嬴是齐国南边的小城，在汶水之北，距离齐国都城临淄有三百多里地，孟子怎么可能会在三百多里之外答谢齐君呢？而且"衰绖不入公门"，非"不入国门"，"逾竟，为坛位，乡国而哭"是出亡礼，而非答谢礼。孟子只是途中在嬴停留，非在嬴答谢齐君。

最后，孟子由于哀伤，在和弟子的交谈中只答不说。阎若璩引《礼记》的话说："斩衰唯而不对，齐衰对而不言。"意即服斩衰礼，只应答别人的问话而不说话；服齐衰礼，只回答别人的问话而不主动和别人交谈。孟子为母所服丧礼为齐衰，所以只回答充虞的问话而不先说话。

由此可见，孟子不仅为母亲服三年丧，而且在答谢齐君赠襚之礼、和弟子交谈等细节方面也严格遵守礼制。阎若璩的考证细密、充分，言之有理，持之有故，令人信服。除了《四书释地·孟子》之外，阎若璩还有《孟子生卒年月考》《孟子考》等研究《孟子》的著作，将在下文提及。

2. 周广业的《孟子四考》

周广业，北宋大儒周敦颐的后代，清代著名的藏书家、刻书家，出生于雍正八年（1730），卒于嘉庆三年（1798）。他早年丧父，靠教授生徒奉养家人，好学不倦，精通经史，喜欢阅读和收藏各种版本的书籍，家有"听雨楼""种松书塾"用来收藏书籍，在古代典籍的考据、校勘、训诂、辑佚等方面造诣颇深。清廷编纂《四库全书》时，主持编纂的名流学者争相聘任他负责校勘工作。经他校勘过的古籍，都成为善本。在《孟子》研究方面，他著有《孟子四考》。《孟子四考》从四个方面对《孟子》进行考证，一为逸文考，二为异本考，三为古注考，四为出处时地考。四个方面各一卷，共四卷。

逸文考是对《孟子》七篇之外的逸文进行收集、考订。赵岐在《孟子题辞》中说，《孟子》七篇之外还有《外书》四篇，但是由于内容浅近，与内七篇不相类似，怀疑是后世仿照《孟子》而写的伪书，所以在注《孟子》的时候只注七篇。从此之后，《孟子》便以七篇的面目流传于世。但是汉代以来学者的著作，有时会引用到七篇之外的逸文，亦有学者对《孟子》逸文进行收集，但都不全面。周广业有感于孟子之言可能会因此而遗失，于是遍览群书，共收集《孟子》逸文59条，根据所采书之先后，编次成卷，因此《孟子四考》也成为《孟子》逸文收集最全面的著作。

异本考是对《孟子》各种版本进行比对、考订。宋代之前，书籍的流传全靠抄写，传抄过程中难免出现字句不同的情况，所以出现了各种异本。周广业以汲古阁①注疏本为底本，参考宋代的石经本，对汉晋、唐宋以来《孟子》的各种不同版本进行比对，按照七篇的顺序，逐章考订，注明出处，并对之加以分析。如《公孙丑下》第1章中有"三里之城，五里之郭，环而攻之"。"环"在不同的版本中有"圜""環"两种写法。周广

---

① 汲古阁，中国明代私人藏书楼和印书工场，在江苏常熟隐湖之南七里桥，明末人毛晋创办。

业经过考证，认为"圜"字为佳。

古注考是对《孟子》的不同注本进行对比、分析。汉唐时期，《孟子》注本除赵岐《孟子注》之外，还有郑玄、刘熙、程曾、高诱、綦毋邃、陆善经、张镒、丁公著等人的注本，各注本对《孟子》的注释歧义甚多。周广业于是集各种注本于一书，分"汉赵岐孟子注""汉郑玄孟子注""汉刘熙孟子注""晋綦毋邃孟子注""附阙名注"五家，进行对比、分析，很有价值。

出处时地考是对孟子本人及《孟子》之书相关的问题进行考证。孟子身为"亚圣"，但是身世经历却非常模糊，世人少有知者。周广业有感于此，花费数年心血，对孟子其人其书进行考证，写成《孟子出处时地考》。该书对孟子的生卒年、父母里居、师承弟子、宦游经历、《孟子》作者与篇序以及《孟子》中涉及的相关史实共 34 个问题详加辨析，是考订孟子其人其书的代表作品。

3. 崔述的《孟子事实录》

崔述，字承武，号东壁，清代著名的考据学家，生于乾隆五年（1740），卒于嘉庆二十一年（1816）。他的父亲崔元森是研究朱子学的专家，他从小跟随父亲学习。父亲对他说："你知道我为什么给你取名'述'吗？我平生的志愿在于'明道经世'，希望你能'述吾志耳'！"在父亲的激励下，崔述 14 岁的时候就遍览群书，被乡里人视为奇才。乾隆二十七年（1762）崔述中举人，先后出任福建罗源、上杭知县。30 岁之后，他感到儒家经书的传记和注疏多与经书原本的旨意不同，因而对群经进行考辨，著《崔氏考信录》，在《孟子》研究方面著有

《孟子事实录》。

　　崔述对孟子非常推崇，他赞成韩愈对孟子的定位，认为自孔子之后，能够传孔子之道的只有孟子；孔子之后，杨墨之道横行天下，幸好有孟子挺身而出，与杨墨进行斗争，孔子之道才重显于天下。因此，崔述认为"孟子之于孔子，犹周公之于文武也"，虽然文武是圣人，但是如果没有周公继承他们的事业，就不可能有西周的太平之治；虽然孔子是圣人，但是如果没有孟子继承、宣扬他的学说，孔子之道就可能湮没无闻。可是后人却时有疑孟、非孟者，贬低孟子的王政圣学，因此崔述著《孟子事实录》，考证与《孟子》相关的事实，阐释孟子的学说，以彰显孔孟之道，提升孟子的影响。

　　《孟子事实录》主要考证了孟子受业于谁、《孟子》一书为何以"孟子见梁惠王"为篇首、孟子游历诸侯的次序、《孟子》的作者是谁、孟子弟子以及与《孟子》有关的战国时期史实等。其中，考证最为精到的是孟子至梁的时间问题。

　　《史记·魏世家》记载孟子至梁的时间为梁惠王三十五年（前335），崔述认为应该在梁惠王后元十二年（前323），理由有三。第一，公元前334年，魏国和齐国国君在徐州盟会，互相承认对方"王"的称号，史称"徐州相王"。《史记》将这件事系于梁襄王，认为梁惠王的称号乃是襄王追赠。可是孟子多次直接称梁惠王为王，如"王何必曰利""王好战，请以战喻""王往而征之，夫谁与王敌"等，如果当时梁惠王没有称王，孟子怎么能够直接称之为王呢？第二，《史记》将魏国以西河之地给予秦国系于梁襄王五年（前314），将魏国以上郡之地尽献秦国系于襄王七年（前312），将楚国在襄陵打败魏国系于襄王十二年（前307），那么这些应该是惠王之后的事情。可是《梁惠王上》第5章中，梁惠王亲口对孟子说："西丧地于秦七百里；南辱于楚。寡人耻之。"这显然与《史记》记载不符。第三，按照古书纪年的记载，梁惠王三十六年（前334）改元，之后又过了16年梁惠王才去世，即参加"徐州相王"的是梁惠王而不是梁襄王，因为改号称王，所以又重新纪年。所以，孟子至梁应该在梁惠王后元十二年（前323），这样孟子和梁惠王的对话就与历史事实如合符契了。

二、清代《孟子》考据学关注的主要问题

清代《孟子》考据学关注的问题非常广泛，从孟子的生平事迹如生卒年月、宦游经历、师承、弟子等，到《孟子》一书的作者、编排顺序，再到《孟子》书中人、事、时、地、典章制度的考证，无不涉猎。另外，清代还出现了《孟子》辑佚类著作和对前代《孟子》研究著作的补正类著作，可谓异彩纷呈。关于孟子的生平事迹与《孟子》的作者，第一章已经述及，不再赘述。此处就清代学者对孟子弟子的考证，对《孟子》中人、事、时、地、典章制度的考证，《孟子》辑佚类著作，《孟子》研究的补正类著作进行介绍。

1. 关于孟子弟子的考证。关于孟子弟子的人数与姓名，历代有不同的看法。东汉赵岐认为孟子弟子有15人，学于孟子者4人，共19人；北宋徽宗政和年间，地方官程振请为孟子在邹建庙祭祀，并追赠孟子弟子18人，就是根据赵岐的观点，只遗漏了滕更1人。南宋朱熹只取孟子弟子13人，元人吴莱认为有19人，明初张九韶认为有17人，清初宫梦仁亦认为有17人，

但名字互有不同。有鉴于此，朱彝尊作《孟子弟子考》，考证孟子弟子 17 人，分别为：乐正子、万子章、公孙丑、浩生（亦作"告子"）不害、孟仲子、陈子臻、充子虞、屋庐子连、徐子辟、陈子代、彭子更、公都子、咸邱子蒙、高子、桃子应、盆成子括、滕子更。陈矩认为朱彝尊的考证大抵可信，但亦有遗漏，于是遍览古籍，作《孟子弟子考补正》，又补入 7 人——告子、季孙、子叔、匡章、曼丘不择、孟季子、周霄，共 24 人。

2. 关于《孟子》中人、事、时、地、典章制度等的考证。关于时、地的考证，已有阎若璩对"嬴"的考证和崔述对孟子至梁时间的考证，此处述及其他。关于人的考证，如告子和浩生不害。《孟子》中有告子，《告子上》第 1 章中，告子曰"性犹杞柳也……"；又有浩生不害，《尽心下》第 25 章中，浩生不害问曰："乐正子何人也？"赵岐注曰"告子者，告姓也；子，男子之通称也；名不害；兼治儒墨之道者，尝学于孟子"，认为二者为一人。阎若璩《四书释地又续》说，浩生为复姓，不害是名，浩生不害与《公孙丑》《告子》篇中的告子不是同一人；陈矩《孟子弟子考补正》进一步补充说，根据《墨子》的记载，告子名胜，与浩生不害"判为两人"。此问题一明，关于孟子弟子的问题亦迎刃而解。

关于事的考证，如张宗泰对"齐伐燕"之事的考证。关于齐伐燕，《孟子》的记载有两处，一处在《梁惠王下》第 10—11 章：

> 齐人伐燕，胜之。宣王问曰："或谓寡人勿取，或谓寡人取之。以万乘之国伐万乘之国，五旬而举之，人力不至

于此。不取，必有天殃。取之，何如？"

　　孟子对曰："取之而燕民悦，则取之。古之人有行之者，武王是也。取之而燕民不悦，则勿取。古之人有行之者，文王是也……"

　　另一处在《公孙丑下》第8—9章：

　　燕人畔。王曰："吾甚惭于孟子。"

　　《战国策》与《史记》均记载了齐伐燕之事。不同的是，《战国策》记载齐伐燕在齐宣王时，《史记》记载齐伐燕在齐湣王时。赵岐注《孟子》的时候没有考证，后世学者根据《史记》的记载认为《梁惠王下》误将湣王记为宣王。亦有学者认为齐伐燕有两次，一次在齐宣王时，原因是燕文王去世，易王继位，齐国趁燕国国丧之际攻打燕国，占领燕国十城之地，即《梁惠王下》所记伐燕之事；一次是在齐湣王时，燕王哙将王位禅让给国相子之，燕国大乱，齐国又趁机伐燕，占领燕国七十城之地，即《公孙丑下》所记伐燕之事。两处一称宣王、一称齐王，是因为宣王先孟子去世，所以称谥号；湣王后孟子去世，所以径称齐王，不称谥号。

　　这样的考证好像已经非常明了，但是张宗泰将《史记》《战国策》和《孟子》的记载进行参照，并从分析《史记》纪年入手，认为齐伐燕有两次，但不是在宣王和湣王时，而是分别在齐威王和宣、湣时期，宣、湣时期的伐燕实为一事。《史记》记载，宣王时，齐因燕丧而伐之，取燕十城之地；《梁惠王下》记载，孟子劝宣王为燕国"置君而后去之"，因丧伐燕，易王已经继立，不存在"置君"的事。显然，《史记》所记伐燕与《孟子》不同，不是在宣王时，而是在齐威王时。《战国策·燕一》记载，燕王哙让位子之，燕国大乱，齐宣王应燕太子平之邀伐燕，孟子谓齐宣王曰："今伐燕，此文、武之时，不可失也。"这与《孟子》中孟子劝宣王为燕国"置君而后去之"的记载相符。因此《战国策》中所记伐燕与《孟子》同，是在宣王时。宣王伐燕之后不久去世，湣王即位，燕人反叛，所以《孟子》中两处所记伐燕为一事的不同阶段。张宗泰说："宣王伐燕即薨，次年湣王立，然则伐燕胜而取之者宣王。燕人之畔，实在湣王嗣位之后，非有二也。"至此，《史记》《战国策》《孟子》中关于齐伐燕之事的记载清晰、了然，也结束了齐伐燕的时间之争。

关于典章制度的考证，如周炳中对"环"的考证。周炳中著有《四书典故辨正》，专门考证"四书"中的典章制度、名物故实和词义训诂。《公孙丑下》第1章中，孟子曰："三里之城，七里之郭，环而攻之而不胜。夫环而攻之，必有得天时者矣；然而不胜者，是天时不如地利也……"赵岐将"环"解释为"围"，说"环城围之，必有得天时之善处者"；朱熹也这样解释，说"环，围也。言四面攻围，旷日持久，必有得天时之善者"。周炳中认为，围攻和天时之间没有必然的联系，一定像朱熹所说"旷日持久"，才有可能碰到有利的天时。那么，"环"该如何解释呢？周炳中联系到《周礼·春官·筮人》记载的"筮人掌三易，以辨九筮之名"，其中第九筮是"筮环"，此处的"环"就是"筮环"的意思，"筮环"就是在出兵之前事先占卜预测吉凶胜败。他因而得出结论："'环而攻之'之环，即《周礼》筮环之环。环而攻之，谓筮而攻之也。攻之则筮吉，故曰必有得天时者也。然而不胜者，虽筮得天时之吉而不能克之，是天时不如地利也。"这样的考证非常精彩，出人意料又合乎情理，让人顿悟、拍手称快。

3.《孟子》的辑佚类著作。随着考据学的深入发展，学界对资料收集的广度和解读的深度提出了更高的要求，于是辑佚类著作应运而生。学者把散见于其他著作中有关《孟子》研究的资料加以辑录、考订，整理出很多宝贵的文献资料，主要体现在三个方面：第一，《孟子》遗篇辑佚，包括《孟子》章指和外书，共17种，其中遗篇8种、章指4种、外书5种；第二，除赵岐注之外的汉唐间《孟子》注本，共17种；第三，宋代之后学者的《孟子》研究著述，共6种。① 对清代《孟子》辑佚工作做出最大贡献的是马国翰。马国翰生活在清代晚期道光、咸丰年间，从小刻苦读书，年轻时对许多珍贵古籍的散失深感痛惜，下定决心做古书的辑佚工作。他每见异书便抄录下来，生平收入多用来购书，共购买各类书籍57000余卷，"殚心搜讨，不遗余力"。他把唐代以前已经散亡、毁失的古书，从各种著作的注释和引文中剔抉出来，加以考证，辨别真伪，然后分门别类、汇纂成册，定名为《玉函山房辑佚书》，共辑佚书594种，为保存中国古代文化典籍做出杰出的贡献。《玉函山房辑佚书》收集了汉唐间《孟子》古注8种，分别是：汉程曾、高诱、刘熙、郑玄注，晋綦毋邃注，唐陆善经、张镒、丁公著注。该

---

① 刘瑾辉：《清代〈孟子〉学研究》，北京：社会科学文献出版社，2007年，第203—204页。

书是我们研究汉唐孟子学的重要参考文献。

4. 对前代《孟子》研究著作的补正。随着《孟子》考据的深入，一些学者对前代的孟注感到不足，于是在原注的基础上进行修订、补正。最主要的著作有蒋仁荣的《孟子音义考证》和宋翔凤的《孟子赵注补正》。

蒋仁荣的《孟子音义考证》是对宋代孙奭《孟子音义》的考证。《孟子音义》共有注文1208条，蒋仁荣对其中问题较多的269条进行考证，纠孙著之错误、补孙著之证据。孙奭的《孟子音义》主要是释音、释义，蒋仁荣也主要是从语言文字的角度补正。《孟子音义考证》是一部《孟子》词义训诂的专著。

蒋著对孙著的补正，试举一例。《梁惠王上》第5章中，孟子对梁惠王说："王如施仁政于民，省刑罚，薄税敛，深耕易耨……"对其中的"易"字，赵岐解释说"易耨，耘苗合简易也"，即释之为简易。孙奭注音为"易，以致切"，即读作 yì。

蒋仁荣先是引用《左传》和《汉书》中的记载和注释对之进行解释。《左传·昭公二十九年》载，"易之亡也"；王引之《经义述闻》对"易"的解释为"易者，疾也，速也"。《汉书·天文志》对太白星的记述中有"所居久，其国利；易，其乡凶"。苏林解释说："易，疾过也。"因此，蒋仁荣认为，在古代"易"的意思是"疾速"，《孟子》中的"易耨"应为"疾耨"的意思，读作 rú；赵注和孙注皆误。

接着，蒋仁荣又引用《管子》《国语》进行佐证。《管子·度地》篇曰"大暑至，万物荣华，利以疾耨杀草秽"，《国语·齐语》曰"深耕而疾耨之，以待时雨"。"疾耨"即"易耨"，属同义词，因此"易"为"疾"。分析有理有据，证据充足，确当无误。

宋翔凤的《孟子赵注补正》是针对赵岐《孟子章句》的考据性著作。补正即补赵注之缺，正赵注之误。与蒋仁荣只关注字音、字义不同，宋翔凤的补正从字音、字义、词义到人、事、时、地，再到典章制度、风俗习惯，无不关涉。《孟子赵注补正》是清代孟学史上的重要著作，具有很高的参考价值。

补赵注之缺是对赵岐未注而宋翔凤认为应该注释的地方或赵注不完善的地方加以补充注释、引申发挥。如《万章上》第4章中，孟子在和咸丘蒙的对话中说"此莫非王事，我独贤劳也"，赵岐注曰"何为独？使我以贤才而劳苦"。宋翔凤认为赵岐的注不甚清晰，于是遍引古籍以证"贤"为"多"的意思。他先是引《小尔雅》中对"贤"的解释"贤，多也"；接着引证《诗经·小雅·北山》中"大夫不均，我从事独贤"，解释说，"独贤"就是独多，事有多有少，才是不均，如果像赵岐所说，因为是贤才而独，就不存在不均的情况；又引证《老子》中"不尚贤，使民不争"，解释说，"不尚贤"就是不尚多。因此，他认为，孟子所说的"贤劳"是多劳的意思。

正赵注之误是对赵注中的错误之处加以修订，或对有疑问的地方提出商榷。如《万章下》第9章中，孟子对齐宣王说，卿有"不同，有贵戚之卿，有异姓之卿"；《公孙丑下》第1章中，孟子说"寡助之至，亲戚畔之"。赵岐释"贵戚"为"内外亲族也"，后又进一步解释说"孟子曰：'贵戚之卿，反复谏君，君不听则欲易君之位，更立亲戚之贵者'"，可见赵岐将"贵戚"与"亲戚"等同——皆为内外亲族，所以对《公孙丑下》中的"亲戚"不予注释。宋翔凤认为赵注不确，因为周秦时代所说的"亲戚"都是指父母或伯父、叔父，《史记》中称箕子和比干为商纣的亲戚，是因为他们是商纣的叔父，春秋时期同姓之国不相灭，所以《孟子》中"寡助之至，亲戚畔之"是指同姓之国相离叛。《战国策》中，苏秦说"贫穷则父母不子，富贵则亲戚畏惧"，以"亲戚"与"父母"对举；《万章下》中以"贵戚之卿"与"异姓之卿"对举。可见，"贵戚"与"亲戚"都指同姓，而并非赵岐所说的"内外亲族"。

三、清代《孟子》考据学的特点

阅读清代《孟子》考据学的著作，其精彩考证、求真精神令人拍案叫绝、钦佩不已。概而言之，清代《孟子》考据学主要呈现出以下四个特点。

1. 考证细密。遍览古籍、详细比对，发现史实于毫发之间，清代《孟子》考据学的细密程度超越了之前的任何时代。如前文所述张宗泰对齐伐燕之事的考证，如果不认真比对《史记》《战国策》《孟子》中的相关记载，不认真考证当时的相关史实，不认真核对《史记》中的纪年，是很难在前人已经言之凿凿的齐宣王、齐湣王分别伐燕的基础上，发现齐宣王、齐湣王伐燕实为同一次伐燕的不同阶段，而另一次伐燕是在齐威王时这一史实的。再如阎若璩对"孟子止于赢"的考证，不仅涉及丧礼的服丧时间，涉及臣答谢君主的赠禭之礼、服丧期间的交谈之礼这些细节，还要对当时齐鲁的地理沿革了如指掌才可以做到。

2. 争鸣热烈。清代《孟子》考据学围绕一些热点问题展开，特别是关于孟子生平事迹的考证，观点纷呈，争鸣热烈。

此类著作有 50 多种。如关于孟子生卒年月的考证，有阎若璩的《孟子生卒年月考》、周广业的《孟子四考》、张宗泰的《孟子七篇诸国年表》、陈宝泉的《孟子时事考徵》和狄子奇的《孟子编年》等；关于孟子弟子的考证，有朱彝尊的《孟子弟子考》、许重炎的《孟子弟子考》、吴昌宗的《孟子弟子考》和陈矩的《孟子弟子考补正》等；关于孟子宦游经历的考证，有先齐后梁、先梁后齐、两次之齐、三次之齐等不同观点；关于《孟子》一书的作者，有孟子自著、弟子辑成、再传弟子辑成、师生合著等观点，甚至有认为其中有门人附益的伪作等。在学者们热烈的争鸣中，孟子生平事迹及孟子生活年代的史实、制度等问题越辩越明，一些晦暗、模糊的历史细节逐渐变得清晰起来。

3. 成果丰硕。清代《孟子》考据学成果丰硕主要体现在三个方面。一是著作量大。如前所述，清代《孟子》考据类专著有 146 种，专论有 64 种，共计 210 种——超过之前历代《孟子》研究著作数量之和。朱彝尊《经义考》所辑清代之前《孟子》研究著作共有 160 种；高峰期宋代也只有 106 种，仅为清代考据类的一半左右。二是研究专精。就一个或几个问题展开深入讨论，而不求大、求全。146 种《孟子》考据类专著，包括辑佚类 40 种，年谱类 43 种，弟子类 5 种，章指、篇叙类 3 种，外书类 5 种，辨赵类 2 种，辨朱类 2 种，综合类 5 种，以及其他类 41 种。① 三是著作体量大。清代之前的注孟、考孟类著

---

① 刘瑾辉：《清代〈孟子〉学研究》，北京：社会科学文献出版社，2007 年，第 213 页。

作，多的只有十几万字，如赵岐《孟子章句》和朱熹《孟子集注》都只有 13 万字左右，而清代的考孟类著作，动辄有十几、二十多万字，焦循的《孟子正义》则多达 80 万字，内容之丰富可以想见。

4. 影响巨大。清代《孟子》考据学著作，廓清了许多事实，很多内容成为我们今天的知识基础，如孟子的生卒年、孟子的师承、孟子的宦游经历、《孟子》的作者等今天我们视为常识的内容，都是清代考孟学者们激烈争鸣的结果。他们对《孟子》的注解，也在很大程度上影响着我们对《孟子》的理解。更重要的是，清代考孟学者们求真的科学精神、追求学术的献身精神和他们在考证过程中所用到的方法，成为传统学术留给我们的宝贵财富。

《孟子正义》——《孟子》研究的
集大成之作

清代的考据学经过清朝初期、中期 100 多年的发展，到乾嘉后期已经有了非常深厚的积累，一些集大成之作纷纷出现，如邵晋涵的《尔雅正义》、孙星衍的《尚书今古文注疏》等。在《孟子》研究领域，出现了焦循的《孟子正义》。焦循列举为《孟子》作疏之十难，涉及义理、制度、易数、音律、音韵、训诂、史实、章句、引书、版本等。要想克服这十个方面的困难，以一人之力，恐怕穷尽一生亦不可能。所幸的是，焦循生活在乾嘉后期，有关《孟子》的研究成果已经十分丰富，用焦循本人的话来说，即"本朝文治昌明，通儒遍出，性道义理之旨，既已阐明；六书九数之微，尤为独造……通乐律者判管弦之殊，详礼制者贯古今之变；训诂则统括有书，版本则参稽罔漏"，前所列之十难，"诸君子已得其八九"①。焦循以毕生之所学，集有清一代《孟子》研究之大成，撰成《孟子正义》。

---

① ［清］焦循撰，沈文倬点校：《孟子正义》，北京：中华书局，1987 年，第 1051 页。

一、焦循生平与《孟子正义》之写作

焦循，字理堂，一字里堂，江苏甘泉（今扬州）人，生于乾隆二十八年（1763），卒于嘉庆二十五年（1820）。他是清代著名的经学家、数学家和戏剧理论家，与另一位清代经学家、训诂学家、金玉学家阮元齐名，是阮元的族姊夫。

焦循家世传《易》学，他的曾祖父就喜欢《易》学，祖父、父亲都继承家学并兼及其他经学。焦循3岁的时候，就跟随嫡母学习；19岁时，得汲古阁本《十三经注疏》，有志于经学；39岁时中举人，翌年参加会试不第，便无意科举，回到家乡照顾母亲。母亲去世后，他托病不出，建造了一座"雕菰楼"作为读书之所，十余年不入城市，专心致力于学问。他博闻强记，学问广博，于经史、历算、声韵、训诂之学均有研究。阮元曾经为之作《通儒扬州焦君传》，称赞其"于学无所不通""于经无所不治""学乃精深博大""名之为通儒"。他的著述丰富，有近60种、400余卷、数百万字。

焦循在经学上的主要成就在于治《易》《毛诗》和《孟子》上。他作《易通释》《易图略》《易章句》，合称"雕菰楼易学三书"，用算学原理理解《易》，自成一家；他作《毛诗地理释》《毛诗草木鸟兽虫鱼释》《毛诗物名释》，合称"《毛诗》三释"，得到当时著名学者阮元、王念孙等人的高度评价。《孟子正义》是他集一生所学而成。他自述"弱冠即好《孟子》书，立志为《正义》，以学他经，辍而不为，兹越三十许年"[1]，即

---

[1]　［清］焦循撰，沈文倬点校：《孟子正义》，北京：中华书局，1987年，第1052页。

从 20 岁起，焦循便立志要写一部《孟子正义》，但是因为学习其他经书一直没能如愿，30 年后才得以动笔成书。之所以要用这么长的时间，一方面是因为如焦循所说，他致力于其他经书的学习；另一方面是因为为《孟子》作疏之难，一定要待功力深厚之时才能够完成。

嘉庆二十一年（1816）冬天，焦循将为《孟子》作疏之事提上议事日程。焦循与儿子焦廷琥一起，收集资料，编纂《孟子长编》，历时两年完成。嘉庆二十三年（1818）十二月，他开始《孟子正义》的撰写，次年七月完成初稿，前后历时近三年。由于用力精勤，焦循一年后去世，因此《孟子正义》可以说是焦循穷一生精力、学识而成之作。

《孟子正义》是以《孟子》赵岐注为底本所作的疏，宋代孙奭曾为之作《孟子音义》，但焦循认为孙奭的《孟子音义》体例驳杂、征引乖陋、文义冗蔓、名物制度释义不确，于是博采前人及时人研究《孟子》之成果，"以己意裁成损益于其间"，撰成《孟子正义》。无论在义理还是在考据方面，《孟子正义》都有真知灼见。下面试分述之。

二、以人之社会性论性善——《孟子正义》义理阐释之贡献

焦循虽身处乾嘉时期，但对考据学有着清醒的认识。他的《孟子正义》不仅注重考据，在义理阐发上也独具一格，特别是对人性善这一主题有着系统而深入的阐释。钱穆先生在《中国近三百年学术史》中这样评价："里堂论学极多精卓之见，彼盖富具思想、文艺之天才，而溺于时代考据潮流，遂未能尽展其

长者。然即其思想上之成就言之，亦至深湛，可与东原、实斋鼎足矣。其立说之最明通者，为其发明孟子性善之旨。"焦循论性善，主要是从人兽对比、人之社会性的角度进行观察。

首先，从人类社会性之产生论性善。焦循说，上古时期，没有三纲六纪的社会秩序和伦理道德，人们只知道自己的母亲，不知道自己的父亲，饥饿时去寻找食物，吃饱了就丢弃剩余的，茹毛饮血，衣不蔽体，这样的生活与禽兽没有太大的差别。这时出现了圣人伏羲，他仰观天文，俯察地理，制定了人伦秩序，于是人们知道了父子之亲、君臣之义、夫妇之道、长幼之序，接着治理社会的国家机构也产生了，管理大大小小事务的百官出现了，治理天下的最佳方法——王道也产生了。这是因为人类有神明之德，可以由野蛮走向文明；而禽兽因为没有这样的神明之德，无法走向文明，只能一直停留在蒙昧无知的野蛮状态。这样的神明之德，便是性善。

其次，从伦理道德之社会性论性善。圣人制定了社会、人伦秩序，确立了仁义礼智、忠孝友悌的道德规范。焦循认为，人先天潜在具有这些伦理道德，能知可教，所以性善。孟子说："恻隐之心，仁之端也；羞恶之心，义之端也；辞让之心，礼之端也；是非之心，智之端也。人之有是四端也，犹其有四体也。"（3.6）同孟子一样，焦循认为："四心"乃潜在的伦理道德，有此"四心"与无此"四心"，是人和禽兽的根本区别，也是性善与性不善的根本区别。他说："人生矣，则必有仁义礼智之德，是人之性善也。若夫物则不能全其仁义礼智之德，故物之性不能如人性之善也。"① 人无论贤愚，皆有此"四心"，

①　[清] 焦循撰，沈文倬点校：《孟子正义》，北京：中华书局，1987 年，第 741 页。

禽兽则皆无。

正是因为人类有此"四心"，所以才能知可教。焦循说，饮食男女是人和禽兽所共同的自然之性，但是人类可以通过嫁娶来确定夫妇，禽兽则无法确定夫妇之别。人类可以通过耕种田地来自食其力；禽兽则不可能学会耕种之法，只能停留在觅食的原始阶段。即使有的人不能遵守道德规范，淫昏无耻，也知道自己的妻子不能做别人的妻子；贪婪残暴，也知道别人的食物不能作为自己的食物。正是因为人先天具有"四心"，又能通过思想意识到道德的存在，所以才性善。孔子以是否遵守道德规范来区分人的贤愚，愚者虽然做不到但也知道，而禽兽则无法达到对道德规范的认知。

再次，从情欲之社会性论性善。荀子认为人有欲望，所以人性恶；朱熹认为人性善，情则有善有不善。所以情欲向来被认为是恶的来源。焦循却认为，情是人类成人、成己的表现，欲是人类追求真善美的表现，情欲恰恰是人性善的表现。欲乃声色臭味，在这一点上人和禽兽是相同的。但是禽兽知道声音，却不懂得音律，不能谱写美妙的音乐；禽兽知道颜色，但是不知道追求好的颜色；禽兽知道饮食，却不能够做出精细的美食；禽兽知道臭味，却不能够追求好的臭味、远离恶腐的臭味。所以人的欲望和禽兽的欲望有着本质的区别，人的欲望恰恰是人类追求美好生活的动力之源，是性善的表现。情乃喜怒哀乐，人之情乃道德伦理的外在表现，焦循引用戴震的话说"有是身，而君臣父子夫妇昆弟朋友之伦具，故有喜怒哀乐之情"，所以情也是性善的表现。

更重要的是，人可以节制自己的情欲，使之符合社会伦理道德的要求，不对别人造成伤害。禽兽不知道礼制的存在，不能节制自己的情欲，完全是自然状态下的情欲，被情欲所左右，而不能使情欲成为追求真善美的动力。人类社会有礼制的约束，人能自觉遵守，使自己的情欲表达能够促进社会和谐，所以焦循说："孟子道性善，察乎人之才质所自然，有节于内之谓善也。"①

最后，从人旁通权变之灵活性论性善。焦循认为，人性善还在于，人不仅能够满足自己，还能够旁通，以己测人，满足别人的需求。"己欲立而立人，己欲达而达人。""己所不欲，勿施于人。"自己喜欢财货，也能够使别人有余粮、余钱；自己喜欢美色，也能够使内无怨女、外无旷夫；自己有情欲，也能够满足别人的情欲，使天下人的情欲都能够得到顺畅的表达，从而达到道德大盛的境界。这也即："遂己之欲者，广之能遂人之欲；达己之情者，广之能达人之情。道德之盛，使人之欲无不遂，人之情无不达，斯已矣。"②

人的性善还表现为人能够根据具体情境的变化而灵活多变地采取应对措施，达到利人、利己的目标，而不是墨守成规。例如孟子说："嫂溺不援，是豺狼也。男女授受不亲，礼也；嫂溺，援之以手者，权也。"(7.17)焦循疏证说，豺狼是禽兽，禽兽不能够根据情境的变化而变化，人则可以。若是固守礼节，任嫂子溺于水，这恰恰是有害于礼的；反于礼节，援之于手，救下嫂子的性命，才是善。

---

① ［清］焦循撰，沈文倬点校：《孟子正义》，北京：中华书局，1987 年，第 766 页。
② ［清］焦循撰，沈文倬点校：《孟子正义》，北京：中华书局，1987 年，第 754 页。

人类之所以具有社会性，能够制定社会、伦理秩序，能够遵守社会秩序、伦理道德，能够节制自己的情欲，能够灵活变通地应对，能够旁通他人之需求，表现出性善，从而与禽兽从根本上区别开来，最关键的在于人有"神明之德"，即人具有认知的能力，"神明之德"是人性善的根本所在。焦循将人性善与人类的文明、智慧联系在一起，从人类社会之实然状态论证人性善，与之前性善论者追求性善之哲学源头截然不同，独辟蹊径，独具一格，为孟子性善论的阐释做出了独特的贡献。

三、申赵、补赵、正赵——《孟子正义》考据学之贡献

对于《孟子正义》所做的工作，焦循在书末的《孟子篇叙》中有详细的说明："赵氏训诂，每叠于句中，故语似蔓衍而辞多佶聱；推发赵氏之意，指明其句中训诂，自尔文从字顺，条鬯明显矣。于赵氏之说或有所疑，不惜驳破以相规正。至诸家或申赵义，或与赵殊，或专翼孟，或杂他经，兼存并录，以待参考。"[1] 意思是，赵岐对孟子的注释，夹杂在《孟子》经书之中，而且由于时代久远，显得佶聱难懂，所以要对赵注进行进一步阐释，对其注或孟子原文中的字、词、句进行训诂，达到顺畅理解《孟子》及赵注的目的。对于赵注注释错误或有疑问的地方，他不惜打破"疏不破注"的原则，指出其错误，并进行纠正。对于其他各家的注释，他也兼收并蓄，录于疏中。

---

[1] ［清］焦循撰，沈文倬点校:《孟子正义》，北京：中华书局，1987 年，第1051 页。

简言之，焦循《孟子正义》在考据方面所做的工作，主要体现在三个方面：申赵注之义，补赵注之缺，正赵注之误。

1. 申赵注之义。赵岐注孟距离清乾嘉时期已经有一千六七百年的时间，东汉时期为人所熟悉的字词句段、典章制度和历史事实，到清代已经不为人所知或一知半解，还有一些赵岐注释不甚清晰的地方，都需要花费笔墨，详加考证和说明。

如《滕文公下》第 9 章中，孟子说："圣王不作，诸侯放恣，处士横议，杨朱、墨翟之言盈天下。天下之言不归杨，则归墨。杨氏为我，是无君也；墨氏兼爱，是无父也。无父无君，是禽兽也。"赵岐注曰："孔子之后，圣人之道不兴，战国纵横，布衣处士，游说以干诸侯，若杨、墨之徒，无尊异君父之义，而以横议于世也。"

赵注只是对于孟子说的这句话进行了简单的解释，对于何为处士、何为横议却没有明确的说明。焦循引用荀子的话，说上古时期的处士是道德高尚、知识渊博、充满智慧、能够静心修行的人；战国时期的处士则是这样的人：没有能力却标榜自己能力出众，没有知识却标榜自己知识渊博，贪得无厌却标榜自己毫无名利之心，行为污秽却标榜自己行为高洁，俗不可耐却标榜自己为世外高人。战国时期的处士和上古时期的处士截然不同，杨、墨便是这样的人。对于横议，焦循解释说，"从则顺，横则逆，故政之不顺者为横政，行之不顺者为横行，则议之不顺者为横议"①。横议就是价值观念违反常规的议论。人类自伏羲以来，已经确立了三纲六纪的社会秩序和伦理道德，这

---

① ［清］焦循撰，沈文倬点校：《孟子正义》，北京：中华书局，1987 年，第 456 页。

是人性善的表现，也是人和禽兽的根本区别。可是杨、墨的言论，却是无父无君，与禽兽无异，与人类社会常规的主流价值观念相反，所以说是横议。

再如，《公孙丑上》第 7 章中，孟子说："矢人岂不仁于函人哉？矢人惟恐不伤人，函人惟恐伤人。巫匠亦然。故术不可不慎也。"对于"匠"字，赵岐注释说："匠，梓匠，作棺欲其早售，利在于人死也。"意即，匠是做棺材的人。对此，学者有不同的看法。焦循遍引《考工记》《周礼·地官》《礼记·檀弓》《仪礼·既夕》《仪礼·杂记》《左传》中的相关记载，从多个角度证明匠乃做棺椁、丰碑之类器物的人，并引《孟子》中孟子为母亲做棺材、"使虞敦匠事"的记载，进一步申明匠就是做棺材的人。焦循的解释深入细致，鞭辟入里，进一步阐释了赵注，加深了对《孟子》的理解。

2. 补赵注之缺。《孟子》作于战国中后期，赵注作于东汉后期，二者相距仅四五百年。《孟子》中很多问题为汉代人所共知，无须注明。可是清乾嘉时期却距《孟子》长达两千年，《孟子》中汉代人所共知的问题，清代人则恍如隔世，毫无所知。因此，对于《孟子》中汉代人共知、赵岐无注的地方，就需要补充注释，以便时人阅读。

如《梁惠王上》第 5 章中，梁惠王说："及寡人之身，东败于齐，长子死焉；西丧地于秦七百里；南辱于楚。寡人耻之，愿比死者壹洒之，如之何则可？"对于梁惠王所说的"东败于齐，长子死焉""西丧地于秦七百里""南辱于楚"，东汉时人非常清楚，所以赵岐注非常简单，说"王念有此三耻，求策于孟子"，仅用"三耻"概括之，没有任何具体说明。清代人对此三事，则非常陌生。焦循遍查史书及当时人的考证之作，对此"三耻"详加说明。

对于"东败于齐，长子死焉"，史书记载歧义甚多。焦循引用《史记·魏世家》《史记·田敬仲完世家》《史记·孙子吴起列传》和《战国策》，又引清代学者周炳中的《四书典故辨正》、曹之升的《四书摭余录》等著作，并加以辨析。梁惠王十七年（前353），魏攻打赵国，包围赵国的都城邯郸，赵国向齐国求救，齐王派将军田忌和军师孙膑出兵救赵。孙膑认为正面迎敌，胜算不大，于是不救邯郸，反攻魏国都城大梁，魏国只好从赵国撤兵。田忌、孙膑在桂陵设下埋伏，伏击魏军，魏军将领庞涓被俘。梁惠王三十年（前340），为报桂陵战败之仇，魏再次攻赵，赵韩联手共同迎战，但韩国不敌，于是再次求救于齐。齐国故伎重演，围魏救韩，在马陵设下埋伏，杀魏将庞涓，魏太子申被俘，后死于齐。

焦循引用《史记·魏世家》《商君列传》等资料和阎若璩的《四书释地又续》，认为"西丧地于秦七百里"分为两个时期。一是在秦孝公时期。魏齐马陵之战后，秦孝公命商鞅进攻魏国，魏国派公子卬迎战，商鞅设计俘虏了公子卬，大败魏国军队。魏国先后兵败于齐、秦，国内空虚，于是割河西之地，献地求和，并迁都大梁。二是在秦惠文王时期。秦再次攻打魏国，魏国献出上郡十五县之地，于是"魏河西滨洛之地，筑长城以界秦者，尽失之矣"①。至于"南辱于楚"，焦循根据《战国策》中的记载，认为魏围赵国都城邯郸，楚国派兵救赵，占

---

① ［清］焦循撰，沈文倬点校：《孟子正义》，北京：中华书局，1987年，第66页。

领了魏国的睢水和濊水之间的土地。至此，"三耻"之事清晰明了。

再如《梁惠王上》第 7 章中，齐宣王曰："齐桓、晋文之事可得而闻乎？"孟子对曰："仲尼之徒无道桓文之事者，是以后世无传焉，臣未之闻也。无以，则王乎？"对于孟子答语的最后一句"无以，则王乎"，赵岐注释道："既不论三皇、五帝殊无所问，则尚当问王道耳，不欲使王问霸事也。"战国时期，对于政治的层次有着清晰的区分，最高层次是帝道，其次是王道，最后是霸道。商鞅说秦孝公，最初以帝道说之，其次以王道说之，最后才以霸道说之。赵岐注的意思是，孟子认为齐王既然不能问三皇五帝的帝道，最起码也应该咨询三王之道，而不应该向他咨询霸道之事。两汉时期对于三皇五帝，争论颇多，为当时之常识，所以赵岐不注。可是清代距离汉代久远，对于三皇五帝及其争论，鲜有人知，所以焦循遍引两汉司马迁、孔安国、郑玄、宋均以及《白虎通》中对于三皇五帝的解释，并加以辨析，最后认为孔安国的观点正确，即三皇为伏羲、神农、黄帝，五帝为少昊、颛顼、高辛、唐尧和虞舜。焦循补注不仅使人对三皇五帝的具体所指非常清晰，对理解赵注也有所帮助。

3. 正赵注之误。限于时代、学识等，赵注也有不少错误，涉及人名、地名、典章制度、历史事实等。对于这些，焦循不惜打破"疏不破注"的疏体原则，本着科学求真的考据学精神，一一加以驳正。

如《告子下》第 10 章中，白圭曰："吾欲二十取一，何如？"白圭为何人？赵岐释之为战国时期著名的商人白圭，曰：

"白圭,周人也。节以货殖,欲省赋利民,使二十而税一。"商人白圭不可能同时又是政治家白圭,赵注明显错误。清人阎若璩在《四书释地续》中认为,商人白圭,姓白名圭;《孟子》中的"白圭",姓白名丹,字圭,是魏国的大臣,曾为魏国取中山之地。毛奇龄也同意阎若璩的看法。焦循则认为阎若璩所说的"白圭",与孟子生活年代相距七十多年,不可能是与孟子对话的白圭。于是他引《韩非子》《吕氏春秋》《新序》中的记载,证明《孟子》中的白圭"则其为别一人。似无可疑",辨赵氏、阎氏、毛氏之误。

再如《尽心上》第29章中,孟子曰:"有为者辟若掘井,掘井九轫而不及泉,犹为弃井也。"对于单位词"轫",赵岐注曰:"轫,八尺也。"对于轫的长度,学者们的观点历来不同,有的认为八尺,有的认为七尺,有的认为四尺,有的认为五尺六寸,不一而同。焦循遍引各家论说,最后指出"轫为七尺"的观点是正确的,理由是古人测量宽度用"寻"这个单位,测量深度则用"轫"这个单位,测量的方法都是两臂分向左右伸直。为什么"寻"为八尺,而"轫"为七尺呢?因为当两手伸直测量宽度的时候,是伸直而没有弯曲的;而测量深度的时候,则一定是侧着身子,两手就不能全伸,而是与身体呈一定的弧度,两手间的距离自然会短些。焦氏的辨析清晰、可信。

四、《孟子正义》之特点

《孟子正义》出版刊行后,受到学术界的高度赞誉。胡毓寰先生称赞说:"《孟子》旧疏之陋,人尽知之,今既无须批评。

清代焦循著《孟子正义》，胜于旧疏十倍，实为《孟》疏中之钜作。"[①] 梁启超先生评价说："此书实在是后此新疏家模范作品，价值是永永不朽的。"[②]《孟子正义》之所以受到如此好评，是因为具有如下特点。

第一，打破"疏不破注"的注疏体例。在中国古代的典籍中，有经、传、注、疏四种体例。"经"是某一学派最原始、最经典的著作，如儒家的"五经"，之后发展为"十三经"，《孟子》便是其中之一。"传""注"是注释、发挥经的书。由于经书记载简略，后人多不详其义，需要补充材料加以解释，于是传和注便出现了。如《春秋》对于历史事件的记载过于简略，基本上一句话便是一个历史事件，后人很难明白事件的来龙去脉和内在联系，于是就有了《春秋左氏传》《春秋穀梁传》《春秋公羊传》，对《春秋》中的记载进行解释和扩充。《孟子》则出现了赵岐注等。随着时间的推移和语言文字的演变，后人对于这些传、注也看不懂了，于是出现了既注释经文，又注释传、注的"疏"体，亦称"正义"。经、传、注、疏的基本关系是"注不破经""疏不破注"，即在为经书作注时，完全依照经文原意，不改变经文的任何观点；在为传、注作疏时，亦完全依照传文或注文诠释，不改变旧传或注的任何观点。这是经典研究的惯例，但是焦循本着实事求是的科学精神，尊奉赵注但不迷信赵注，而是大胆地指出并纠正赵岐注中的错误和缺漏，补

① 胡毓寰：《孟子注释之三部名作的批评》（下），《申报月刊》1935 年第 1 期，第 155 页。

② 梁启超著，夏晓虹、陆胤校：《中国近三百年学术史》，北京：商务印书馆，2011 年，第 238 页。

赵、正赵，表现出巨大的学术勇气。

第二，征引广博，博而不杂。《孟子正义》被称为《孟子》研究的集大成之作，与其征引广博有着直接的关系。董洪利先生说："到目前为止，在孟学界资料最全、解说最细的著作，仍然要首推《孟子正义》。有此一书在手，可以了解到《孟子》研究中有关语言文字、典章制度、思想义理等方面的大部分资料，因此，直目此书为《孟子》研究的工具书可也。"[1] 据刘瑾辉先生统计，焦循在《孟子正义》中征引清代学者的著作 75家、129 种、1164 次，征引清代之前著作 697 种、9532 次，也就是说，《孟子正义》共引各类书籍 826 种、10796 次；征引著作类型无所不包，"十三经"、清代的官修史书一应俱全，诸子著作亦几乎全部囊括，丛书、类书无一遗漏，即使不常见的书籍，如《政论》《古今姓纂》《慈湖家记》《容斋二笔》等，也尽量全部收集。[2] 因此，其资料价值至今无人超越。

更难能可贵的是，尽管征引广博，一条考证中常常征引二三十条材料，有时甚至征引五十多条，洋洋洒洒上千言，但焦循并没有迷失在资料的汪洋大海中，而是将自己的观点、思想贯穿其中，犹如三军统帅，"博而不杂"，引用的每一条资料都与所要解说的内容息息相关，绝无生拉硬扯的堆砌之感。正如他自己所说，著述体例各有不同，有的"全以己见，贯穿取精前人所已言不复言"，即全部是自己思想的阐发；有的"全录人所已言，而不参以己见"，即辑录前人研究成果的资料性著述；

---

[1] 董洪利：《孟子研究》，南京：江苏古籍出版社，1997 年，第 355—356 页。

[2] 刘瑾辉：《清代〈孟子〉学研究》，北京：社会科学文献出版社，2007 年，第285 页。

有的"采择前人所已言，而以己意裁成损益于其间"，即吸收前人成果，用自己的思想将之统帅起来。

第三，考证精审，细致入微。焦循在征引广博的基础上，以己意贯穿其间，需要细心游走在各条资料之间，精心辨析各条资料的异同，深入思考造成其异同的各种因素，才能从众多的资料中发现真相，辨析资料中存在的瑕疵，得出具有学术价值、经得住时间考验的结论。上文中已举多例，此处再举"博""弈"考论一例。《告子上》第9章中，孟子曰："今夫弈之为数，小数也。"赵岐注曰："弈，博也。或曰围棋。《论语》曰：'不有博弈者乎？'""博"与"弈"都是古时候的一种棋盘游戏，赵岐不清楚二者之间的区别，视二者为一，以"博"释"弈"。焦循为了辨析清楚二者之间的关系，引用了《方言》《孟子字义疏证》《说文》《荀子》《楚辞》《史记》《左传》《广雅疏证》《韩非子》《西京杂记》《博弈论》《六博经》《小尔雅》《后汉书》《九章算术》《弈旨》等20余种书文中的相关论述，加以辨析、考证，最后得出"赵氏以《论语》博、弈连言，故以博释弈。其实弈为围棋专名，与博同类而异事也"的结论。

第四，考据与义理兼具。有清一代，考据学盛行，但焦循并未局限于考据，而是兼具考据与义理。梁启超先生说：《孟子正义》"虽以训释训诂名物为主，然于书中义理也解得极为简当。里堂于身心之学，固有本原，所以能谈言微中也"。义理方面，在性善论上独辟蹊径，在人性论史上独树一帜；考据方面，也不像其他学者只尊奉一家，而是博采众长，成一家之言。所以焦循才能撰成此集大成之作，无愧于"《孟》疏钜作""新疏家模范作品"之称号。

清代《孟子》研究评说

清代的《孟子》研究，仍然以朱子"四书"学为底色，孟子处于"亚圣"的地位，朱熹的《四书章句集注》仍然是科举考试的必考内容和标准答案。清朝继承了明代的科举考试制度，以"四书""五经"为命题范围，规定从"四书"中出三题，即《大学》《中庸》出一题，《论语》《孟子》各出一题。与科举考试相呼应，清朝历代皇帝都非常推崇"四书"，偏爱《孟子》。康熙帝从亲政的第五年开始，拜当时大臣中精通理学的熊赐履为师，让他每日为自己讲"四书"，称其为"日讲官"，其中《论语》讲两年半，《大学》讲十天，《中庸》讲两个月，《孟子》讲得时间最长，达三年之久。"四书"讲读完毕后，康熙帝命人将熊赐履的讲义刊行，命名为《日讲四书解义》，康熙帝亲自作序。在科举考试的指挥棒和皇帝的倡导下，清朝的"四书"学长盛不衰。有学者统计，清代单纯研究《孟子》的著作有500种左右，而"四书"中的《孟子》学著作却有千种以上①，无论在数量上还是在社会覆盖面上，后者都占绝对优势。但是

---

① 刘瑾辉：《清代〈孟子〉学研究》，北京：社会科学文献出版社，2007年，第40页。

"四书"学中的《孟子》研究只是围绕科举考试的指挥棒，人云亦云，照搬照抄，不敢越雷池一步，所以学术价值不高。学术价值较高的是占少数的纯《孟子》研究，呈现出如下四个特点。

第一，著述丰富，种类众多，涉及面广，影响巨大，达历代《孟子》研究之高峰。据刘瑾辉先生统计，清代从事《孟子》研究的学者有 236 人，各类著作有 500 种之多。① 清代之前《孟子》研究的最盛时代——宋代的《孟子》研究著作，根据朱彝尊的《经义考》统计，只有百余种，仅为清代著作总量的 20%。

清代《孟子》研究著作不仅数量多，而且种类多，涉及面广。之前的《孟子》研究基本都局限于注疏，而清代由于考据学的深入发展，出现了辑佚类的著作。如马国翰的《玉函山房辑佚书》，将散落的汉唐古注收集起来，成为了解汉唐时期《孟子》研究状况的珍贵文献资料。随着研究的深入，清代出现了孟子研究的专题性著作，涉及孟子的生卒年月、孟子弟子、孟子一生游历顺序、《孟子》一书的作者等这些前人所未曾专门关注过的话题。此外，清代还有专门研究地理的《四书释地》、专门研究典故的《四书典故辨正》等，以及专门研究《孟子》散文艺术的文学性研究著作《孟子论文》等。无论在广度还是深度上，研究成果都远超前代。

前代较有影响的《孟子》研究著作，仅有汉代赵岐的《孟

---

① 刘瑾辉：《清代〈孟子〉学研究》，北京：社会科学文献出版社，2007 年，第 39—40 页。

子注》、宋代朱熹的《孟子章句集注》和孙奭的《孟子音义》等少数几部。清代有影响的孟子研究著作超过前代之和，有黄宗羲的《孟子师说》，戴震的《孟子字义疏证》，阎若璩的《孟子生卒年月考》《四书释地》，周广业的《孟子四考》，崔述的《孟子事实录》，翟灏的《四书考异》，张宗泰的《孟子七篇诸国年表》，宋翔凤的《孟子赵注补正》，以及《孟子》研究的集大成之作——焦循的《孟子正义》，等等。他们的很多研究成果成为我们今天关于孟子和《孟子》的基本知识，日用而不知，有些是进行《孟子》研究时不可不读的经典文献。

第二，征引广博，考证精审，重复烦琐，悬案较多。征引广博、考证精审，前文已述及较多，此不赘述。重复烦琐亦是清代孟子研究中常见的现象。如关于孟子生卒年月考证的著作就有 40 多部，虽然每个研究者的着眼点不同，但是由于资料的限制，既无新的证据，亦无新的观点，重复研究，实属不必。再如关于孟子弟子的考证亦有多部著作，这些著作的研究成果大同小异，差别极其细微，亦属重复劳动。同一部著作对同一词语或概念，亦有前后多次重复者。重复烦琐的另一表现是对经注的过度解释。如《公孙丑上》第 9 章载："虽袒裼裸裎于我侧，尔焉能浼我哉？""袒、裼、裸、裎"意思相同，皆为"露"之义。焦循的《孟子正义》却用了 1100 多字，分 36 次引用 31 种著作，从多个角度详细辨析"袒、裼、裸、裎"的细微差别，有小题大做、故弄玄虚之嫌。焦循还大段抄录资料，有时一条引证即有几千字之多，戴震的《孟子字义疏证》有三分之一的内容被原文抄录于《孟子正义》中。

尽管清代学者投入了如此多的时间和精力，对某些问题多次重复研究，但由于资料限制，很多问题还是悬而未决。如关于孟子的生卒年月、孟子弟子的数量和名字、孟子游历的先后次序、《孟子》的作者、孟子几次至齐及至梁的具体时间等，皆无定论，只能多说并存，成为悬案。

第三，借孟立说，托古言志，经世致用。清代之前《孟子》研究的义理类著作，并不脱离《孟子》原书主旨，将《孟子》思想推向新的高度和深度。清代《孟子》研究的义理类著作，则多是借《孟子》发挥自己的思想，借孟立说，托古言志，将孟子作为自己进行思想战斗的旗帜。

程朱理学通过构建理气二元、理在气先的哲学理论，维护"三纲五常"的政治社会秩序和伦理道德，确立"存天理，灭人欲"的社会价值观念。在这一响亮的口号之下，多少忠臣孝子、贞妇烈女付出了生命的代价和终生的幸福！那遍布中国大地的贞节牌坊，是封建统治者对节妇烈女的标榜，更是她们的精神枷锁和牢狱之门。

戴震的《孟子字义书证》便是借对《孟子》思想的发挥，对"存天理，灭人欲"的社会现实进行批判。他首先构建了气本论，釜底抽薪，从根本上否认了"存天理，灭人欲"的哲学基础。他指出，宇宙的本源是原始之气，原始之气分化为阴阳二气，阴阳二气相互摩荡、相互作用，从而产生出人类与世间万物，世间万物又不断区分出不同的小类，如此生生不息，形成了大千世界。理是存在于人类与万事万物运动之中的规律，并非独立的存在，更不可能先于气而存在，只能产生并存在于气的运行之中。他彻底否定了程朱理学中理为世界精神本源的哲学主张。

在理学体系中，天理的哲学基础是理，人欲的哲学基础是气，戴震对理气关系的颠覆，也是对天理、人欲关系的颠覆。他在气本论、"理在气中"哲学理论的基础上，提出"理在欲中""理欲统一"的观点，肯定人欲望的存在，认为人作为血肉之躯，怀生畏死、趋利避害、声色臭味，都是正常的、自然的、合理的，且是生而有之的，具有必然性和合理性。理的作用是对人的欲望进行疏导和调节，使之局限于合理范围之内，达到利人、利己的目的。戴震对程朱的批判是对人性的肯定和张扬，在程朱理学一统天下的社会环境中，只能借《孟子》发出这样的声音。

康有为的《孟子微》则是借对《孟子》的阐释和发挥，为自己的大同理想和社会改革主张寻找依据。他借孟子"定于一"的思想，阐释他的大同梦想，即将来天下不会再有国与国的区分，地球一定会统一成一个整体。他借孟子的民本思想来阐释自己的民主梦想，说孟子"民为贵，社稷次之，君为轻"是孟子所立的民主之制，国家由民众聚集而成，天生民众而希望民众安居乐业，国家的一切礼法制度都是为了保障民众的生活，但民众太多，不可能人人参与国家管理，于是便选出君主，君主只是民众所雇佣的替自己管理国家的人，因而民众才是国家的主人，君主只是仆人而已。他借孟子的道德平等思想来阐释自己的政治平等思想，说孟子"人皆可以为尧舜"的话，便是人无分贵贱、生而平等思想的体现。

康有为生逢清末，列强的入侵、不平等条约的签订，使他迫切感到实行改革的必要性与迫切性。但身为一介书生，号召力和影响力十分有限，在传统强大的社会中，他不得不借助传统、圣人来为自己说话。正如马克思所说的那样："当人们好像只是在忙于改造自己和周围的事物并创造前所未有的事物时……他们战战兢兢地请出亡灵来给他们以帮助，借用他们的名字、战斗口号和衣服，以便穿着这种久受崇敬的服装，用这种借来的语言，演出世界历史的新场面。"①

第四，呈现出崇赵抑朱的学术倾向。与主流思想中朱子学占绝对优势不同，学术研究领域呈现出崇赵抑朱的思想倾向。由于明末心学流于空疏，义理学研究领域普遍表现出对理学的反思批判意识。上文已经提及戴震对理学的批判，直斥之以理杀人，说"此理欲之辨，适成忍而残杀之具，为祸又如是也"②；"其所谓理者，同于酷吏之所谓法。酷吏以法杀人，后儒以理杀人"③。清初黄宗羲亦深感朱子学对人们思想的禁锢。他说，"四书"学之旨，本来平易浅近，易知易学，可是由于朱子成为官方哲学，学子们都要学习，"此亦一述朱，彼亦一述朱"，导致囿于朱子学的樊笼，而不得经书思想之真面目，可谓"学者之愈多而愈晦也"④，因此必须批判朱学，去除其阴霾。于是他在《孟子师说》中亦构建气一元论，从根源上质疑理学。他认为，天地之间充满了气，人和万物都是由气而产生的，气流行的秩序称为理。二者是同一事物的不同侧面、不同名称，就升降浮

---

① 《马克思恩格斯全集》（卷八），北京：人民出版社，1961 年，第 121 页。
② ［清］戴震著，何文光整理：《孟子字义疏证》，北京：中华书局，1982 年，第 58 页。
③ ［清］戴震：《与某书》，《戴震全书》（第六册），合肥：黄山书社，1997 年，第 496 页。
④ ［清］黄宗羲：《孟子师说》，《黄宗羲全集》（第一册），杭州：浙江古籍出版社，2005 年，第 48 页。

沉的角度而言，称为气；就升降浮沉的规则而言，称为理。二
者相互依存，但就根源而言，无气则无理，离气则无理，所以
气是第一位的，理是第二位的。就性情而言，亦是如此，性情
一体，离情无从谈性，应肯定人情的正当性。

　　在考据学领域，亦体现出同一思想倾向。王夫之批判说，
朱熹对于《大学》《中庸》《论语》的注释都是多次修改，只有
《孟子注》未经修改，所以其中疏略之处甚多，不能令人满意。
焦循晚年也直斥朱熹、王阳明不通"六书训诂之学""得其粗
迹"，因而在作《孟子正义》时，选择了东汉赵岐的注本为底
本，而弃朱本，甚至对宋明理学家的《孟子》研究成果，也基
本一概不收。从注本现状来看，注赵的著作与注朱的著作在数
量上基本相当，但是在质量上则天地立判。注赵的有焦循的
《孟子正义》、宋翔凤的《孟子赵注补正》、桂文灿的《孟子赵
注考证》、钱侗的《孟子正义》等，注朱的有吕留良的《论孟
精义》、刘宝楠的《论孟集注附考》、丁晏的《论孟集注附考》
和刘传莹的《孟子要略》。这些注本中，注朱的著作基本无闻，
注赵的焦著、宋著甚至桂著都成为经典注本，焦著更是因集大
成而为人所熟知。

第八章

繁荣与多元：新中国成立至今的《孟子》研究

　　1949 年，新中国成立，确立了人民民主专政的国家性质和马克思主义的指导思想地位，《孟子》被作为中华民族优秀的历史文化遗产进行研究。新中国成立初期，受马克思主义教条化、庸俗化、简单化的影响，《孟子》研究主要集中于孟子思想的阶级属性是新兴地主阶级还是奴隶阶级、哲学思想是唯心主义还是唯物主义、政治思想是否具有先进性等问题。改革开放之后，学术界迎来了百花齐放的春天，《孟子》研究逐渐走上了客观研究的学术道路，并日益繁荣。世纪之交，郭店楚简的公布，引发了《孟子》研究的热潮。郭店楚简十六篇文献中，有十四篇是儒家文献。学术界普遍认为，这十四篇文献是孔子向孟子过渡时期的学术史料，填补了儒家学说史上的一段重大空白。21 世纪以来，由于社会发展的需求和学术研究内在的驱动，《孟子》研究呈现出多元化、开放性的特点。20 世纪 90 年代以来，《孟子》学术史研究亦成为一个新的学术增长点。

新中国成立至 20 世纪 80 年代
《孟子》研究概况[①]

　　1949 年新中国成立前夕，9 月 29 日，《中国人民政治协商会议共同纲领》正式通过，其中规定，"中华人民共和国实行工人阶级领导的、以工农联盟为基础的、团结各民主阶级和国内各民族的人民民主专政"。人民第一次真正成为国家的主人。在意识形态领域，确立了马克思主义的指导地位。1954 年，毛泽东在第一届全国人民代表大会第一次会议开幕式上郑重指出："指导我们思想的理论基础是马克思列宁主义。"以"三纲"礼教为核心，作为君主专制政体思想基础的儒家思想丧失了国家主流意识形态的地位。儒学恢复它本来的历史面目，作为中华民族的历史文化遗产被研究、改造和利用。马克思主义理论成为孟子研究的指导思想。

　　新中国成立初期，由于受到苏联理论界将马克思主义教条

---

① 民国时期的《孟子》研究成果少而分散，多承袭、少突破，贡献较大的是新儒家的《孟子》研究，故民国时期不再设专章进行论述。在本章中设《新儒家的〈孟子〉研究》一节，将民国时期至今新儒家的《孟子》研究作为一个整体进行介绍、评述。

化、庸俗化的消极影响，我国也出现了将马克思主义教条化、庸俗化和简单化的理解。学术界的关注点集中在农民战争、资本主义萌芽、封建土地所有制、古史分期、汉民族形成等体现阶级斗争的问题上，加之"文革"的影响，孟子研究基本处于停滞状态。根据王兴业主编的《孟子研究论文集》统计，发表于 20 世纪五六十年代的关于孟子研究的代表性论文仅有 11 篇。在哲学研究领域，国内的研究受到苏联学者日丹诺夫关于哲学史定义的严重影响。日丹诺夫说："科学的哲学史，是科学的唯物主义世界观及其规律的胚胎、发生与发展的历史。唯物主义既然是从与唯心主义派别斗争中生长和发展起来的，那么，哲学史也就是唯物主义与唯心主义斗争的历史。"①

受此时代政治氛围和学术风气的影响，新中国成立后至 20 世纪 80 年代前孟子研究的主题，主要集中在孟子思想的阶级属性、孟子哲学思想的性质、孟子政治思想的性质等定性评价上。就孟子思想的阶级属性而言，有人认为孟子代表奴隶主贵族阶级的利益，政治上是反动的；有人认为孟子代表新兴地主阶级的利益，政治上是进步的；有人认为孟子泯灭了阶级的界限，任继愈认为，孟子的性善论实质上是把本阶级的"人性"当作全人类的"人性"，并以一个不涉及阶级利益的例子（人皆有"恻隐之心"）加以论证，这是难以成立的，并且是错误的。还有人认为孟子的性善论是抽象的人性论，因为他没有对人性问题进行社会历史的研究，而是仅从异于禽兽之处进行抽象的分析，他看不到阶级社会中的人只有不同阶级而没有共同的人性，

---

① 转引自王其俊主编：《中国孟学史》，济南：山东教育出版社，2012 年，第 714 页。

认为人性是不变的。就孟子哲学思想的性质而言，主要有唯物主义、唯心主义、主观唯心主义、客观唯心主义四种观点。其中，持唯心主义观点的居多。如有学者认为，孟子由性善论出发，认为道德是一切社会生活的基础，人人道德完善，社会自然安定，战乱自然消除，这是一种主观唯心主义的历史观、道德决定论。就孟子的政治思想而言，存在孟子主张奴隶制和主张封建制之争。孟子说："无君子莫治野人，无野人莫养君子。"他将君子和野人看作统治和被统治、奉养和被奉养的两个集团或阶级。有学者认为，这里的"野人"指的是奴隶，因而君子与野人的对立就是奴隶主和奴隶的对立，孟子旨在维护奴隶制；也有学者认为，"野人"指的是自由农民，君子和野人的对立是地主与农民的对立，孟子旨在建立封建制。①

1978 年 12 月，党的十一届三中全会召开，扭转了"左"倾主义思想路线，否定了"两个凡是"的错误方针，文化研究领域重新确立了"百家争鸣、百花齐放"的方针，孟子研究得以恢复和发展。据学者统计，1977—2006 年的 30 年间，大陆地区发表的孟子研究的论文约 1080 篇、论著约 60 部；1978—2018年的 40 年间，国内发表和出版了 4000 多篇孟子研究的文章、80多部学术著作，内容涉及哲学、历史、文学、美学、教育学、地方文化等多个方面。②

20 世纪 80 年代初是孟子研究逐步摆脱"左"倾路线和日丹

① 张奇伟：《建国以来孟子研究回顾》，《哲学动态》1989 年第 11 期；王其俊主编：《中国孟学史》，济南：山东教育出版社，2012 年，第 712 页。

② 王其俊主编：《中国孟学史》，济南：山东教育出版社，2012 年，第 715 页；张少恩：《改革开放 40 年孟子学研究：学术回归与方法多元》，《社会科学战线》2018 年第 8 期。

诺夫哲学史研究模式的过渡期，这个过渡是通过学术论争的形式完成的。论争仍然围绕着唯心、唯物两条路线的斗争进行，试举一例。

1980年9月，严北溟在《哲学研究》上发表《从评价孟子谈哲学的党性问题》一文，在全面分析了孟子所处的时代背景及孟子的政治思想主张后，指出"所有这些思想、主张，都是从实际出发，反映了新兴封建地主阶级对发展生产的兴趣及其政治经济利益，也体现着历史前进的客观规律，本质上都属于朴素的唯物主义思想的范畴"；对于孟子的性善论，严北溟分析了"万物皆备于我""我善养吾浩然之气""尽其心者，知其性也。知其性，则知天矣"等代表性语句后，得出其不完全是唯心主义的结论，并指出"决不能用片言只语代替全面分析，不应望文生义地去误解或有意曲解一个哲学家的思想实质"，要判定"一个哲学家及其思想言论究属唯物或唯心，就要看哪个占主导地位而定。一概肯定，一概否定，盲从附和，宁'左'勿右，这根本不是一个真正坚持哲学党性原则者应有的态度"。

严氏的观点，有人支持，也有人反对。1981年4月，束景南在同一刊物发表《也谈孟子哲学的评价问题——与严北溟先生商榷》一文，指出不应该以政治思想能否体现历史发展的规律来判定一个人的思想是唯物主义还是唯心主义，而且孟子思想中的历史循环论、英雄史观、人性决定论、天命观、修养论、剥削制度天然合理等观点都是唯心主义的。对于严氏对孟子性善论代表性语句的分析，束氏针锋相对，指出这些思想的底色都是唯心主义，"严先生把它们分割成各自独立的命题加以孤立的解说，这就抽掉了它们之间的一条主观唯心主义的纽带，这种研究方法也值得商榷"。

针对束景南提出的商榷，严北溟发表文章《再谈孟子评价与哲学党性问题》，文中批评了束景南所采取的割裂、混淆和无类比附的研究方法。严北溟坚持以社会政治思想作为评判唯心、唯物的标准，指出，作为世界观的哲学，"归根结蒂，都必须落实到社会政治的理论和实践中来"，"一定要把孟子那些富有人民性、民主性的思想倾向扣上一顶主观唯心主义的帽子而一概予以否定，这难道是一个历史唯物主义者应有的态度吗"？对于孟子的性善论，严北溟认为"孟子对人性问题的探索，在今天还有它重要的学术价值，未可以主观唯心主义和抽象人性论等贬词而一概予以抹煞"。①

严氏和束氏的争论，不仅是孟子思想为唯心主义抑或唯物主义之争，更是对唯心、唯物判断标准之争，亦是对长期以来学术领域"左"倾路线的矫正。经过这场争论，肯定孟子思想中积极因素的文章逐渐多起来，亦逐步摆脱唯心、唯物路线之争，走上客观研究孟子思想的学术道路。20 世纪 80 年代中期之后，全国各地陆续成立了多个孟子研究的学术团体和研究机构。

1982 年，邹县孟子学术研究会成立（1992 年更名为"邹城市孟子学术研究会"）。

1992 年，山东省孟母教子研究会成立。

1998 年，山东社会科学院孟子研究中心成立。

2000 年，山东师范大学齐鲁文化研究中心成立。

2005 年，山东大学儒学研究中心成立。

---

① 严北溟：《再谈孟子评价与哲学党性问题》，《哲学研究》1981 年第 7 期。

2011 年，安徽省孟子思想研究会成立。

2016 年，河北省孟子研究会和陕西省孟子思想研究会成立。

2017 年，山东青岛孟子文化研究会成立。

2018 年，临沂孟子思想研究会成立。

……

全国各地召开了各种类型的儒学及孟学研讨会，促进了孟子研究的学术交流，如孟子学术研讨会、孟子思想研讨会、孔孟荀学术异同讨论会、中韩国际孟子思想研讨会、孟子思想暨邹鲁文化研讨会、"孟子思想的当代价值"国际学术研讨会、孟子文化国际研讨会、"孟子的学说、心灵之道与公共生活"研讨会、海峡两岸孟子思想研讨会、"孟子思想与邹鲁文明"国际学术研讨会等，从各个角度探讨孟子思想及其价值意义，不断深化对孟子思想的认识。

20世纪90年代以来《孟子》研究的发展

20世纪90年后的孟子研究，呈现出健康、快速的发展态势。20世纪90年代以来，涌现出了翟廷晋的《孟子思想评析与探源》，王其俊的《亚圣智慧：孟子新论》《孟子解读》，王成儒的《亚圣风范：孟子的智慧》，刘鄂培的《孟子大传》，杨国荣的《孟子的哲学思想》《孟子评传——走向内圣之境》，杨泽波的《孟子性善论研究》《孟子评传》《孟子与中国文化》等著作，孟子研究逐步深入，境界逐步提升。其中杨国荣和杨泽波的研究最具代表性。

杨国荣以文化体系的核心价值观念为视角，梳理了从孔子到孟子思想发展的内在线索和演变历程，指出在孔子时期儒家的价值体系已具体而微。然而，作为儒学的开创者，孔子的思想还带有原始的浑朴性。在上承孔子思想的同时，孟子从天与人、主体自由与超验之命、自我与群体、道德原则与具体境遇、功利与道义、人格理想等方面，对原始儒学进行了多方面的引申和发挥，并使之进一步系统化。儒家的价值观念由此取得了更为完备的形式，并趋于成熟和定型。在内圣和外王方面，杨氏认为相较于孔子与荀子，孟子更多地向人们展现了一种内圣之境，从而成为儒学内圣之学的源头。①

　　杨泽波关于孟子性善论的研究有多方面的突破，因而在 20 世纪 90 年代的孟子研究中颇为引人注目。首先，杨氏突破了西方哲学模式的影响。近代以来，受西方文化的冲击，学者们一向以西方哲学比附、诠释中国哲学，新儒家的代表人物牟宗三即是借鉴康德思想研究孟子。杨氏深入研读康德著作之后，发现康德哲学和孟子哲学沿用的是根本不同的路子。牟宗三首先将康德思想借鉴到孟子研究中来，达到了前人未能达到的高度，但本质上仍然没有摆脱以西方哲学比附中国哲学的历史局限。要了解中国哲学的真精神，必须首先摆脱这种生搬硬套的模式。其次，杨氏提出了"伦理心境"的概念，并用之解读孟子性善论，使之豁然开朗、全然贯通。孟子道性善，实际上是道良心和本心，心善所以性善，这个"心"并不是康德道德哲学的理性原则，而是社会生活和智性思维在个人内心结晶而成的一种境况和境界。因为是伦理心境，所以才"我固有之"；因为"我固有之"，所以才要"自反""自得"；因为"自反""自得"，所以才会"反身而诚，乐莫大焉"；因为"反身而诚，乐莫大焉"，所以才鞭策有力，促使人"如舜而已"，至于至善。最后，杨氏提出了道德哲学研究的"三分方法"。所谓"三分方法"，是在坚持人是整全的基础上，把人划分为欲性、智性、仁性三个层面（后调整为欲性、仁性、智性的顺序）。欲性是负责人物

---

① 杨国荣：《孟子的哲学思想》，上海：华东师范大学出版社，2009 年；杨国荣：《孟子评传——走向内圣之境》，桂林：广西教育出版社，1994 年。

349

质生活的层面；智性是通过学习和认知而成就道德的层面；仁性则是孔子仁的思想，也就是"伦理心境"。用这一方法可以解决理学和心学之争，智性可以涵盖荀子、朱子一系的理学，仁性可以涵盖孟子、阳明一系的心学，双美结合，相得益彰，再不会出现孰是孰非的纠缠和争论了。"三分方法"的发现对中国哲学研究具有革命性的意义。①

世纪之交，郭店楚简的公布，引发了孟子研究的热潮。1993 年 10 月，在湖北省荆门市郭店村，考古人员对郭店一号墓进行了抢救性发掘，在墓中发现一批竹简，共 804 枚，其中有字简 730 枚，共计 13000 多个楚国文字。荆门市博物馆对这批竹简进行整理，编成《郭店楚墓竹简》（共 15 册），1998 年由文物出版社出版。郭店楚墓竹简包括 16 篇先秦时期的文献，除《老子》《太一生水》为道家文献外，其余的 14 篇皆为儒家文献，分别是《缁衣》《鲁穆公问子思》《穷达以时》《五行》《唐虞之道》《忠信之道》《成之闻之》《尊德义》《性自命出》《六德》和《语丛》4 篇。

郭店楚简的下葬时间在公元前 300 年左右，早于《孟子》的成书时间。学界普遍认为这 14 篇儒家经典是孔子向孟子过渡时期的学术史料，填补了儒家学说史上的一段重大空白，具有极高的学术价值。庞朴认为："楚简在孔子的'性相近'和孟子的'性本善'之间，提出了性自命出、命自天降、道始于情、情生于性、性由心取、教使心殊等说法，为《中庸》所谓的'天命之谓性，率性之谓道，修道之谓教'命题的出场，做了充

---

① 杨泽波：《孟子性善论研究》（修订版），北京：中国人民大学出版社，2010 年。

分的思想铺垫，也就补足了孔孟之间曾失落的心性之环。"① 郭齐勇亦认为，"楚简有较丰富的人性天命说的内容……是由《诗》、《书》、孔子走向孟子道德形上学的桥梁"，"是孟子心性论的先导和基础"。② 丁为祥认为，"在先秦儒家人性论的发展轨道中，孔子代表着普遍人性的提出，竹简《性自命出》代表着人性超越性原则的确立，《孟子》则是普遍性原则与超越性原则的统一者和实现者"③。

对于郭店楚简的学派归属，则有不同意见。多数学者认为其与思孟学派思想的内在逻辑具有一致性，属思孟学派。如李学勤在《先秦儒家著作的重大发现》中说："郭店简这些儒书究竟属于儒家的哪一支派呢？我以为是子思一派，简中《缁衣》等六篇应归于《汉书·艺文志》著录的《子思子》。"④ 李景林认为，郭店楚简中的儒家文献或接近于孔子思想，当为子思绍述孔子思想之作，或接近于孟子思想，当为与孟子相先后的子思后学所述，因此郭店儒家简应属思孟一系作品。杨儒宾探讨了郭店儒家简特别是《性自命出》的思想内容，认为《性自命出》整篇架构很像《乐记》，而《乐记》言喜怒哀乐又切近《中庸》理论；其他如《尊德义》中有见《缁衣》的语句，《语丛一》中有见《坊记》的语句，凡此种种似均表明郭店儒家简

---

① 庞朴：《古墓新知：漫谈郭店楚简》，《读书》1998 年第 9 期。
② 郭齐勇：《郭店儒家简与孟子心性论》，《武汉大学学报》（哲学社会科学版）1999 年第 5 期。
③ 韩旭辉：《〈郭店楚简〉与早期儒家思想研究的新拓展》，《孔子研究》2000 年第 5 期。
④ 见《郭店楚简研究》，《中国哲学》（第二十辑），沈阳：辽宁教育出版社，1999 年，第 15 页。

出于子思学派。[①] 但也有学者持不同意见，如李泽厚认为这批竹简中"虽有《缁衣》《五行》《鲁穆公问子思》诸篇，却并未显出所谓'思孟学派'的特色（究竟何谓'思孟学派'，其特色为何，始终没人讲清楚）。相反，竹简明确认为'仁内义外'，与告子同，与孟子反。因之断定竹简属'思孟学派'，似嫌匆忙，未必准确"[②]。陈鼓应也认为，这些儒简中未见孟子性善说的言论，却多次出现告子"仁内义外"的主张，与孟子心性论对立，"不属于所谓思孟学派甚明"。王博认为，将郭店儒家简断定为子思或子思氏之儒的作品是一件"很危险"的事情，他基于地域特点和内容分析，倾向于郭店儒家简的作者为南方儒家，具体说是子张氏之儒的观点。基于这些不同观点，一些学者提出，最好的办法是不要先把这些儒简看作某一学派的资料，而是把它们看作孔子、七十子及其后学的思想资料来处理。[③]

郭店楚简掀起的孟学热过后，由于社会发展的需求和学术研究内在的驱动，21 世纪以来的孟子研究呈现出多元化、开放性的特点。学者们在继续关注心性论等内圣话题的同时，将目光转向孟子社会正义思想、孟荀比较及其在儒家发展中的关系和地位问题。孟学史的研究日益受到关注，成为孟学研究中一

---

① 胡治洪：《学脉探源儒道合　人文成化古今谐——"郭店楚简国际学术研讨会"综述》，武汉大学中国文化研究院编《郭店楚简国际学术研讨会论文集》，武汉：湖北人民出版社，2000 年，第 684 页。

② 李泽厚：《初读郭店竹简印象纪要》，《实用理性与乐感文化》，北京：生活·读书·新知三联书店，2008 年，第 263 页。

③ 冯国超：《郭店楚墓竹简研究述评（下）》，《哲学研究》2001 年第 4 期；胡治洪：《学脉探源儒道合　人文成化古今谐——"郭店楚简国际学术研讨会"综述》，武汉大学中国文化研究院编《郭店楚简国际学术研讨会论文集》，武汉：湖北人民出版社，2000 年，第 684 页。

个新的学术增长点。

伴随着改革开放的进一步深入和全球化进程的加快，社会正义问题愈发突出，挖掘中国文化中的价值资源，为我国的社会发展保驾护航是学者们义不容辞的责任。西方的社会正义思想建立在契约论的基础上，理性而冷漠，孟子的正义理论建立在道德基础上，性善既是内在的德性，亦是政治和人生的终极关怀，温情脉脉而又容易落实，可以矫西方社会正义理论之弊。蒙培元说："儒家的正义观，在现代社会有重要的实践意义。首先，它是在仁即普遍的生命关怀之下的正义，主张'以人为本'，而且包含了对自然界一切生命的关怀与公正对待的原则，因而是一种广义的正义观。其次，它以善为自身的最高价值，重视人的全面发展，视人为目的，而不是工具，这就避免了工具主义（包括理性的工具）的侵害。这两点，是现代正义论所缺乏的。"① 黄玉顺对孟子正义理论进行结构性解析，指出："孟子正义论的基本观念架构是：仁→利→知→义→智→礼→乐。即仁是作为所有一切之大本大源的仁爱情感，利是由仁爱的差等之爱所导致的利欲及其冲突；知是作为正义直觉或正义感的良知，它渊源于仁爱中的一体之仁；义是正义直觉的伦理原则化，即正义原则，它是一体之仁在特定生活方式下、在差等序列上的推扩作用的结果；智是按正义原则来进行制度规范建构的理智活动；礼是通过'别异'而建构的制度规范；乐是通过'和同'而营造的社会和谐。"② 他相信孟子社会思想的研究与

---

① 蒙培元：《略谈儒家的正义观》，《孔子研究》2011 年第 1 期。
② 黄玉顺：《孟子正义论新解》，《人文杂志》2009 年第 5 期。

中国社会的发展会相互促进、共同发展。

在儒学发展史上，汉唐时期，荀子地位较高，宋代之后，孟子一跃成为"亚圣"，在此背后有很多意识形态方面的原因。在儒学成为客观研究对象的今天，重新审视孟荀的学说及其影响，是推动儒学研究纵深发展的必要环节。2017年10月，中国人民大学国学院举办了"统合孟荀与道统重估"学术研讨会，国内外学者就此问题展开热烈讨论。李泽厚提交了"举孟旗，行荀学"的发言稿，他站在荀子、朱熹学术一脉中，通过"兼祧孟荀"论述了朱熹是荀学的思想史内在事实，同时分析了现实世界中举"孟旗"的价值、意义以及功能。杨泽波指出，李泽厚忽略儒家心学脉络、否定心学一派，落入"新旁出说"的歧路，唯有"统合孟荀"才是未来学术的主流。梁涛也指出，在儒学史上朱熹属于大宗，王安石、戴震等人应归入小宗。区分大宗与小宗之标准乃是否能够统合孟荀，董仲舒、朱熹都能够统合孟荀，为大宗；陆王以及李觏、清代以礼代理派等分别承继孟荀，为小宗。会议还就孟荀思想如何相通、天道性命与人性善恶、连续存有与内在超越等问题展开热烈讨论。此次会议上，学者们借助伦理学、社会学、心理学等跨学科的研究方法，拓宽了孟子研究的深度和广度。①

① 张少恩：《改革开放40年孟子学研究：学术回归与方法多元》，《社会科学战线》2018年第8期。

《孟子》学术史的兴起与发展

　　《孟子》学术史是孟子研究中的一个新兴领域，20 世纪 90 年代之前鲜有人涉及，20 世纪 90 年代零星出现一些论文，著作仅有 1 部。有学者曾经对 1983—2012 年的孟子研究进行统计，孟学史研究论文共 270 篇左右，大部分为 2000 年之后出现。①到目前为止，孟学史的研究已经蔚为壮观，出现了 3 部孟学通史性著作、近 10 部断代史著作和数百篇研究论文。下面以著作为主，介绍一下《孟子》学术史研究的概况。

　　三部通史性著作分别是：董洪利的《孟子研究》、黄俊杰的《中国孟学诠释史论》、王其俊的《中国孟学史》。董著出版于 1997 年，是国内首部孟学史的通史性著作，具有开创性。全书分为上编和下编，上编五章，主要介绍孟子的生平事迹和思想体系，思想体系从政治思想、性善论、文学思想和文学成就、教育思想四个方面进行阐述；下编六章，主要介绍《孟子》成书情况和汉、魏晋隋唐、宋、元明、清五个历史时期孟子研究

---

① 王建军、刘瑾辉：《近三十年孟子研究（1983—2012）计量统计与特点分析》，《江南大学学报》2015 年第 5 期。

的情况。该书在介绍每个历史时期的研究情况时，首先概述该时期孟子地位的升降和《孟子》研究的概况，然后择要或分类介绍该时期孟子研究的代表性著作及学术贡献。该书的特点是长于文献和考据，在对某一孟子研究的文献进行介绍之后，会详细地列出该书的版本，如介绍宋代的《孟子注疏》，"此书的版本较多，常见的有以下几种：《经典释文》附录本、《通志堂经解》本、《三经音义》本、《粤雅堂丛书》本、《抱经堂丛书》本"①；对每部著作的学术贡献也认真考据，详细列举。该书美中不足的是"思想分析和理论深度稍显薄弱"②。

王其俊的《中国孟学史》出版于 2012 年，是迄今为止最为全面的一部孟学史著作。作者开篇定义了孟学的概念和孟学史的研究范畴："所谓孟学，从广义上说，就是指孟子的思想或学说及其在后世的演变、流传和影响。研究和编著《中国孟学史》，是为了探讨、评述孟学产生、发展、演变、流传和影响的历史轨迹和规律。"③ 在这一学术思想的指导下，该书有诸多方面的突破。第一，时段的向上、向下延展。向上延展至先秦，向下延展至 1840 年至今，同时涉及中国港台地区及海外学者的孟学研究。第二，研究广度的拓展。以往的孟学史研究，多关注赵岐、朱熹、黄宗羲、焦循等少数几个重要的注孟大家。虽然其他的思想家没有孟学研究的专著，但并不代表他们没有受到孟学影响或对孟学发展没有贡献。该书对每个历史时期每位重要的思想家在孟学发展中的作用都——梳理、阐释，如汉代，

---

① 董洪利：《孟子研究》，南京：江苏古籍出版社，1997 年，第 217、270 页。
② 梁涛、杨海文：《20 世纪以来的孟学史研究》，《文史哲》2012 年第 6 期。
③ 王其俊主编：《中国孟学史》，济南：山东教育出版社，2012 年，第 1 页。

除了关注赵岐，还论及陆贾、贾谊、韩婴、董仲舒、司马迁、刘向、扬雄、《盐铁论》、王充、王符、仲长统等与孟学之间的关系，大大拓展了孟学史研究的空间。第三，对孟子思想全面而深入的把握。不同于从政治、经济、人性、教育等角度对孟子思想进行划分的方式，该书从个体论、社会论、天人论三个方面阐释孟子思想，每个方面又分若干层次和方面，构建起了"一个多等级、多侧面的纵横交叉的立体网络结构"①的思想体系，并揭示了其多样性、开放性、有序性的思想特征。

黄俊杰的《中国孟学诠释史论》出版于 2004 年，是一部独具特色的《孟子》学术史著作，旨在"论述两千多年间中国思想家对孟子学的解释内容，归纳中国孟子诠释史所见之解释学的类型及其特质"，具有方法论的范式意义。全书关注两个核心问题："（1）在中国思想史上，历代思想家何以以及如何注孟、阐孟、释孟、排孟、非孟？此种孟学诠释史之发展，透露出何种思想史的含义？（2）从孟学诠释史之具体发展经验中，体现出何种具有中国文化与思想特质的中国诠释学？"②该书通过梳理荀子、宋儒、朱熹、王阳明、黄宗羲、戴震、康有为以及当代新儒家等学人、学派对孟子思想的诠释，提炼出了中国诠释学的三个基本特征。第一，作为解经者心路历程之表述的诠释学。诠释者通过注经以表述企慕圣贤境界之心路历程，如朱熹、王阳明对孟子思想的诠释。第二，作为政治学的儒家诠释学。帝制中国以君主为主体，儒家政治理想以人民为主体，儒家之

---

① 王其俊主编：《中国孟学史》，济南：山东教育出版社，2012 年，第 144 页。
② 黄俊杰：《中国孟学诠释史论》，北京：社会科学文献出版社，2004 年，《简体字版序》第 1 页、《绪论》第 1 页。

价值理想难以在现实世界中实践，于是借注疏经典以寄托，如康有为的《孟子微》。第三，作为护教学的儒家诠释学。历代儒家以经典注疏作为武器，捍卫自己的理想信念，批判与之相反或相对的思想，如黄宗羲、戴震借注孟来批驳宋儒及佛老思想。作者还将这一研究范式推及日、韩、越等国的孟学之中，力图构建东亚儒学之诠释体系，学术抱负可谓宏伟。

断代的孟学史研究主要集中在汉唐、宋代和清代，汉唐的成果主要有郭伟宏的《赵岐〈孟子章句〉研究》、李峻岫的《汉唐孟子学述论》、周淑萍的《先秦汉唐孟学研究》、兰翠的《唐代孟子学研究》。郭伟宏的《赵岐〈孟子章句〉研究》以赵注《孟子章句》为研究对象，对赵注之前的《孟子》研究情况，《孟子章句》的成书背景、文本研究、注释辨疑，以及赵注在《孟子》由子入经过程中的作用、赵注对朱熹《孟子集注》的影响、焦循《孟子正义》对赵注的发展等问题——梳理、辨析，是迄今为止研究《孟子章句》的唯一著作，首次系统论及赵注产生的原因及其对后世孟学的影响。

李峻岫的《汉唐孟子学述论》是首部以汉唐为断代的孟学史著作。该书分两汉、魏晋南北朝、隋唐三个阶段，采用思想史与学术史、文献学相结合的方法，力图对汉唐孟学的发展、演变及研究状况进行比较全面的分析和把握。将孟学研究置于时代的背景之下进行研究，是该书的一大特色。此外，该书对汉初《孟子》"传记博士"之设置与废罢的考证非常精彩。

周淑萍的《先秦汉唐孟学研究》出版于2019年，是一部新著。该书以《孟子》诠释文献为主要研究对象，分先秦、两汉、魏晋隋唐三个历史时段，通过个案分析，"对先秦汉唐孟学的发展以及发展过程中出现的问题和争议进行提要钩玄与综合归纳"，揭示了该时期孟学历史的和逻辑的发展进程。该书的主要贡献在于拓宽了孟学史的文献范围，将先秦、汉唐孟学诠释文献分为三类：一是诠释《孟子》的专著，二是评论孟子其人其书的专论，三是散见于学人论著中有关孟子思想观点的阐释。该书将该时期的孟学史研究推向深入。

兰翠的《唐代孟子学研究》是首部以唐代为断代的孟学史著作。该书分初唐、盛唐、中唐、晚唐四个时期，对唐代士人特别是文人关于孟子的引述、评价、阐释、继承等内容进行研究，全面、系统地收集与梳理了散见于唐代文献中涉及孟子的资料，细致地分析了不同时代学术背景下，唐代士人对孟子思想的继承、发展乃至批判，总结他们对孟子的态度，详细地揭示了唐代孟子研究的面貌。该书较详细地勾勒了《孟子》升经前的漫长进程，补充了《孟子》学术史上唐代研究这一薄弱的一环，无论在资料的收集上还是在思想的阐释上，都将唐代孟学史研究进一步推向深入。

宋代的孟学史研究著作主要有方俊吉的《孟子学说及其在宋代之振兴》和周淑萍的《两宋孟学研究》。孟子在唐宋间的升格运动是学界关注的一个焦点问题。1993 年，徐洪兴在《中国社会科学》第 5 期上发表《唐宋间的孟子升格运动》，首开其端，将孟子升格运动分为四个阶段，中唐至唐末为滥觞期、北宋庆历前后为初兴期、北宋熙丰前后为勃兴期、南宋中叶及稍后为完成期，指出孟子升格的原因是他的道统论、辟异端、心性论和王霸论思想适合了时代的需求。同年出版的方俊吉的《孟子学说及其在宋代之振兴》下篇也梳理了孟学在宋代兴起的

过程。二者均具开创之功。周淑萍的《两宋孟学研究》也论及
孟子的升格运动，认为在孟子升格运动中有四种力量至为关键：
以柳开、宋初三先生为代表的宋初学人，以王安石为代表的新
学家，以程朱为代表的理学家以及宋代帝王。除此之外，周著
还论及两宋时期的尊孟、非孟与宋儒对孟子性善论、浩然之气、
王道论思想的阐释发展，从而追寻两宋时期孟学思想的基本走
向，把握宋代儒学思想发展的一般轨迹。

清代的孟学研究具有全面、深入、富有总结性的特点，具
有集大成意义。研究清代孟学史的著作主要有刘瑾辉的《清代
〈孟子〉学研究》和李畅然的《清代〈孟子〉学史大纲》。刘瑾
辉的《清代〈孟子〉学研究》是首部以清代为断代的孟学史著
作，考察了清代《孟子》研究兴盛的原因，梳理了清代《孟
子》研究的发展脉络和《孟子》义理学、考据学的学术成就与
特点。该书认为，清代《孟子》研究鼎盛的原因在于经学思潮
的发展、科举考试的推动和"四书"热的影响，指出清代《孟
子》研究的发展分为三个阶段：顺治帝、康熙帝、雍正帝时期
为启蒙发展期，乾隆帝、嘉庆帝时期为鼎盛期，道光帝、咸丰
帝、同治帝、光绪帝时期为蜕变期。该书总结出清代《孟子》
义理学的学术成就与特点有三个方面：一是主驳程朱理学，二
是密切关注现实，三是有借孟言事、作而不述的倾向。该书还
总结出《孟子》考据学的学术成就与特点是：辑、考、注、补、
正、辨、校等应有尽有，门类齐全，研治深入，硕果累累，但
也存在悬案较多、烦琐重复的缺点。如果以写意画来比喻刘著
的话，那么李畅然的《清代〈孟子〉学史大纲》则有工笔画的
风格，其显著特点是资料翔实、细致入微。该书的学术贡献主

要体现在四个方面。第一，对于清代《孟子》研究兴盛的外部原因，从"四书"学、朱子学、清代的文化出版事业和思想文化控制四个方面详加探析。第二，对《孟子》研究著作类型的细分。李著进一步将考据类分为辑佚类、《孟子》类、孟子年谱类和孟子弟子类。第三，对《孟子》研究著作年代分布的细致统计。李著将每个清代帝王视为一个时期，将每个时期各种类型的《孟子》研究著作进行统计。第四，对《孟子》研究著作的介绍。由于研究的精细化，李著介绍了很多不为人所熟悉的《孟子》研究著作。此外，作者还力图在理论上实现突破，如把解经著作分为"传注体"与"子学体"、提出"存异求同"的研究框架、对用诠释学理论来观察经学史的怀疑等，都有一定的学术见地，但仍需要进一步的研究来进行验证。

《孟子》学术史作为一个新的学术增长点，在较短的时间内，取得了令人欣喜的研究成果，也存在很多待拓展的研究空间，如：魏晋南北朝、辽金元明和民国时期的孟学史研究相对薄弱，还没有研究专著出现；对《孟子》研究资料的挖掘还不够；对《孟子》研究著作内容上的挖掘还欠缺深度，没有构建起《孟子》学术史研究的理论框架；等等。这些都有待学人进一步努力，是大有可为的学术天地。

新儒家的《孟子》研究

　　新儒家是新文化运动的产物，融合中西和创造新文化、新文明是其基本宗旨。新儒家代表人物之一牟宗三提出了"第三期儒学"的概念，认为：先秦时期的儒家为第一期；宋明时期为回应佛道二教，特别是外来佛教的冲击而形成的理学是儒学的第二期；当今则是要以中国文化为本，将西方文化中的概念、范畴与方法进行损益，融入中国文化体系之中，熔铸出新的思想体系，即第三期儒学。新儒家对《孟子》的研究、阐释、继承、发展就是在这样的思想宗旨和框架下进行的。迄今为止，新儒学经历了三个时期、三代学人的发展：第一期从1921年至1949年，以熊十力、梁漱溟、冯友兰等人为代表；第二期从1950年至1979年，以徐复观、唐君毅、牟宗三等人为代表；第三期从1980年至今，以成中英、杜维明、李明辉等人为代表。

　　第一期和第二期重在用中国文化融合西方文化。梁漱溟的《东西文化及其哲学》，在深入对比、分析西方文化、中国文化和印度文化之后，指出以儒学为核心的中国文化的复兴乃是当今中国以至今后世界的出路。他认为，文化是一个民族生活的方式，文化的不同就是生活中解决问题方法的不同，自古及今，

人类为自身生存而解决问题的方法，归纳起来主要有三种。第
一，向前看的路向。即人对自己所需求的东西，采取奋斗的态
度，改造当前的局面，满足自己需求，解决的是人与物之间的
关系。第二，调和、持中的路向。人对自己所需求的东西，不
是靠奋斗、进取去改造局面，而是变换自己的想法，随遇而安，
解决的是人与人之间的关系。第三，向后看的路向。人面对问
题或需求，不是去解决，也不是去调和，而是想从根本上取消
问题或需求，解决的是人与因果、趋势之间的关系。第一种路
向是西方文化的道路，第二种路向是中国文化的道路，第三种
路向是印度文化的道路。近代西方文化在征服自然以及科学方
面的成功，解决了人类目前的物质问题，因而大放异彩，但也
暴露出很多问题，如世界大战的爆发等。要想解决好物质之外
的人与人之间的关系，就需要走调和、持中的路向，即中国文
化的道路。因此，他得出结论："世界未来文化就是中国文化的
复兴，有似希腊文化在近世的复兴那样。"

冯友兰在中西文化对比中给孟子定位，他说："孔子在中国
历史中之地位，如苏格拉底之在西洋历史；孟子在中国历史之
地位，如柏拉图之在西洋历史，其气象之高明亢爽亦似之。"[1]
他认为，未来的世界哲学一定是理性主义和神秘主义的统一，
理性主义是西方哲学的特色，神秘主义是中国哲学的特色。中
国神秘主义哲学的代表人物是庄子和孟子。庄子以纯粹的忘我
达到神秘的境界；孟子则用"万物皆备于我"的方式达到个人
与宇宙的合一，从而达到神秘的境界。孟子认为，每个人都有

---

[1]　冯友兰：《中国哲学史》，上海：华东师范大学出版社，2011年，第67页。

不忍人之心，即仁爱之心，将此仁爱之心扩充，不断去除自我的私念，没有人我分别、人天分别，便与万物一体、与天地一体、与宇宙一体了，这便是神秘的天地境界。冯友兰说："一个人可能了解到超乎社会整体之上，还有一个更大的整体，即宇宙。他不仅是社会的一员，同时还是宇宙的一员。他是社会组织的公民，同时还是孟子所说的'天民'。有这种觉解，他就为宇宙的利益而做各种事。他了解他所做的事的意义，自觉他正在做他所做的事。这种觉解为他构成了最高的人生境界，这就是我所说的天地境界。"①

在新儒家中，对孟子思想发挥最多、评价最高的是牟宗三。他说："孟子在战国时尽了他的责任，亦为精神表现立下一型范……殊不知孔子之全，若不经由孟子所开示之精神表现之型范，以为其'全'立一精神系统，则孔子之全亦被拖下来而成为疲软无力矣。吾人说孔子为通体是文化生命，满腔是文化理想，转化为通体是德慧。现在则说：孟子亦通体是文化生命，满腔是文化理想，然转化而为全幅是'精神'。仁义内在而道性善，是精神透露之第一关；浩然之气，配义与道，至大至刚，乃集义所生，非义袭而取，是精神之透顶。万物皆备于我，反身而诚，乐莫大焉，所存者神，所过者化，上下与天地同流。此是由精神主体建体立极而通于纯对，彻上彻下，彻里彻外，为一精神之披露，为一光辉之充实。"②

他将康德道德哲学和孟子思想相结合，构筑了一个"十字

---

① 冯友兰著，涂又光译：《中国哲学简史》，北京：北京大学出版社，1996 年，第292 页。
② 牟宗三：《历史哲学》，桂林：广西师范大学出版社，2007 年，第108—109 页。

打开"的道德形上学体系。"十字打开"来源于陆九渊对孟子思想的解读①，"十字打开"由横向的道德存在和纵向的道德生成共同构成。在纵向的道德生成论中，孟子的性善论既是起点，亦是顶点。牟宗三说："儒家是彻底的纵贯系统，而且是纵贯纵讲……孔子论仁，孟子论性，都是讲道德的创造性。什么叫道德的创造性呢？用中国老话讲，就是德行之纯亦不已。分解地说，德行之所以能纯亦不已，是因为有一个超越的根据；这个超越的根据便是孟子所谓'性善'的'性'。这个性便是道德的创造性。有这个创造性作为我们的性，我们才能连续不断、生生不息地引发德行之纯亦不已……'性'不是一个空洞的概念，而是有内容的，恻隐之心、羞恶之心、辞让之心、是非之心通通包括在内，孔子的仁也包括在内。"② 牟宗三不仅把孟子的"四心"包括在内，而且把孔子的仁也纳入孟子的性善论之中。可见，孟子的性善论是牟宗三道德形上体系的重要支柱和思想底色，比康德道德哲学更加精辟、透彻。所以牟宗三说："全部康德的道德哲学不能超出孟子的智慧之外，而且孟子之智慧必能使康德哲学百尺竿头进一步。"③

第三期是第一、二期的延续和发展，二者在思想资源、关注话题、研究理路和理论关怀上存在内在的一致性和连续性，不同之处是从圆融走向开放。

首先，都以孟子为主要思想资源，以性善论为核心展开争

---

① 陆九渊："夫子以仁发明斯道，其言浑无罅隙。孟子十字打开，更无隐遁，盖时不同也。"见［宋］陆九渊著，钟哲点校：《陆九渊集》，北京：中华书局，1980年，第398页。

② 牟宗三：《中国哲学十九讲》，上海：上海古籍出版社，2005年，第334页。

③ 牟宗三：《圆善论》，台北：学生书局，1985年，第53页。

论。陈大齐和傅佩荣提出"人性向善论"。陈大齐认为，孟子的恻隐、羞恶、辞让、是非"四心"只是仁义礼智之"四端"，并非仁义礼智本身，所以"人性善"只是一种可能性倾向，而不是实然的善；傅佩荣认为，孟子的"人性善"不是一种实然的固定存在，而是具有一种活泼的、动态的倾向性，这种倾向性不具有任何善恶价值判断，因此应该说是"向"的动态展现。二人的观点遭到新儒家的批评，如萧振声认为，傅佩荣的人性向善论是他人的理论，并不符合孔孟的原旨。人性向善论的"善"外在于人性，有悖于孔孟以道德为人性的学说宗旨，而且人性向善论无法说明儒家所坚持的道德行为的先天依据。蔡仁厚指出，人性之善是达成德行的先天依据，如果不肯定本善之性，"善"将失去根源而落空。杨祖汉认为，孔孟言仁义、言恻隐，以道德心为心，旨在表示道德主体乃畅通价值之源，所以此一德性价值与行为之根据只能是善，而不能是趋向于善。①

其次，在研究理路上，用西方哲学的概念来阐释孟子学说，将孟子学说纳入现代学术脉络中，通过自身思想的创造性转化回应现代问题，为现代社会提供思想资源。以李明辉的研究为例。李明辉是牟宗三的弟子，著有《儒家与康德》《儒学与现代意识》《康德伦理学与孟子道德思考之重建》《孟子重探》等著作。与牟宗三一样，李明辉也致力于用康德学说阐释孟子学说，他用"理性的事实""隐默之知""道德自律"三个概念来沟通二者，重建孟子道德哲学。"理性的事实"来自康德伦理哲学，

---

① 张少恩：《改革开放 40 年孟子学研究：学术回归与方法多元》，《社会科学战线》2018 年第 8 期。

指的是基本的道德法则。康德认为，道德法则直接呈现在我们的意识中，并不以经验为依据。孟子性善论中的"四心"、良知便是这样一种"理性的事实"，先天地、本然地存在于人的内心。"隐默之知"是英国哲学家波蓝尼提出的，其含义是天生的知识。这种知识天然具足，但并不意味着不需要学习，只是学习并非获得新知识，而是对既有的"隐默之知"的反省与提升。康德认为，"隐默之知"是道德法则的存在方式，需要道德思考来发掘和唤醒。康德将之提升到哲学反省的层面上。孟子亦肯定人人具有可以随时呈现的良知，但并非人人均是现成的圣人，因为良知之"知"仅是一种未经反省的"隐默之知"，有待于自我修正或学习才能发现。"道德自律"是自我立法、自我服从。康德认为，"自由即自律，而且只有自律道德而不是他律道德才是真正的道德"，人只有凭借自己的自由意志，发自内心地实践道德，才是一个真正有道德的人。李明辉列举了康德"道德自律"的七个特征，并与孟子思想相比较，认为"道德自律"的概念和这七个特征均已包含在孟子的学说中。

最后，由判教走向对话。孟子人性论是儒家学说进入世界的根本途径。判教源自佛教，其原意是根据义理的浅深、时间的先后等对佛教的各部分加以剖析。隋唐时期，判教是中国人消化、吸收外来佛教的方式。佛教在大规模传入时，有各种教派、教义，它们之间有许多不一致甚至相互冲突的说法，为了消弭冲突、避免矛盾，便以判教的方式将各种说法融合、消化。早期新儒家也以判教的方式融合中西方文化，但基本的立足点在中国文化，认为只有儒家思想才能成就道德形上学。在全球化进程加快和文化多元化的今天，用这种方式来解决中西方文化之间的关系已经不适合了。那么新儒家如何与时俱进呢？海外新儒家的代表性学者杜维明认为，要从判教走向对话。他说："我们这一代学人与牟宗三、唐君毅先生那一代不一样，他们大都着眼于儒学自身发展的内在逻辑及其精神方面，但外界对我们这一代的要求更多。我们做学术的空间也很大，是在世界文明对话的大背景下做研究，更开放一些，可以开拓很多论域。"①

在杜维明看来，与世界文明对话、儒家进入世界的根本途径，就是孟子所确立的人的主体性。他说："它以生活在此时此地的具体的人作为出发点。这个表面看来似乎具有特殊的、短暂的、世俗的和个人主义倾向的观点，却是建立在人性至善的见解基础之上的。这种见解不仅超越自我中心、裙带关系、种族中心主义，国家主义和文化主义，而且超越人类中心主义。"②这必将超越西方的启蒙心态，为新轴心文明时代提供思想资源。他满怀信心地说："假若儒家人文精神的重建能继承启蒙精神（自由、理性、法制、人权和个人尊严的基本价值）而又超越启蒙心态（人类中心主义、工具理性的泛滥，把进化论的抗衡冲突粗暴地强加于人，自我的无限膨胀），并充分证成个人、群体、自然与天道面面俱全的安身立命之坦途，应能为新轴心文明时代提供思想资源。"③

---

① ［美］杜维明：《文明的冲突与对话》，长沙：湖南大学出版社，2001年，第88页。

② ［美］杜维明：《儒家思想新论——创造性转换的自我》，南京：江苏人民出版社，1996年，第5页。

③ ［美］杜维明：《新轴心时代的文明对话——兼论二十一世纪新儒家的新使命》，《南洋商报》（马来西亚）2001年1月1日。

新中国成立至今《孟子》研究评说

新中国成立至今的《孟子》研究，经历了苏联模式的影响、20 世纪 80 年代的拨乱反正，终于走上了客观、开放的研究道路，达到了繁荣、多元的研究境界，具体表现在如下四个方面。

第一，《孟子》成为全球性的文化价值资源。新中国成立之后，确立了马克思主义的指导思想地位。儒家完全从统治思想层面退出，作为中国传统文化的主体，成为客观的研究对象。"文革"期间，由于"批林批孔"运动的影响，孟子亦成为批判对象，地位跌至历史最低点。1978 年党的十一届三中全会之后，错误思想对学术研究的影响得以扭转，《孟子》作为中国传统文化的优秀代表，成为文化学者研究的重要对象。经过改革开放以来的研究及发展，《孟子》日益成为中国乃至全世界的文化价值资源而被世人所关注和重视。正如海外新儒家的代表人物之一成中英先生所说："西方现代社会重科技知识而有迷失道德价值的危机，中国当代社会也因科技与经济的发展而有失落文化传统的危机。如果能从知识与价值的平衡互基及互生原理着眼，或许我们能够更深入地理会与认识中国传统文化的价值所在。"①

第二，关于《孟子》的学科定位，引发新的讨论。近代，随着学科体系的转型，《孟子》被拆解而分处史学、文学和哲学等学科；20 世纪 80 年代之后，学科又日益细分，《孟子》又进入文献学、美学、伦理学、经济学等学科范畴之内。同时，学科的细分使《孟子》研究呈现出琐碎化、片面化的现象，正如有的学者所说："在经学时代，所有教育都是跨越文史哲的通才教育，其内容涉及文字、音韵、训诂、义理等多个层面。而一旦进入跨学科体系之后，各学科必然面临着知识的隔膜，诠释者在自己学科内部自言自语，闭门造车：文学专业将经典置入文学理论体系之中，缺乏史学宏观背景和哲学理论深度，哲学专业以义理阐释为主，缺乏基本的文字、音韵等小学基础，只能进行空洞的理论建构，难免会造成对《孟子》的任意曲解和主观发挥；史学诠释者将孟子置入思想史的脉络之下，由于缺乏思辨理性的创造能力，使得经典解读沦为碎片化考证。"② 学科的划分逐渐成为《孟子》研究发展的障碍。

有鉴于此，有学者提出分层级诠释的建议，即将经典解读的过程分为文学、史学、哲学层次递进的模式：以文学与史学解释为基础层次，主要涉及语言、文字、思想史等层面；经过前两个阶段的解读，可以上升到第三层次，即哲学层面，进行深层次的理论建构与创造发挥。③ 亦有学者建议，打破目前的学

① ［美］成中英：《合外内之道——儒家哲学论》，北京：中国社会科学出版社，2001 年，第 2 页。
② 张少恩：《20 世纪孟子学研究现代转型的四种进路》，《孔子研究》2020 年第 3 期。
③ 徐义庆：《从注释性经学到观念性哲学——20 世纪〈论语〉诠释特点及其走向》，《齐鲁学刊》2015 年第 1 期。

科体系，回归传统经学，设立国学或儒学一级学科。但在目前学科体系稳定、有序的情况下是否可行，还有待判断。

第三，《孟子》研究模式不断转换，最终进入多元化研究模式。传统的《孟子》研究模式，一直遵循考据和义理两种模式。民国时期呈现出用西方学术理论来评判、阐释孟子思想的特点。新中国成立之后，马克思主义不仅成为国家的指导思想，也成为学术研究的指导思想。但是由于受到苏联"左"倾路线的影响，学术研究存在马克思主义教条化、庸俗化、简单化的现象，加之日丹诺夫关于哲学史定义的影响，《孟子》研究呈现出简单化、标签化的情况。研究多围绕着《孟子》政治思想的阶级属性和人性论思想的唯心、唯物性质而进行，这一模式经过20世纪80年代初严北溟和束景南两位先生的学术争论之后才逐渐减弱。20世纪80年代中期之后的《孟子》研究，逐渐走上正轨，繁荣发展。研究模式也呈现出多元化的特点，既有传统的考据、义理方法的回归，亦有用西方哲学思想解读《孟子》，用现代学术概念、术语、范畴、命题来分析和对接《孟子》思想内涵，用现代学术方法如心理学、逻辑分析、存在主义、诠释学等解析《孟子》思想体系的现代模式。

在《孟子》研究模式转换的过程中，有一个学派呈现出一脉相承的学术模式，这就是新儒家。新儒家是新文化运动的产物，立足于中国传统文化，致力于融合中西文明，重新诠释儒家思想，构建适合时代发展的新儒学思想体系。其最主要的思想资源就是《孟子》。随着全球化的发展，第三期新儒家的部分代表人物逐渐走出判教模式，走向与世界文明对话的模式，希望儒家文化能够成为全世界的价值资源。

第四，孟学史研究从无到有，成为新的学术增长点。孟学史是对孟子研究的发展流变进行分析、考察与梳理、汇总，并探寻其变化规律和发展逻辑。20 世纪 90 年代之前，孟学史鲜有人涉及；20 世纪 90 年代之后，逐步涌现出一批研究成果，孟学史研究成为一个新的学术增长点。到目前为止，有 3 部孟学史的通史性著作、近 10 部断代史著作和数百篇学术论文。孟学史的研究也带动了孟子文献整理的研究，《孟子林庙历代题咏集》（2001）、《孟子林庙历代石刻集》（2005）、《孟子文献集成》（2016）等资料性著作相继出版。《孟子文献集成》收集、整理了从汉代至晚清、民国时期 1200 种注解《孟子》的书籍，汇集孟子文献于一体，是迄今为止《孟子》选本最为权威、最为全面的集成类丛书。这些文献整理也必将进一步推动孟学史的研究。

由于孟学史研究处于起步阶段，所以还存在许多不足。首先，断代史的研究集中在汉、唐、宋、清等时期，魏晋南北朝、五代十国、辽金元明、民国等时期的研究相对缺乏，不能构成一个丰满的研究体系。其次，研究水平还有待提升，已有的研究或限于文献的收集、整理，而缺乏理论的深度和宏观分析；或满足于宏观的分析、议论，因缺乏文献的准备和个案的研究而显得空疏。再次，研究孟学的义理性著作较多，关注孟学的考据性著作较少。对此，有学者提出要加强孟学史方法论的拓展和提升，如增强文史哲等多学科的结合、注重文献的基础研究、注重《孟子》学研究对孟学史研究的理论支持、增强宏观研究和个案研究的结合等。①

---

① 梁涛、杨海文：《20 世纪以来的孟学史研究》，《文史哲》2012 年第 6 期。

第九章
《孟子》学术史的历史评说

　　孟子是继孔子之后，儒家的主要代表人物之一。对其人其书的研究，自秦汉至今已有两千多年的时间。这两千多年间的研究，可谓汗牛充栋、包罗万象，但也呈现出一些规律性的特征，有助于我们把握《孟子》学术史的基本轮廓和发展脉络。

政治与学术:《孟子》学术史发展的两大动因

自秦汉至今,孟子其人其书的地位及研究经历了四个比较明显的发展阶段。

第一阶段是汉代,由诸子而传记,由孟荀而孔孟。秦及汉初设七十博士制度,《孟子》仅是其中之一,与诸子等同。汉文帝时,设《论语》《孝经》《孟子》《尔雅》传记博士,《孟子》逐渐从诸子中脱颖而出。在儒学内部,孟子和荀子在战国时期显名当世,并驾齐驱。西汉时期,学者们多将孟荀并列。司马迁作《史记》,将二人列入同一传记。刘向、刘歆父子整理图书,也多次将孟荀并称。西汉中期之后,孟子的地位开始提升,常常与孔子并称。东汉时期,孔孟并称成为学者们的共识,赵岐直称其为"命世亚圣之大才"。

第二阶段是唐宋时期,孟子在儒家道统中的地位得以确立。中唐之后,韩愈作《原道》,认为孟子是儒家道统中承上启下的关键人物,要追溯儒家的本源必须自孟子上溯,要开辟儒家的未来也必须自孟子开始。宋儒进一步对孟子的道统地位进行肯定。"二程"说:"孔子没,传孔子之道者,曾子而已。曾子传之子思，子思传之孟子。孟子死，不得其传。"① 朱熹认为，《论语》《大学》《中庸》《孟子》"四书"的思想一脉相承，展现了由孔子而曾子、而子思、而孟子的道统传承过程。1244 年，南宋理宗下诏褒赞朱熹，正式确立了孔子之后、宋代之前孟子的道统地位。

第三阶段是元明清时期，孟子由"国公"、而"亚圣"，《孟子》升格为经、科考必备。北宋神宗年间，在王安石的推动下，神宗下诏封孟轲为邹国公，配享孔庙；改革科举考试，将《孟子》列入科举考试内容，跻身经书行列。元朝建立之后，承袭宋朝的科举制度，规定从"四书"中出题，且用朱熹的《四书集注》。这标志着朱熹理学思想统治地位的确立，也标志着"四书"地位进一步上升，与"五经"并列，一直延续到清末。随着"四书"地位的提升，孟子的地位也上了新台阶，元文宗下旨加封孟子为邹国亚圣公，明世宗直接尊奉其为"亚圣"。

第四阶段是民国时期至今，《孟子》失去了在政治和学术领域的统治地位，作为历史文化遗产成为客观的研究对象。1911年，辛亥革命结束了两千多年的封建帝制，也结束了尊崇"四书五经"的时代，《孟子》从圣坛上跌落下来。新文化运动全面批判了儒家的思想学说，指出儒家学说已经不符合时代发展的需要，必须摒弃和改造。新中国成立后，意识形态领域确立了马克思主义的指导地位，儒学思想作为中华民族的历史文化遗产被研究、改造和利用。

---

① ［宋］程颢、程颐著，王孝鱼点校：《二程集》，北京：中华书局，1981 年，第327 页。

在《孟子》由诸子而传记、而经，孟子由孟荀而孔孟、而"国公"、而"亚圣"，孟子研究由零星而大盛的发展过程中，政治和学术是背后两只重要的推手。在《孟子》学术发展史上，受到政治影响主要有三次：第一次是在汉代，第二次是在宋元时期，第三次是民国时期至今。西汉中期，经过休养生息，社会财富极大丰富，中央集权空前加强，汉武帝接受了董仲舒"罢黜百家、独尊儒术"的思想主张，尊儒家思想为国家的主导意识形态，改七十博士制度为五经博士制度，汉代经学因之大盛。经学家们注释经书，需要博览群书，融会贯通。《孟子》作为"五经"的重要传记著作，具有极高的参考价值，为学者们所青睐，因而成为"五经"之外的主要研究对象。这也催生了《孟子》研究专著的诞生，如赵岐的《孟子章句》、程曾的《孟子章句》、郑玄的《孟子注》、高诱的《孟子章句》、刘熙的《孟子注》等。孟子也逐渐由与荀子并称转为与孔子并称。

如果说汉代独尊儒术只是在学术领域促进了《孟子》研究的发展，那么宋元时期政治的影响则不仅促进了《孟子》研究的长足发展，而且在社会面上普及了《孟子》教育。在宋代，由于《孟子》成为科举考试必考科目，所以《孟子》一书成为学子们的必读之书、公立学校的主要教材，从而走入千家万户，渗透到社会的各个角落。对《孟子》一书的掌握程度，成为地方官员奖励学子的重要衡量标准。《孟子》研究自宋代之后也呈现出爆发式增长的态势。据朱彝尊的《经义考》统计，宋代《孟子》研究著作共计106种。元明时期，由于"四书"统治地位的确立、孟子被尊为"亚圣"，《孟子》研究成果蔚为大观，堪称显学。研究内容也由考据类、义理类扩展至词典类、汇编类和资料类。明代还出现了皇帝下诏让翰林院学士主持编写的《四书大全》。清代的《孟子》研究，据刘瑾辉先生统计，各类著作达 500 多种①；如果将"四书"学的《孟子》研究也计入在内，则有 1500 种左右②。民国之后，由于政体的转变，儒学从统治地位跌落下来，《孟子》研究显得冷清了许多。新中国成立后，由于马克思主义指导思想地位的确立，加之"文革"期间"批林批孔"运动的影响，《孟子》研究基本处于停滞的状态。

《孟子》学术史受到学术内部驱动而发展亦有三次：第一次是在汉代，第二次是在唐宋时期，第三次是在明清时期。汉代的表现并不十分突出，主要是对"五经"的注解催生了《孟子》注解著作的产生。前已述及，兹不赘述。

唐宋时期的学术内部驱动直接催生了宋明理学的诞生。魏晋南北朝时期，由于儒家的理论危机、佛教的大规模传入、道教的产生与发展，儒学丧失了意识形态领域的独尊地位，佛道二教大盛，佛寺、道观林立，遍布大江南北。南朝梁武帝三次舍身佛寺；武则天利用佛经为自己称帝寻找依据、制造舆论，将佛教置于道教和儒家之上；唐玄宗尊奉道教为国教，以道士为同宗。佛道二教都大肆贬损儒家，指称孔子为其师祖之徒。佛道教徒不从事生产，也不向国家缴纳赋税徭役，白白地消耗国家财富，增加人民的负担，引发各种社会危机。面对如此危局，儒学只有从理论上战胜佛道二教，才能重回独尊地位。

---

① 刘瑾辉：《清代〈孟子〉学研究》，北京：社会科学文献出版社，2007 年，第 40 页。
② 李畅然：《清代〈孟子〉学史大纲》，北京：北京大学出版社，2011 年，第 107 页。

　　为了寻找理论资源和精神资源，唐宋时期的思想家找到了《孟子》。理由有三：第一，孟子得孔子之道真传；第二，孟子力辟杨墨之说，卫道有功；第三，孟子的心性学说是重构儒家理论的重要资源。经过周敦颐、张载、"二程"等人的努力探索，至朱熹终于构建起以"理"为核心的儒家理论，在理论上彻底战胜佛道二教，《孟子》研究在此过程中亦得到了飞跃式提升。两宋时代的《孟子》研究著作有 106 部，为前代之和的数倍。这些著作涉及各个方面，有进行音释的，有进行通俗讲解的，有进行注疏的，有进行义理阐发的。孙奭的《孟子注疏》被《十三经注疏》收录。朱熹的《孟子集注》为《孟子》研究之经典，至今仍是学习研究《孟子》的必读之书。

　　同时，在理论内部，亦有理学和心学之争，理学主张"性即理"，心学主张"心即理"。南宋时期便有朱熹和陆九渊的鹅湖之会。元明之后，朱熹理学被定为一尊，但心学一系在明代经过王阳明的发展亦蔚为大观。双方各执一词，互不相让。要从根本上解决理学和心学之争的问题，必须重回经典，考释经典原意。于是乾嘉学派诞生了，这是学术发展内在理路的要求。余英时先生的《论戴震与章学诚》便是为了回答这一问题而作。他说："原来程、朱与陆、王之间在形而上层面的争论，至此已山穷水尽，不能不回向双方都据以立说的原始经典。我由此而想到：为什么王阳明为了和朱熹争论'格物''致知'的问题，最后必须诉诸《大学古本》，踏进了文本考订的领域？……这岂不说明，从理学转入经典考证是 16、17 世纪儒学内部的共同要求吗？"[①]《孟子》

---

① 　余英时：《方以智晚节考·总序》，北京：生活·读书·新知三联书店，2004
　　年，第 2 页。

考据研究在清代大放异彩，涌现出了一大批考据学名著。

当然，政治和学术对《孟子》学术史发展的推动，并不是单线进行的，而是交织在一起的，互相促进、相互作用、共同推动。如汉代，政治上的独尊儒术推动了儒学的发展，儒学内部的发展直接催生了《孟子》研究专著的诞生；唐宋时期，孟子道统地位的确立，最初是源于儒学内部发展的需要，后来是因为政治上的肯定才使《孟子》教育普及于社会，并促使《孟子》研究呈爆发式增长的态势；清代《孟子》研究的大盛，受政治上高压政策的影响，亦是学术内部对其重回经典的需要。

考据与义理：《孟子》学术史发展的两翼

考据和义理是孟子研究的两种方式。考据即考证，是通过考核事实和归纳例证，提供可信材料而得出结论的研究方法。考据包括对文献的字音、字义、词义的注释，作者的生平事迹，文献所涉及的时间、地理、名物制度等的考证。广义的考据还包括资料收集、版本校勘等方面的内容。义理是对文献的思想内涵进行阐发，有的重在阐释，有的重在发展。从考据和义理两分的角度可以将《孟子》学术史划分为四个发展阶段。第一阶段为汉唐时期，以考据为主、义理为辅。第二阶段为宋代，第三阶段为元明时期，这两个阶段均表现为考据与义理并重。第四阶段为清代，更侧重考据，但亦不乏义理之作。民国时期至今，因为已经进入近代学术体系，研究方法多元化，就不列入讨论。

汉唐时期，研究《孟子》的著作主要有赵岐的《孟子章句》、程曾的《孟子章句》、郑玄的《孟子注》、高诱的《孟子章句》、刘熙的《孟子注》、綦毋邃的《孟子注》、陆善经的《孟子注》、张镒的《孟子音义》、丁公著的《孟子手音》等。这些著作均以注释字音、字义、词义为主，兼有对句、段的解释，体现了汉唐时期经学的特点。其他著作均已亡佚，只有赵岐的《孟子章句》流传于世。赵岐《孟子章句》的特点是在每章的后面有章指，概括或引申该章的内容主旨；书末的《孟子篇叙》阐述了《孟子》七篇顺序安排的内在逻辑。该书是一部以考据为主、兼具义理的著作。

由于孟子地位的提升，宋代研究《孟子》的著作大增。这些著作多以"孟子解""孟子注""孟子讲义"等命名，从名称上可以看出其内容兼顾考据与义理。目前流传下来的考据类著作主要有孙奭的《孟子音义》《孟子注疏》，以及王应麟的《困学纪闻》中关于孟子的笔记等。《孟子音义》以诠释字音为主，间或夹杂一些字义的解释；《孟子注疏》是第一部以"疏"的形式出现的《孟子》注本；王应麟《困学纪闻》中的孟子研究多是史实考证、材料补充、词义和文字辨析等，间或有一些义理方面的心得体会。义理类著作主要有朱熹的《孟子集注》、游酢的《孟子杂解》、张栻的《南轩孟子说》、苏辙的《孟子解》等。《孟子集注》是朱熹倾毕生精力完成之作，在深入阐释孟子思想的同时，也构建了自己的理学思想体系；《南轩孟子说》围绕着孟子的思想脉络，深入浅出地阐释孟子的思想要旨；《孟子解》是苏辙读《孟子》的心得体会，其中有许多对孟子思想的阐释和发挥，说理透彻，评论精当。

元明时期，由于"四书"学被尊为官学，孟子被尊为"亚圣"，《孟子》研究成为显学。这一时期考据类的主要代表作品有赵惪的《四书笺义》和史伯璿的《四书管窥》，二书对朱熹《孟子集注》与《孟子》书中所提及的名物制度、历史事实、所引书籍以及天文、地理、历学、算学等进行考证，对疑难问题进行辨析，与其他各家注释进行对比、考订辨析。随着考据学的深入发展，研究对资料的范围提出更高的要求，于是出现了词典类、汇编类和资料类的著作。词典类的有《四书图史合考》、薛应旂的《四书人物考》、钟惺的《诠次四书翼考》、陈禹谟的《四书名物考》、陈仁锡的《四书人物备考》、徐邦佐的《四书经学考》等，汇编类的有《四书辑释》与《四书大全》，资料类的有《孟子杂记》《三迁志》等。义理类著作主要有金履祥的《孟子集注考证》、许谦的《读四书丛说》、袁俊翁的《四书疑节》、蔡清的《四书蒙引》等，都是对朱注中的疑难问题进行阐释，或对朱熹忽略的地方进行补充说明；王阳明的《传习录》则是在继承、阐释孟子思想的继承上，构建了自己的心学体系。

清代是孟子研究的鼎盛时期，由于乾嘉学派的形成与发展，《孟子》研究领域也出现了一批考据学名著，如朱彝尊的《孟子弟子考》，阎若璩的《孟子生卒年月考》《四书释地·孟子》，周广业的《孟子四考》，崔述的《孟子事实录》，翟灏的《四书考异》，张宗泰的《孟子七篇诸国年表》。内容从孟子的生平事迹如生卒年月、宦游经历、师承、弟子，到《孟子》的作者、编排顺序，再到《孟子》中人、事、时、地、典章制度的考证等，无不涉猎。清代还出现了《孟子》辑佚类著作和对前代《孟子》研究著作的补正类著作，前者有马国翰的《玉函山房辑佚书》，后者有蒋仁荣的《孟子音义考证》、宋翔凤的《孟子赵注补正》等。同时，义理类的经典之作也不断涌现，主要有黄宗羲的《孟子师说》、戴震的《孟子字义疏证》、康有为的《孟子微》等。黄宗羲和戴震在阐释孟子思想的同时，分别构建了气一元论和气本论的思想体系。康有为将自己的政治理想与西方现代政治学理念融入对《孟子》的解说中。焦循的《孟子正义》是这一时期出现的考据与义理兼具的《孟子》研究集大成之作。

从上面的叙述可以看出，考据和义理构成了《孟子》研究的两翼，既各自独立发展，又相互影响。考据学的发展主要体现在三个方面。

第一，考据内容逐渐扩展、丰富。汉唐时期以注释《孟子》中的字音、字义、词义为主；宋代出现了这方面的集大成之作，即《孟子音义》和《孟子注疏》；元明时期侧重对《孟子》所提及的名物制度、历史事实、天文地理、历学算术、动物植物、各种器物、所引书籍等的考证辨析；清代出现了系统地考证孟子生平事迹（如宦游经历）、弟子的著作。考据对象由《孟子》发展至孟注。汉唐宋时期的考据主要围绕着《孟子》本身进行；元代之后，由于"四书"学的发展，出现了对朱熹《孟子集注》的考证、辨析之作；清代出现了对孙奭《孟子音义》、赵岐《孟子章句》的补正之作等。

第二，考据的深度、精细度日益增强。赵岐的《孟子章句》多为直接注释。孙奭的《孟子注疏》由于粗疏错漏较多，在很长时间内被怀疑是伪作。元代之后，对《孟子》的考据日益精深。史伯璿的《四书管窥》将《孟子》的各种注本进行比对，指出异同，考订辨析。清代的考据更是遍览古籍、详细比对，发现史实于毫发之间。焦循为了辨析"博"与"弈"的关系，引用了20余种各类书籍中的相关论述，加以辨析考证，得出二者"同类不同事"的结论。

第三，资料收集的范围越来越广。就引证资料而言，赵岐的《孟子章句》和孙奭的《孟子注疏》除引用儒家经典之外，很少引证其他资料。元代赵惪的《四书笺义》引述各种典籍120余种。清代焦循的《孟子正义》引用各类书826种、10796次，征引著作类型无所不包，"十三经"、清代的官修史书一应俱全，诸子著作几乎全部囊括，丛书、类书无一遗漏，即使不常见的书籍，也尽量全部收集，资料价值至今无人超越。就研究资料而言，明清时期的《三迁志》将资料范围由《孟子》本身扩展至孟氏家族、后世对孟子的加封、表彰和历代知识分子对孟子的评价等，由文字资料扩展至图像资料，由传世文献扩展至碑刻文献等。

历经近两千年的发展，《孟子》考据学由涓涓细流汇聚成汪洋大海，为后世留下了许多经典的成果。如赵岐对"折枝""齐东野人"的解释；孙奭《孟子音义》对中古音韵系统的保存，《孟子注疏》对"故者，以利为本"的解释；赵惪对朱注"大故，大丧也""史迁所谓农家者流"的补充、校正；甚至清人对孟子生卒年月、宦游经历、弟子等的考证几成定谳，成为我们的知识底色，日用而不知。

义理学的发展表现在两个方面：一是对《孟子》及孟注的阐释；二是在阐释孟子思想的基础上，构建自己的思想体系。第二个方面内容较多，此处只述及第一个方面。历代对《孟子》义理的阐释也有一个逐渐深化和拓展的过程。

第一，对孟子思想的理解逐步深入。如对于《梁惠王上》第6章中的"定于一"，赵岐的解释是"孟子谓仁政为一也"①，将"一"释之为"仁政"；孙奭承袭这一说法，说"言定天下者一道，仁政而已"②；朱熹的解释为"王问列国分争，天下当

---

① ［汉］赵岐：《景宋蜀刻本孟子赵注》，桂林：广西师范大学出版社，2018年，第25页。

② 十三经注疏整理委员会整理：《孟子注疏（十三经注疏）》，北京：北京大学出版社，2000年，第22页。

何所定。孟子对以必合于一，然后定也"①，将"一"释为"统一"；许谦进一步认为，这是孟子看到了当时天下发展的必然趋势而做出的判断，并且只有安定且统一才是"定于一"——这样的解释既符合当时历史发展的实际，也符合孟子思想的实际，超越了前辈学者对这句话的解释。其他的，诸如对"仁之实，事亲是也"、性善论的解释等，不胜枚举。

第二，由孟子的政治社会思想深入到哲学思想。赵岐对孟子思想的阐释主要体现在章指上，或概括孟子思想，或进一步说明孟子的用意，或对原文进行补充，但都停留在政治社会思想的简单阐释上，对孟子思想中哲学概念的解释则显得捉襟见肘。如对于《尽心上》第38章中的"形色，天性也；惟圣人然后可以践形"，赵岐将"形"解释为"君子体貌尊严也"，将"色"解释为"妇人妖丽之容"，句意为人的形体容貌是人天性的体现，只有完整地保持天性的人才可以有这样的形体容貌。②这样的解释显然不符合孟子的原意。宋代游酢对这句话的解释是"形者，性之质也。能尽其性，则践其形而无愧矣"③，即形体是人性本质的外在表现，如果能尽量发挥人性之善，那么它完全能在外部形体上表现出来。人性的外向表现就是践形，深入孟子哲学之阃奥。

第三，对孟子思想的阐释提出新见，甚至提出不同于孟子或朱注的见解。汉唐时期鲜有对孟子思想提出不同看法者，宋

---

① ［宋］朱熹：《四书章句集注》，北京：中华书局，1983年，第206页。
② ［汉］赵岐：《景宋蜀刻本孟子赵注》，桂林：广西师范大学出版社，2018年，第447页。
③ ［宋］游酢：《游定夫先生集》（卷二）《孟子杂解》，清同治六年和州官舍刊本。

代之后则不同。如苏辙对孟子义利观的阐释，认为行仁义可以名利双收，追求利则名利皆失，名利和仁义是统一的，不同于孟子的仁义与利相对立的观点；袁俊翁的《四书疑节》对《孟子》思想中自相矛盾的地方也有所揭示，如"'九一''什一'之说何不同？""孟子曰：'言语必信。'又曰：'大人者言不必信。'何欤？"等；蔡清的《四书蒙引》认为"性即理"中的"理"不是朱熹所说的天下的普遍之理，而是人的内心之理。

当然，考据与义理并不是截然两分的，而是你中有我、我中有你的。考据类著作中不乏义理的阐发，义理类著作中亦不乏字词释义与史实考证，只不过二者的侧重点不同而已。考据类著作材料丰富、考证详细，弥补了义理类著作在训诂考据方面的不足，省却了读者检索资料的麻烦，是义理类著作很好的辅助读物。义理类著作对思想主旨的把握、提升和发挥，有助于考据时思考方向的把握。如对于《滕文公下》第 2 章中的"居天下之广居，立天下之正位，行天下之大道"，赵岐的解释为"广居，谓天下也。正位，谓男子纯乾正阳之位也。大道，仁义之道也"[①]，因不擅长哲学思考而不得孟子思想之要领，对词语的解释似有实无，对理解原文没有什么帮助；朱熹的解释为"广居，仁也。正位，礼也。大道，义也"[②]，因为能够透彻理解孟子的思想，所以一语中的，简洁易懂。因而，考据和义理缺一不可，二者相辅相成，共同构成《孟子》学术史发展的两翼，推动《孟子》学术史走向深入。

---

① ［汉］赵岐：《景宋蜀刻本孟子赵注》，桂林：广西师范大学出版社，2018 年，第 188 页。

② ［宋］朱熹：《四书章句集注》，北京：中华书局，1983 年，第 266 页。

尊孟、翼孟与疑孟、非孟：
《孟子》学术史在论争中前行

在《孟子》学术史上，第一个批评孟子的是荀子。他在《荀子·非十二子》中说：

> 略法先王而不知其统，犹然而材剧志大，闻见博杂。案往旧造说，谓之五行，甚僻违而无类，幽隐而无说，闭约而无解。案饰其辞而祗敬之曰：此真先君子之言也。子思唱之，孟轲和之，世俗之沟犹瞀儒，嚾嚾然不知其所非也，遂受而传之，以为仲尼、子游为兹厚于世。是则子思孟轲之罪也。①

意思是，大体上遵照先王之道，却不知道其纲领要义。自认为志向高远、学识渊博，依据以往学说而创仁义礼智信"五常"学说，偏离儒家正轨，不能自圆其说，却大言不惭地说，

---

① ［清］王先谦撰，沈啸寰、王星贤点校：《荀子集解》，北京：中华书局，1988年，第94—95页。

这才是孔子学说之要义。子思倡之在前，孟轲和之在后，世俗之儒不知其非，欣欣然学习之、传授之，以为这就是孔子、子游的学说。这是子思、孟轲的罪过。后世疑孟、非孟者亦不乏其人，所以一部《孟子》学术史，亦是一部尊孟、翼孟与疑孟、非孟的论争史、斗争史。这部论争史主要由四个阶段构成：汉代、唐代、宋代与明代，下面分述之。

第一阶段，汉代扬雄、赵岐的尊孟与王充的刺孟。汉文帝立《论语》《孝经》《孟子》《尔雅》传记博士，擢孟子于诸子之中。扬雄尊孟子而抑诸子，将孔孟并提；赵岐称孟子为"命世亚圣之大才者也"，《孟子》之书是"大贤拟圣而作者也"，将孟子地位提到前所未有的高度；王充亦称孔子为圣人、孟子为贤者，而仅称荀子为通览之人，在其代表作《论衡》中也多次将孔孟并提。王充在尊孟的同时，亦非孟，作《刺孟》一篇，专门对孟子提出批评。

王充对孟子的批评主要表现在如下四个方面。

第一，批评孟子的理解错误。如《梁惠王上》开篇，孟子见梁惠王，王曰："叟！不远千里而来，将何以利吾国乎？"孟子曰："仁义而已，何必曰利？"王充质疑说，利有两种，一种是财货之利，一种是安吉之利。孟子没有弄清楚梁惠王问的是哪一种利，就径直回答，是答非所问。再如，孟子说"五百年必有王者兴"。王充质疑说，帝喾、尧、舜、禹四位圣王相继出现，并没有间隔五百年；禹之后至汤有千年之久，从汤到周文、武王亦然；周文、武王之后至孟子之时，七百年间没有圣王出现，那么"五百年必有王者兴"的说法是怎么来的呢？

第二，批评孟子自大、失谦让之礼。《公孙丑下》第 10 章云："我欲中国而授孟子室，养弟子以万钟，使诸大夫国人皆有所矜式。子盍为我言之？"齐王想让孟子和其弟子教育国人，让大臣时子转告孟子，孟子不答应，说："如使予欲富，辞十万而受万，是为欲富乎？"王充认为孟子的回答是不合适的，富贵是人人所向往的，但是不以其道得之，则不受，孟子为什么不说"受十万非其道"，而说自己不贪富贵呢？再说，接受不接受别人的馈赠或爵禄与贪不贪没有什么关系，孟子为什么不说"自己没有功劳"或"已经退休了，不应该接受"呢？

第三，批评孟子言行的自相矛盾之处。《公孙丑下》第2章载，齐王因病不见孟子，孟子亦装病不见齐王的使者，并且以德齿之尊自居；同篇第12章载，孟子离开齐国，"三宿而后出昼"，在昼县住了三个晚上才离开，希望齐王能够将自己召回。对于孟子前后行为的巨大差异，王充批评说，如果孟子不见和想见的是一个王，为什么前轻而后重呢？如果不是一个王，孟子在前王时不离开，在后王时却离开，说明后王不如前王，为什么不见前王却希望后王将自己召回呢？

第四，批评孟子的天命思想。在《尽心上》第2章中，孟子说："尽其道而死者，正命也；桎梏死者，非正命也。"意思是尽力行道、为道而死的人是正命，犯罪而死的人不是正命。王充认为命和人的道德行为之间没有任何关系，有德行的人也可能死于非命，没有德行的人却也可能免死封爵。如孔子不能称王、颜渊早早夭折、子夏失明、伯牛得了传染病、比干因进谏而被剖心、伍子胥因进谏而被煮于镬，都不是正命；窦广国和同伴一百多人都睡在煤洞里，煤炭崩塌，其他人都死了，只有窦广国活了下来，后来还封了侯，窦广国没有什么高尚的德行，却也有正命。

王充对孟子的批评，较少涉及孟子的思想主张。除了在天命思想上二人观点有所不同外，其他的批评都是针对孟子的言行，大多过于苛刻，有的曲解了孟子的原意。这一时期的非孟并未形成思潮，主要与批评者的个人思想见解有关。王充的《论衡》本就是一部反对当时主流思想的学术批评著作，本着实事求是的精神、"铨轻重之言，立真伪之平""冀悟迷惑之心，使知虚实之分"①的写作目的，对当时虚妄的学术观点一一进行批驳。他对前代的思想家亦不例外，不仅有《刺孟》，亦有《问孔》《非韩》，对他认为不对的言行与观点毫不留情地进行批评，其中不乏苛刻、过激之词。《四库全书总目》评价"其言多激，《刺孟》《问孔》二篇，至于奋其笔端，以与圣贤相轧，可谓悖矣"②。

第二阶段，唐代的尊孟、翼孟与疑孟。魏晋南北朝时期，《孟子》研究基本陷入停滞。唐代中期，随着《孟子》研究的复苏，出现了尊孟的呼声，赵匡、杨绾、皮日休等官员都曾建议将《孟子》列入科举考试的内容，韩愈从道统的角度将孟子抬高到道统传人的关键地位。晚唐人刘轲特别喜欢《孟子》，研究较为深入，著有《翼孟》，被白居易称赞"于圣人之旨，作者之风，往往而得"。可惜的是，这本书在宋代之后亡佚了，因白居易的称赞才为后人所知，我们无法睹其真容。

与此同时，疑孟现象也同时存在，主要表现在对《孟子》

---

① 黄晖著：《论衡校释》，北京：中华书局，1990年，第1179、1180页。
② ［清］永瑢等撰：《四库全书总目提要》（第23册），上海：上海商务印书馆，1935年，第62页。

一书作者的怀疑上。唐代之前，关于《孟子》一书的作者，有两种观点：一种是司马迁所说的孟子与弟子合作完成，一种是赵岐所说的孟子所作。到了唐代，韩愈首先提出怀疑，说孟轲的书并不是孟子自己所著，而是孟子去世之后，门徒万章、公孙丑记录孟子所说的话而成。晚唐人林慎思赞同韩愈的观点，认为《孟子》乃其弟子所撰，不能准确、完整地表达孟子的思想。为了更好地阐释孟子的思想，他撰写了《续孟子》一书。全书分为十四篇，以人名为篇名，采用孟子与弟子对话的体例，流传至今，内容与《孟子》并无太大不同。

这一时期的疑孟与唐代中期之后的疑经思潮有关。随着雕版印刷术的发明，经典传播变得容易，之前较难获得的"五经"、诸史成为普通士子手边的常用书，加之科举制度的刺激，研习经史成为热潮。同时，为了应对佛道二教的冲击，儒家思想亟需构建新的理论体系，思想家们纷纷超越汉唐注疏，直面经典，希望从经典中获取思想资源和灵感。从唐中期开始，出现了疑经思潮。学者们先是批评汉唐经学，对注疏之学的权威性提出怀疑，然后对儒家传世经典进行研究，同时对经典的作者、时代、篇章结构提出怀疑。对《孟子》一书作者的怀疑就是在这样的背景下出现的。

第三阶段，宋代尊孟、翼孟与疑孟、非孟的激烈论争。北宋神宗熙宁、元丰年间，王安石主持变法，对孟子十分推崇。在他的推动下，孟子得封国公，配享孔庙；《孟子》一书进入科举考试，由子升经。王安石因而被称为孟子升格运动中的第一功臣。在学术领域，从"宋初三先生"到张载、"二程"，再到南宋的杨时、游酢、朱熹等，他们不断地对孟子的道统地位进行肯定，直至南宋理宗下诏正式确定孟子的道统地位，孟子的地位被提升到前所未有的高度。但是，对《孟子》的批评亦达到前所未有的程度，这一时期出现了尊孟、翼孟与疑孟、非孟激烈论争的局面。

从北宋至南宋，疑孟、非孟的著作主要有：司马光的《疑孟》、苏轼的《论语说》、李觏的《常语》、陈次公的《述常语》、傅野之的《述常语》（陈、傅二人为李觏的弟子）、刘原之的《明舜》、张愈之的《论韩愈称孟子功不在禹下》、刘道原的《资治通鉴外纪》、晁说之的《诋孟》《奏审皇太子读孟子》、郑厚的《艺圃折衷》、李著的《楚泽丛语》、邵博的《疑孟》等。针对疑孟、非孟思潮，捍卫孟子学说的思想家也纷纷著书立说，进行反驳。这样的著作主要有张九成的《孟子传》、余允文的《尊孟辨》和朱熹的《读余隐之〈尊孟辨〉》等。

双方的论争主要围绕着王霸论、君臣观和道统论三个问题进行。孟子和孔子对王政和霸政的看法不同，孔子认为王政和霸政是政治发展的不同阶段，由霸政而王政是一个渐进的过程，所以对辅佐齐桓公称霸天下的管仲给予了很高的评价；孟子则认为霸政和王政是对立的，王政是"以德行仁"，霸政是"以力假仁"，所以"春秋五霸"是"三王"的罪人。非孟派因此认为，孟子不仅没有继承孔子的学说，而且到处劝诸侯行王政，一统天下，目无天子，不守君臣纲纪，这和孙子、吴起的智谋及苏秦、张仪的诈术一样会使天下大乱。对此，翼孟派回应说，孟子所说的王政，并不是王者之位，而是王者之道；孟子劝诸侯行王政，并不是劝他们王天下，而是以仁义而非战争的方式取得天下。

孟子提出相对的君臣观。他说："君之视臣如手足，则臣视君如腹心；君之视臣如犬马，则臣视君如国人；君之视臣如土芥，则臣视君如寇仇。"（8.3）孟子认为，对于有才能的贤士，君主应该视之为师。在齐国，孟子因为齐王的怠慢而不见齐王的使者。对此，非孟派纷纷批评，说孟子连最基本的君臣大义都不遵守。鲁哀公召孔子，"孔子不俟驾而行"，哪怕经过国君的座位都恭敬谨慎。周公德高望重，还在年幼的成王面前称臣。孟子劝诸侯作汤武那样的圣人，不是目无天子吗？翼孟派回应说，孟子不见齐王使者是有具体原因的，而且在朝廷之上，要以爵为尊，无论多么德高望重都要以君臣相称，但是对于没有官位的圣贤之士，则要以齿德相尚，天子要像对待老师一样对待他们。

基于对孟子王霸论和君臣观的批评，非孟派认为孟子没有能够继承孔子的学说，而力图将之排除在道统之外。翼孟派回应说，孔子作《春秋》，以维护衰微的周王室，孟子游说诸侯行王道、施仁政，虽然具体的政治行为不同，但是这并不妨碍他们所传的道是相同的，即孔子之道和孟子之道都是为了天下百姓不受战乱之苦，过上安定富足的生活。

宋代翼孟派和非孟派激烈论争的实质，首先是变法态度之争。王安石变法以《孟子》作为重要的思想依据，并且作《孟子解》，作为推行新法的载体。司马光作《疑孟》，就是针对王安石的《孟子解》。南宋倪公思一语道破。有人问他："司马温公乃著《疑孟》，何也？"他回答说："盖有为也。当是时，王安石假孟子大有为之说，欲人主师之，变乱法度，是以温公致疑于《孟子》，以为安石之言未可尽信也。"① 其次是君统和道

---

① ［元］白珽：《湛渊集》（卷二），钦定四库全书本。

统、理想主义和现实主义之争，是时代精神之争。疑孟、非孟派站在君统的角度，从现实主义出发，力图维护君主的权威、君臣上下的等级秩序，而对孟子的相关思想和言论提出批评。翼孟派则站在道统的角度，从理想主义出发，希望民众看到孟子思想中超越时空的价值。其实，双方的最终目的都是为了更好地治理好国家，现实的政治统治也同时需要这两种思想，可谓殊途同归。

第四阶段，明代的删孟与卫孟。在元代，孟子被尊为"亚圣"；《孟子》一书因是"四书"之一而被定为一尊，位居"五经"之上。可是明洪武年间，朱元璋读《孟子》，当他读到"民为贵，社稷次之，君为轻""君之视臣如手足，则臣视君如腹心；君之视臣如犬马，则臣视君如国人；君之视臣如土芥，则臣视君如寇仇"这样的语句时，勃然大怒，认为这样的话"非人臣所宜言"，并且说："使此老在今日，宁得免乎！"恰巧这年京师（今江苏南京）的文庙落成，朱元璋下令取消孟子配享文庙的资格，并且下诏不允许大臣就此事进谏，"有谏者以大不敬论"，乱箭射死。可是，有一个名叫钱唐的大臣并不害怕，表示愿意为信仰而献身，他说："臣为孟轲死，死有余荣。"[①] 他迎着箭雨冒死进谏，这一大无畏的英勇行为感动了朱元璋。朱元璋感觉自己做得不够妥当，于是一面派人为钱唐治伤，一面又恢复了孟子的配享地位。

虽然孟子的配享地位恢复了，但是《孟子》书中的一些言论仍然让朱元璋如鲠在喉、如芒在背，看着就不舒服，怎么办

---

① ［清］张廷玉等撰：《明史》，北京：中华书局，1974 年，第 3982 页。

呢？有一个名叫刘三吾的翰林院学士，想出了一个办法。他把《孟子》中不利于君主专制统治、思想较为激进、"词气抑扬太过"的言论删去，出了一本《孟子节文》。这一办法甚得朱元璋的欢心。朱元璋于洪武二十七年（1394）下诏将《孟子节文》作为钦定教材，颁发给各级学校，并规定凡所删内容不得作为科举考试的内容。17 年之后，《孟子节文》遭到全国上下的普遍反对。永乐九年（1411），明成祖废除《孟子节文》，恢复《孟子》原本作为科举考试的权威定本。这一出闹剧完全是朱元璋个人的专制主义思想所致。

两千多年来，《孟子》历经风风雨雨，无论如何被怀疑、被非议，其思想光芒都无法掩盖。一部著作是否具有穿越历史的价值，不在于被尊、被翼，或被疑、被非，而在于它是否具有符合时代需求的思想元素。孟子身处战国时代，尊道统，辟异端，辨王霸，以王道、仁政、民本、性善、心性论为核心思想，在那个以力相胜的时代，显然有些"迂远而阔于事情"。司马迁说"孟轲乃述唐虞三代之德，是以所如者不合"，切中肯綮。唐代之后，由于儒学复兴、思想转型的需要，孟子尊道统、辟异端的精神，性善论、心性论的思想主张成为理学重要的精神和思想资源，因而在宋代之后大放光彩。在经济全球化的今天，面对科技发展、知识爆炸所引发的人文价值危机，孟子思想对于重塑人文精神、价值理念来说，仍然是取之不尽、用之不竭的思想资源。《孟子》一书必将载着这些思想走向世界、走向未来。

参考文献

一、传世文献

［汉］司马迁：《史记》，北京：中华书局，2014 年。

［汉］班固：《汉书》，北京：中华书局，2000 年。

［南朝宋］范晔：《后汉书》，北京：中华书局，2000 年。

［晋］陈寿撰，［宋］裴松之注：《三国志》，北京：中华书局，1959 年。

［唐］魏徵、令狐德棻等撰：《隋书》，北京：中华书局，1973 年。

［五代·后晋］刘昫：《旧唐书》，北京：中华书局，1975 年。

［宋］欧阳修、宋祁：《新唐书》，北京：中华书局，1975 年。

［元］脱脱等撰：《宋史》，北京：中华书局，1985 年。

［元］脱脱等撰：《金史》，北京：中华书局，1975 年。

［明］宋濂等撰：《元史》，北京：中华书局，1976 年。

［清］张廷玉等撰：《明史》，北京：中华书局，1974 年。

［宋］司马光编著：《资治通鉴》，北京：中华书局，1956 年。

［宋］李焘：《续资治通鉴长编》，北京：中华书局，1985 年。

[清]王先谦撰，沈啸寰、王星贤点校：《荀子集解》，北京：中华书局，1988 年。

[汉]韩婴撰，许维遹校释：《韩诗外传集释》，北京：中华书局，1980 年。

[汉]应劭撰，王利器校注：《风俗通义校注》，北京：中华书局，1981 年。

[清]苏舆撰，钟哲点校：《春秋繁露义证》，北京：中华书局，1992 年。

[汉]赵岐：《景宋蜀刻本孟子赵注》，桂林：广西师范大学出版社，2018 年。

[汉]许慎撰，[清]段玉裁注：《说文解字注》，上海：上海古籍出版社，1988 年。

[南朝梁]萧统编，[唐]李善注：《文选》，北京：中华书局，1986 年。

[汉]郑玄注，[唐]孔颖达正义：《礼记正义》，上海：上海古籍出版社，2008 年。

[汉]孔安国传，[唐]孔颖达正义：《尚书正义》，上海：上海古籍出版社，2007 年。

[清]董诰等编：《全唐文》，北京：中华书局，1983 年。

[唐]吴兢撰，谢保成集校：《贞观政要集校》，北京：中华书局，2003 年。

[唐]韩愈撰，马其昶校注，马茂元整理：《韩昌黎文集校注》，上海：上海古籍出版社，1986 年。

[唐]李翱：《李文公集》，钦定四库全书本。

[唐]皮日休著，萧涤非、郑庆笃整理：《皮子文薮》，上

海：上海古籍出版社，1981年。

[宋]宋敏求编，洪丕谟、张伯元、沈敖大点校：《唐大诏令集》，北京：学林出版社，1992年。

[宋]刘昌诗撰，张荣铮、秦呈瑞点校：《芦浦笔记》，北京：中华书局，1986年。

[宋]石介：《石徂徕集》，上海：上海商务印书馆，1936年。

[宋]张载著，章锡琛点校：《张载集》，北京：中华书局，1978年。

[宋]程颢、程颐著，王孝鱼点校：《二程集》，北京：中华书局，1981年。

[宋]王安石著，唐武标校：《王文公文集》，上海：上海人民出版社，1974年。

[宋]司马光撰，李文泽、霞绍辉校点：《司马光集》，成都：四川大学出版社，2010年。

[宋]游酢：《游定夫先生集》，清同治六年和州官舍刊本。

[宋]李觏著，王国轩点校：《李觏集》北京：中华书局，2011年。

[宋]陆佃：《陶山集》，上海：上海商务印书馆，1935年。

[宋]朱熹：《四书章句集注》，北京：中华书局，1983年。

[宋]黎靖德编，王星贤点校：《朱子语类》，北京：中华书局，1986年。

[宋]朱熹：《朱子文集》，上海：上海商务印书馆，1937年。

[宋]朱熹撰，郭齐、尹波点校：《朱熹集》，成都：四川教育出版社，1996年。

[宋]朱熹撰，朱杰人、严佐之、刘永翔主编：《朱子全书》

第 6 册，上海：上海古籍出版社，2002 年。

[宋]陆九渊著，钟哲点校：《陆九渊集》，北京：中华书局，1980 年。

[宋]余允文：《尊孟辨》，上海：上海商务印书馆，1937 年。

[宋]王应麟著，[清]翁元圻等注，栾保群、田松青、吕宗力校点：《困学纪闻》，上海：上海古籍出版社，2008 年。

[宋]马端临著，上海师范大学古籍研究所、华东师范大学古籍研究所点校：《文献通考》，北京：中华书局，2011 年。

[宋]陈振孙撰，徐小蛮、顾美华点校：《直斋书录解题》，上海：上海古籍出版社，2015 年。

[元]金履祥：《孟子集注考证》，北京：中华书局，1991 年。

[元]白珽：《湛渊集》，钦定四库全书本。

[元]赵悳：《四书笺义补遗续补》，上海：上海商务印书馆，1936 年。

[明]蔡清：《四书蒙引》，钦定四库全书本。

[清]黄宗羲原著，[清]全祖望补修，陈金生、梁运华点校：《宋元学案》，北京：中华书局，1986 年。

[明]王守仁撰，王晓昕译注：《传习录译注》，北京：中华书局，2018 年。

[明]王守仁撰，吴光、钱明、董平、姚延福编校：《王阳明全集》，上海：上海古籍出版社，1992 年。

[明]陈士元：《孟子杂记》，上海：上海商务印书馆，1937 年。

[明]吕兆祥等：《重修三迁志》，清刊本，哈佛大学燕京图书馆藏本。

［清］顾炎武著，［清］黄汝成集释，秦克诚点校：《日知录集释》，长沙：岳麓书社，1994 年。

［明］王夫之著，舒士彦点校：《读通鉴论》北京：中华书局，1975 年。

［明］王夫之：《礼记章句》，长沙：岳麓书社，2011 年。

［清］黄宗羲著，孙卫华校释：《明夷待访录校释》，长沙：岳麓书社，2012 年。

［清］黄宗羲：《黄宗羲全集》，杭州：浙江古籍出版社，2005 年。

［清］顾炎武撰，华东师范大学古籍研究所整理：《顾炎武全集》第 21 册，上海：上海古籍出版社，2011 年。

［清］胡渭辑著：《易图明辨》，上海：上海商务印书馆，1935 年。

［清］陈确：《陈确集》，北京：中华书局，1979 年。

［清］戴震：《戴震全书》，合肥：黄山书社，1995 年。

［清］戴震著，何文光整理：《孟子字义疏证》，北京：中华书局，1982 年

［清］陈宝泉：《孟子时事考徵》，积学斋徐乃昌藏书。

［清］周广业：《孟子四考》，《续修四库全书》（经部第 158 册），上海：上海古籍出版社，2002 年。

［清］阎若璩：《孟子生卒年月考》，出自［清］阮元、王先谦编：《清经解》，上海：上海书店，1988 年。

［清］翟灏：《四书考异》，《续修四库全书》（经部第 167 册），上海：上海古籍出版社，2002 年。

［清］焦循撰，沈文倬点校：《孟子正义》，北京：中华书

局，1987 年。

［清］赵翼著，栾保群、吕宗力点校：《陔余丛考》，石家庄：河北人民出版社，1990 年。

［清］马国翰辑：《玉函山房辑佚书》，扬州：广陵书社，2004 年。

［清］永瑢等撰：《四库全书总目提要》，上海：上海商务印书馆，1935 年。

［清］魏源：《魏源集》，北京：中华书局，1976 年。

二、近代以来著作

康有为著，楼宇烈整理：《孟子微（礼运注　中庸注）》，北京：中华书局，1987 年。

梁启超：《论中国学术思想变迁之大势》，上海：上海古籍出版社，2001 年。

梁启超著，夏晓虹、陆胤校：《中国近三百年学术史》，北京：商务印书馆，2011 年。

钱穆：《先秦诸子系年考辨》，上海：上海书店，1992 年。

钱穆：《钱宾四先生全集》，台北：联经出版事业公司，1998 年。

杨伯峻编著：《孟子译注》，北京：中华书局，2005 年。

余嘉锡：《四库提要辨证》，北京：中华书局，2007 年。

郭沫若：《十批判书》，北京：群益出版社，1937 年。

金德建：《古籍丛考》，北京：中华书局，1944 年。

冯友兰：《三松堂全集》，郑州：河南人民出版社，2001 年。

王其俊主编：《中国孟学史》，济南：山东教育出版社，2012 年。

章权才：《两汉经学史》，广州：广东人民出版社，1990 年。

董洪利：《孟子研究》，南京：江苏古籍出版社，1997 年。

杨泽波：《孟子评传》，南京：南京大学出版社，1998 年。

何晓明：《亚圣思辨录——〈孟子〉与中国文化》，郑州：河南大学出版社，1995 年。

张分田：《民本思想与中国古代统治思想》，天津：南开大学出版社，2009 年。

郭伟宏：《赵岐〈孟子章句〉研究》，扬州：广陵书社，2014 年。

［战国］吕不韦著，陈奇猷校释：《吕氏春秋新校释》，上海：上海古籍出版社，2002 年。

［汉］贾谊撰，阎振益、钟夏校注：《新书校注》，北京：中华书局，2000 年。

王利器校注：《盐铁论校注》，北京：中华书局，1992 年。

汪荣宝撰，陈仲夫点校：《法言义疏》，北京：中华书局，1987 年。

黄晖著：《论衡校释》，北京：中华书局，1990 年。

刘立夫、魏建中、胡勇译注：《弘明集》，北京：中华书局，2013 年。

十三经注疏整理委员会整理：《孟子注疏（十三经注疏）》，北京：北京大学出版社，2000 年。

孔凡礼点校：《苏轼文集》，北京：中华书局，1986 年。

李逸安点校：《欧阳修全集》，北京：中华书局，2001 年。

［宋］曾巩撰，王瑞来校证：《隆平集校证》，北京：中华书局，2012 年。

苗书梅等点校：《宋会要辑稿·崇儒》，郑州：河南大学出版社，2001 年。

容肇祖整理：《何心隐集》，北京：中华书局，1960 年。

［南朝梁］刘勰著，詹锳义证：《文心雕龙义证》，上海：上海古籍出版社，1989 年。

《中国哲学》编辑部编：《经学今诠初编》，沈阳：辽宁教育出版社，2000 年。

周予同：《群经概论》，长沙：岳麓书社，2011 年。

周淑萍：《两宋孟学研究》，北京：人民出版社，2007 年。

黄俊杰：《中国孟学诠释史论》，北京：社会科学文献出版社，2004 年。

裘锡圭：《中国出土古文献十讲》，上海：复旦大学出版社，2004 年。

张学智：《中国儒学史·明代卷》，北京：北京大学出版社，2011 年。

李畅然：《清代〈孟子〉学史大纲》，北京：北京大学出版社，2011 年。

刘瑾辉：《清代〈孟子〉学研究》，北京：社会科学文献出版社，2007 年。

宋仲福等：《儒学在现代中国》，郑州：中州古籍出版社，1991 年。

张书才、杜景华主编：《清代文字狱案》，北京：紫禁城出版社，1991 年。

教育部编：《第一次中国教育年鉴：甲编》，上海：开明书店，1934 年。

吴虞著，赵清、郑城编：《吴虞集》，成都：四川人民出版社，1985 年。

杨琥编：《夏曾佑集》上册，上海：上海古籍出版社，2011 年。

马绍伯：《孟子学说底新评价》，重庆：国民图书出版社，1943 年。

冯友兰：《中国哲学史》，上海：华东师范大学出版社，2011。

冯友兰著，涂又光译：《中国哲学简史》，北京：北京大学出版社，1996 年。

牟宗三：《历史哲学》，桂林：广西师范大学出版社，2007 年。

牟宗三：《中国哲学十九讲》，上海：上海古籍出版社，2005 年。

牟宗三：《圆善论》，台北：学生书局，1985 年。

徐复观：《中国思想史论集》，上海：上海书店出版社，2004 年。

牟宗三：《政道与治道》，桂林：广西师范大学出版社，2006 年。

杨国荣：《孟子的哲学思想》，上海：华东师范大学出版社，2009 年。

杨国荣：《孟子评传——走向内圣之境》，桂林：广西教育出版社，1994 年。

杨泽波：《孟子性善论研究》（修订版），北京：中国人民大学出版社，2010 年。

《中国哲学》编辑部编：《中国哲学》第 20 辑，沈阳：辽宁教育出版社，1999 年。

武汉大学中国文化研究院编：《郭店楚简国际学术研讨会论文集》，武汉：湖北人民出版社，2000 年。

李泽厚：《实用理性与乐感文化》，北京：生活·读书·新知三联书店，2008 年。

［美］杜维明：《文明的冲突与对话》，长沙：湖南大学出版社，2001 年。

［美］杜维明：《儒家思想新论——创造性转换的自我》，南京：江苏人民出版社，1996 年。

［美］成中英：《合外内之道——儒家哲学论》，北京：中国社会科学出版社，2001 年。